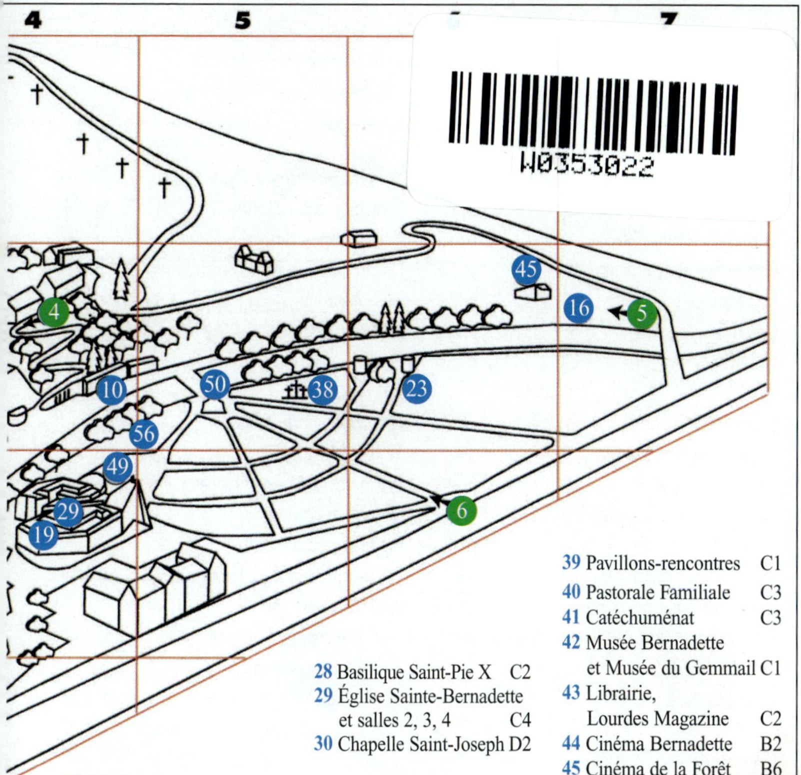

19 Hémicycle
et salles 5, 6, 7, 8 C4
20 Salle Notre-Dame C1
21 Salle Mgr-Laurence B3
22 Salle Mgr-Théas C1
23 Les Rotondes B6

Églises

24 Basilique de l'Immaculée
Conception B4
25 Crypte B3
26 Basilique du Rosaire C3
27 Chapelle
de l'Esplanade C3

28 Basilique Saint-Pie X C2
29 Église Sainte-Bernadette
et salles 2, 3, 4 C4
30 Chapelle Saint-Joseph D2

31 **Chapelle
des confessions** C3

32 **Chemin de Croix** B3

33 Poste de secours D2
34 Accueil Notre-Dame C3
35 Accueil Marie-St-Frai B2
36 Hospitalité-Bureaux D2
37 Bureau Médical D2
38 Chemin de Croix
des malades B5

39 Pavillons-rencontres C1
40 Pastorale Familiale C3
41 Catéchuménat C3
42 Musée Bernadette
et Musée du Gemmail C1
43 Librairie,
Lourdes Magazine C2
44 Cinéma Bernadette B2
45 Cinéma de la Forêt B6
46 Village des Jeunes A2
47 Cité Saint-Pierre A2
48 Permanence
Cité Saint-Pierre B3
49 Chapelle Adoration C4
50 Tente de l'Adoration B5
51 Objets perdus D2
52 Salle Paul VI D2
53 Chapelle St-Côme-
et-Damien D2
54 Service jeunes D2
55 Entraide St-Martin C2
56 Chemin de l'eau B5

Sommaire

Ensemble à Lourdes

Manuel du Pèlerin

TARDY

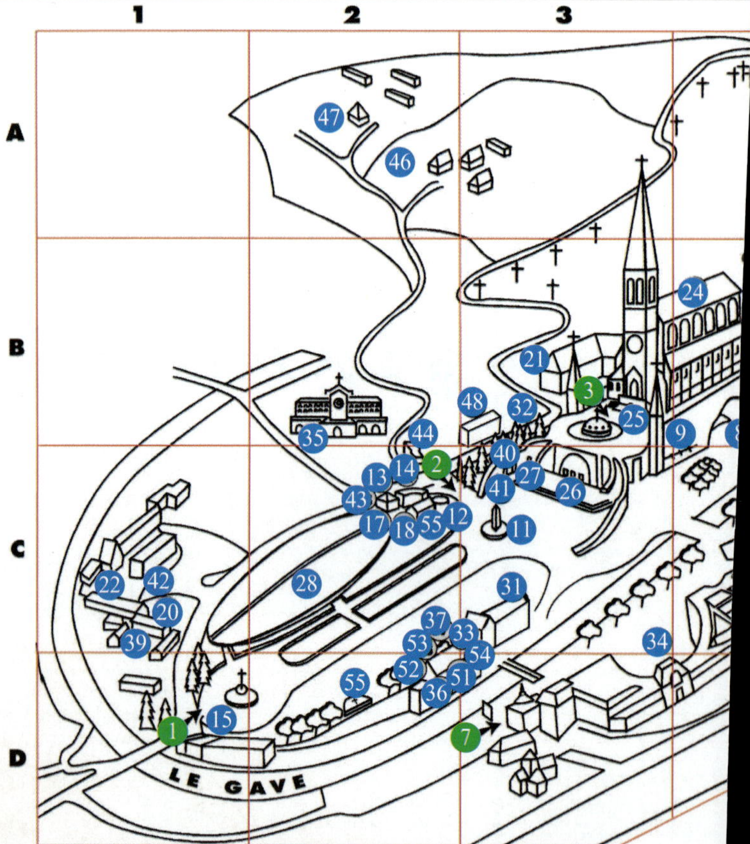

Entrées

1 Saint-Michel D1
2 Saint-Joseph C2
3 Supérieure B3
4 Des Lacets B4
5 De la Forêt B7
6 De la Prairie C6
7 Boissarie D3

8 **Grotte** B4
9 Fontaines B4
10 Piscines B4

11 **Vierge couronnée** C3

12 **Forum Information** C2
13 Centre d'animation pastorale C2

14 Permanences de pèlerinages C2
15 Abri du pèlerin, Diorama D1
16 Pique-nique B7
17 Téléphone C2

18 **Salles de conférences 1er et 2e étages** C2

Un jeudi du mois de février 1858, une jeune fille part chercher du bois avec sa sœur et une amie, sur les bords du gave de Pau.
Bernadette Soubirous fera le récit de ce qu'elle a vu, ce jour-là et les semaines suivantes.
Les apparitions de la "Dame" vont bouleverser sa vie, et l'histoire de Lourdes.

Que s'est-il passé à Lourdes en 1858 ?

PREMIÈRE APPARITION
11 février 1858 – Le signe de croix, le chapelet.

« La première fois que je fus à la grotte, c'était le jeudi 11 février 1858... »

Bernadette a quatorze ans. Elle est la fille aînée des Soubirous, meuniers ruinés, misérablement logés dans l'ancienne prison de Lourdes. C'est de là qu'elle part – avec sa sœur Toinette et une amie, Jeanne Abadie, dite Baloum – vers cette grotte qu'elle ne connaît guère. Elle va y ramasser du bois : il n'y en a plus à la maison. Face au rocher, elle arrive au bout d'une languette de terrain à l'endroit où le canal du moulin de Savy se jette dans le gave. Pour traverser à la suite de ses compagnes qui l'ont distancée, elle commence à se déchausser. « À peine si j'avais ôté le premier bas, j'entendis un bruit, comme si c'eût été un coup de vent, alors je tournai la tête du côté de la prairie. Je vis que les arbres ne remuaient pas, alors j'ai continué à me déchausser. J'entendis encore le même bruit. Comme je levai la tête en regardant la grotte, j'aperçus une dame en blanc. Elle avait une robe

L'EAU BÉNITE
Le 14 février, Bernadette, s'est munie d'une bouteille d'eau bénite, dont elle asperge la Dame, qui lui sourit de plus belle. Bernadette prie ensuite, si intensément que ses compagnes, affolées, courent chercher sa mère. Louise Soubirous la ramène à la maison. Ici, un des vitraux de la basilique supérieure, également reproduits au musée du Sanctuaire.

blanche, un voile blanc, une ceinture bleue et une rose jaune sur chaque pied, couleur de la chaîne de son chapelet. Alors, je fus un peu saisie. Je croyais me tromper. Je me frottai les yeux. Je regardai encore et je vis toujours la même dame. Je mis ma main dans ma poche, j'y trouvai mon chapelet. Je voulais faire le signe de la croix. Je ne pus porter la main jusqu'au front. Elle m'est tombée… La Dame prit alors le chapelet qu'elle tenait entre ses mains et elle fit le signe de la croix. Alors, j'ai essayé une seconde fois de le faire et je pus. Aussitôt que j'eus fait le signe de croix, le grand saisissement que j'éprouvais disparut. Je me mis à genoux. J'ai passé mon chapelet en présence de cette belle dame. La Vision faisait courir les grains du sien mais elle ne remuait pas les lèvres. Quand j'eus fini mon chapelet, elle disparut tout d'un coup. »

DEUXIÈME APPARITION
14 février 1858 – Le sourire de l'Apparition.

« La seconde fois, c'était le dimanche suivant ; j'y revins avec plusieurs petites pour voir si je ne m'étais pas trompée. Arrivée à la grotte, je me mis à genoux et commençai le chapelet ; après en avoir dit une dizaine, j'aperçus la même dame. J'avais emporté une petite bouteille d'eau bénite alors je me mis à lui jeter de l'eau bénite tout en lui disant, si elle venait de la part de Dieu, de rester, sinon de s'en aller, et plus je lui en jetais, plus elle souriait… »

TROISIÈME APPARITION
18 février 1858 – Les premières paroles, la promesse de bonheur.

« Elle ne me parla que la troisième fois. »
On est le jeudi 18 février. Le carême a commencé la veille. Bernadette, cette fois, est accompagnée d'adultes : madame Mihlet et Antoinette Peyret. Sur leur conseil, elle s'est munie d'encre et de papier. « Arrivée là, je com-

UN ÉCRITOIRE INUTILE
Le 18 février, la Dame refuse le papier et la plume que lui propose Bernadette.

DES FOULES EN NOMBRE…
Huit personnes assistent à la quatrième apparition. Huit mille à l'avant-dernière.

mençai à dire le chapelet. Après avoir récité la première dizaine, je vis la même dame. Je lui demandai, si elle avait quelque chose à me dire, d'avoir la bonté de me le mettre par écrit. Alors, elle me sourit et me dit qu'il n'était pas nécessaire de mettre par écrit ce qu'elle avait à me dire. Mais elle me demanda si je voulais avoir la grâce de revenir pendant quinze jours. Je lui répondis oui. Elle m'a dit aussi qu'elle ne me promettait pas de me faire heureuse en ce monde mais en l'autre. »

Quatre apparitions silencieuses.

« J'y revins pendant quinze jours. La vision parut tous les jours à l'exception d'un lundi et d'un vendredi [les 22 et 26 février 1858]. »
Les quatre apparitions, du 19 au 23 février, se déroulent dans la prière et le silence. Entre-temps, le bruit a couru Lourdes. Ainsi, le 23, quelque 250 personnes sont rassemblées devant la grotte.

HUITIÈME APPARITION
24 février 1858 – Conversion et pénitence.

L'Apparition, le mercredi 24 février, donne à Bernadette cette consigne qu'elle répétera plusieurs jours de suite : « Priez Dieu pour la conversion des pécheurs. »
Elle lui demande « si ça l'ennuierait de monter à genoux et de baiser la terre en pénitence pour les pécheurs ». Pour la première fois, elle prononce ce mot : « pénitence ».

NEUVIÈME APPARITION
25 février 1858 – La découverte de la source.

L'Apparition répète ce mot, à trois reprises, le lendemain jeudi 25 février. Elle ordonne également à Bernadette « d'aller manger cette herbe qui est là et d'y aller boire à la source et de s'y laver ».

« Ne voyant pas de fontaine [source], je me dirigeai vers le gave, mais elle me dit que ce n'était pas là et elle me fit en même temps signe, avec le doigt, d'aller sous le rocher. J'y fus. À peine si j'y trouvai un peu d'eau, comme si c'était de la boue et à peine si je pouvais en prendre. Je me mis à gratter. Après je pus en prendre, mais, trois fois, je la jetai et ce ne fut qu'à la quatrième que je pus en boire, tellement l'eau était sale. »

Dixième, onzième et douzième apparitions

Le lendemain, à la grande déception de Bernadette, la Dame n'est pas au rendez-vous. Mais elle se montre de nouveau les 27 et 28 février, ainsi que le 1er mars. La foule est de plus en plus nombreuse. Lors de la douzième apparition, ce 1er mars, elle dépasse le millier. Bernadette, sans se soucier de cette assistance, exécute les exercices de pénitence demandés par l'Apparition, se déplaçant à genoux et baisant la terre.

Treizième apparition

2 mars 1858 – La procession de la chapelle.

Le mardi 2 mars, Bernadette se voit confier une double mission : « Allez dire aux prêtres qu'on vienne ici en procession et qu'on y bâtisse une chapelle. »

« Dans l'espace de ces quinze jours, ajoute Bernadette, elle me donna trois secrets qu'elle me défendit de dire à personne. »

Quatorzième et quinzième apparitions

Le 3 mars au matin, pas d'apparition. Bernadette se sent pressée de retourner à la grotte en fin d'après-midi. Elle a, cette fois, le bonheur de contempler la Dame qui lui renouvelle l'ordre de la veille (14e apparition). Mais le curé-doyen de Lourdes, l'abbé Peyramale, demande un signe : « Si elle veut la chapelle, qu'elle dise son nom et fasse fleurir le rosier de la grotte ! »

Le lendemain, dernier jour de la quinzaine, c'est grand marché à Lourdes. Il y a plus de 7 000 personnes devant la grotte. Mais Bernadette ignore toujours le nom de celle qui lui apparaît. Chaque fois qu'elle le lui demande, elle n'obtient pour toute réponse qu'un sourire.

Un nom sous la statue à la grotte

Le 25 mars, l'Apparition donne enfin son nom à Bernadette, en bigourdan : « Je suis l'Immaculée Conception. » La jeune fille ignore le sens des paroles qu'elle rapporte à l'abbé Peyramale qui est stupéfait : la voyante ne fréquente pas le catéchisme et cela fait à peine trois ans que le dogme de l'Immaculée Conception a été proclamé par Pie IX, le 8 décembre 1854. Le curé de Lourdes informe aussitôt son évêque.

Seizième apparition
25 mars 1858 – « Je suis l'Immaculée Conception. »

Tandis que Bernadette a repris sa vie d'écolière, la grotte ne désemplit pas et les fidèles y font brûler des cierges. Ce n'est que le jeudi 25 mars, trois semaines après la fin de la quinzaine, jeudi de l'Annonciation, que Bernadette s'y rend de nouveau. À force d'insister elle obtient la réponse : « Je lui demandai de nouveau trois fois de suite. Elle souriait toujours. Enfin, je me hasardai une quatrième fois et ce fut alors qu'elle me dit en joignant les mains à la hauteur de la poitrine qu'elle était l'Immaculée Conception, "Que soy era immaculada councepciou". »

DIX-SEPTIÈME APPARITION
7 avril 1858 – La flamme du cierge.

Le 7 avril, mercredi de Pâques, au cours de l'apparition qui dura près d'une heure, en présence de plusieurs centaines de personnes, la flamme de son cierge lui lèche les mains pendant plusieurs minutes sans laisser la plus légère trace de blessure.

DIX-HUITIÈME APPARITION
16 juillet 1858 – L'adieu silencieux de Notre-Dame.

Le soir du vendredi 16 juillet, fête de N.-D. du Mont-Carmel, la Vierge, plus belle et plus radieuse que jamais, apparaît à Bernadette par-delà le gave, au-dessus des barrières qui, depuis juin et suite à quelques abus, ferment au public l'accès de la grotte. Ce sera la dernière fois.
« Elle m'apparut au lieu ordinaire sans rien me dire… Je ne l'avais jamais vue aussi belle. »

LE MIRACLE DU CIERGE

Le 7 avril, devant la grotte, le docteur Dozous est venu confirmer son opinion : cette histoire d'apparitions n'est qu'un tissu de mensonge.
Mais il voit la flamme du cierge toucher longuement les mains de la voyante et constate ensuite l'absence de toute brûlure.
Il sera l'un des premiers convertis de Lourdes.

Qui était Bernadette ?

L'enfance

Bernadette naît le 7 janvier 1844 à Lourdes, au moulin de Boly. Ses parents, François Soubirous et Louise (née Casterot), sont meuniers. Elle est baptisée deux jours plus tard sous le nom de Marie-Bernarde.

La famille Soubirous jouit d'une certaine aisance, comme les nombreux artisans meuniers de la ville. Leur moulin, situé sur l'un des ruisseaux qui se jette dans le gave, le Lapacca, tourne bien. Bernadette y vivra jusqu'à ses dix ans. Seul un épisode au village voisin de Bartrès l'en éloigne : sa mère, victime d'un accident, la met en nourrice pendant seize mois chez Marie Aravant-Laguës. Plus tard, elle aimera revenir de temps en temps à la maison Burg où sa mère nourrice l'a traitée, dira-t-elle, comme sa propre fille.

La maison Burg, à Bartrès

Bernadette sera placée en nourrice dans ce village proche de Lourdes, chez Marie et Basile Laguës, de la fin 1844 au printemps 1846. En médaillon, ci-dessus, François et Louise Soubirous.

LE MOULIN DE BOLY À L'ÉPOQUE DES APPARITIONS
Bernadette naît et grandit dans "le moulin du bonheur" jusqu'au 24 juin 1854, où, en faillite, le meunier François Soubirous et sa famille sont expulsés. Ce cliché est exposé dans la maison natale de Bernadette.

Au ban de la société

Cependant, ce tableau de prospérité relative et de labeur va s'ébrécher. Ce sont d'abord les malheurs privés qui frappent la famille. Deux frères de Bernadette meurent en bas âge, en 1851. Un autre fils, Justin, naît en 1855, mais mourra avant d'avoir atteint l'âge de dix ans.

C'est, ensuite, le travail qui se fait de plus en plus difficile – le père a plusieurs accidents – tandis que se mettent en place les éléments d'une grave crise de la minoterie lourdaise. Pendant deux années, la sécheresse prive les artisans de grain à moudre. L'installation des moulins à vapeur, à la faveur de la révolution industrielle, précipite la faillite des moulins à eau de la région. À commencer par celui de François Soubirous.

Le moulin de Boly, dont les parents se croyaient propriétaires, est vendu en 1852. Ils en sont expulsés en

1854. Les Soubirous émigrent alors à la Maison Laborde. Puis au moulin Sarrabeyrouse, à Arcizac-ès-Angles. Vient le temps où la famille n'a plus ni argent, ni travail, ni logement…
C'est alors qu'intervient le dernier épisode de la dégringolade sociale de la famille. En mars 1857, un sac de farine est volé chez l'ancien patron de François Soubirous. Dans ces circonstances, et faute de coupable, on ne prête qu'aux pauvres : l'ancien employé, ruiné, chômeur et père de famille, a un profil idéal pour endosser la faute. Il sera incarcéré huit jours, sans preuves, puis libéré. Mais la tache infamante demeurera sur toute la famille, désormais au ban de la société lourdaise. Elle loge dans un misérable réduit à l'actuel n° 14 de la rue du Bourg.
À l'automne suivant, les Soubirous en sont réduits à s'installer dans une pièce unique, qu'un cousin, André Sajous, met gratuitement à leur disposition, rue des Petits-Fossés. Ironie cruelle, pour l'ancien "voleur", il s'agit d'une ancienne prison désaffectée de la ville. Les habitants lui ont donné un surnom : "le cachot".

"La plus pauvre"

La proposition de Marie Aravant-Laguës arrive en septembre 1857 dans ce contexte sinistré : Bernadette voudrait-elle revenir à Bartrès, comme employée de ferme ? La famille y voit l'opportunité de « nourrir une bouche

Le cachot
La famille Soubirous, ruinée, emménage en 1857 dans l'ancienne prison. Un cousin met à leur disposition cette pièce, dans laquelle ils vivent à six. On leur a aussi prêté un lit pour les parents, un autre pour les quatre enfants, une malle et quelques tabourets…

de moins ». Pour Bernadette, c'est l'occasion de sortir de la terrible réalité lourdaise. De plus, elle rêve d'aller au catéchisme.
Bernadette a dépassé ses treize ans. Deux ans auparavant, elle a été l'une des victimes de l'épidémie de choléra qui a touché Lourdes à l'automne. La maladie a tué une quarantaine de personnes, et en a infecté plusieurs centaines d'autres, dont Bernadette. Elle en a réchappé, mais en gardera les séquelles, asthme et tuberculose, sa vie durant. Ces problèmes de santé, et le travail auquel elle a été contrainte, l'ont empêché d'aller à l'école. Elle ne sait ni lire ni écrire. Elle ne parle que le bigourdan, patois pyrénéen. Elle ne va pas au catéchisme, enseigné en français. Les autres filles du village, à cet âge, ont déjà fait leur première communion. Pas elle.
Son second séjour à Bartrès sera une désillusion. La garde des moutons accapare son temps. Lorsque l'abbé Ader, qui dispense le catéchisme, quitte Bartrès en janvier 1858, elle comprend qu'elle ne pourra, ici non plus, obtenir ce qu'elle désire. Elle revient au "cachot". Là, du moins, pourra-t-elle

LA CUISINE DES SOUBIROUS
Ses parents sont journalier et domestique : Bernadette a la charge de la maison et de sa fratrie. Elle travaille aussi pour la chiffonnière et au cabaret de sa tante. Au moulin Lacadé, où la famille revient en 1865, des reconstitutions évoquent ce quotidien.

La bergerie, à Bartrès
Bernadette repart, à l'automne 1857, chez les Laguës. Dans la journée, elle garde les moutons. Le soir, elle apprend par cœur les formules en français du catéchisme : elle ne parle que le patois.

fréquenter l'école gratuite des sœurs de Nevers et préparer sa première communion. Elle affirmera plus tard : « Si la Sainte Vierge en avait trouvé une plus ignorante que moi, c'est elle qu'elle aurait choisie. » De fait, les premières apparitions ont lieu dès son retour à Lourdes.

Après les apparitions

Pendant les apparitions, la ferveur a enflé autour du phénomène. Huit mille personnes ont assisté à l'avant-dernière apparition. Des désordres apparaissent, et la police a dressé sur le lieu de hautes palissades de planches, que des fidèles ont abattues, plusieurs fois, en pleine nuit. Après le 16 juillet et la dernière apparition, l'atmosphère de frénésie s'apaise autour de la grotte. On enlève les barrières. Bernadette vient, la première, y prier « pour les pauvres pécheurs ».
Elle a, entre-temps, fait sa première communion, le 3 juin. Mais pour elle qui aspire à la discrétion, le retour au calme relatif autour de la grotte est une illusion. Bernadette doit rapidement accueillir les premiers pèlerins qui viennent lui rendre visite. Elle répond, “coûte que coûte”, à toutes les questions. Sans s'acharner à

L'abbé Peyramale
Le curé de Lourdes, nommé en 1851, défendra vigoureusement Bernadette. En août 1860, il obtient son placement à l'hospice des sœurs de Nevers, pour la protéger des curieux.

convaincre : « Je suis chargée de vous le dire, je ne suis pas chargée de vous le faire croire », aurait-elle affirmé.
Mais elle ne goûte pas ces visites, aspire à la discrétion, sinon à la tranquillité. Et refuse farouchement toute aumône : « J'aime mieux rester pauvre. » En mars 1860, elle devient "petite bonne d'enfants" à la journée chez la femme d'un officier de Visens.

La vocation

Depuis les apparitions, elle songe en fait à se faire religieuse. Les obstacles apparaissent nombreux. Elle est trop jeune. Elle n'a pas de dot, et se dit « bonne à rien ». Et, alors que d'instinct elle s'orienterait vers le Carmel – les bernardines d'Anglet (Basses-Pyrénées) ou les trappistines – sa santé lui interdit même d'y penser. « Je dois me faire religieuse, mais la Sainte Vierge ne m'a pas dit dans quelle congrégation », commente-t-elle. Le 15 juillet 1860, elle entre donc, faute de pouvoir prendre une décision

BERNADETTE APRÈS LES APPARITIONS
La jeune fille souffre de la curiosité dont elle est l'objet. À l'hospice des sœurs de Nevers, elle se consacre aux études et au soin des malades : « À présent, je suis comme tout le monde. » Ce portrait est exposé au cachot.

définitive, comme pensionnaire à l'hospice-école de Lourdes. Elle continuera d'y apprendre à lire, à écrire, à coudre et à broder, pendant six ans, tout en attendant et en cherchant sa vocation.
Le déclic intervient en septembre 1863. L'évêque de Nevers, Mgr Forcade, passe à Lourdes. Il la rencontre, lui propose de l'admettre sans dot chez les sœurs de Nevers. Bernadette y réfléchit pendant six mois. Le 4 avril 1864, date de la première grande procession à Lourdes, Mgr Laurence, l'évêque de Tarbes, doit bénir la statue à la grotte. Bernadette, malade, ne peut assister à la cérémonie. Mais c'est le jour qu'elle choisit pour demander à la supérieure de l'hospice son admission dans la congrégation des sœurs de Nevers.
Elle devra attendre, pour partir, que sa santé, très ébranlée en 1864, se rétablisse. On veut aussi qu'elle assiste à l'inauguration de la crypte, le 19 mai 1866, et à la première messe à la grotte, le surlendemain. Elle y sera, participant à la procession, cachée dans son capulet blanc.
Enfin, le 3 juillet 1866, c'est la veille du départ : sa dernière visite à la grotte. La supérieure qui l'accompagne lui fait signe qu'il faut s'en aller. « Laissez-moi encore un moment, implore-t-elle, c'est la dernière fois. » Elle baise longuement le rocher, elle ne peut retenir ses larmes : « La grotte, c'était mon ciel, je ne la reverrai plus. » Le lendemain, elle prend le train pour Nevers, où elle arrive le samedi 7 juillet vers dix heures du soir. Elle dira : « Le plus grand sacrifice de ma vie, c'est d'avoir quitté Lourdes. »

Religieuse et infirmière à Nevers

Quelques jours après son entrée au noviciat, Bernadette explique : « Je suis venue ici pour me cacher. » Elle pourra le faire. Il lui faut d'abord, le dimanche après-midi qui suit son arrivée, faire le récit des apparitions. La supérieure générale lui demande de le faire devant la communauté de Saint-Gildard, la maison mère des sœurs de Nevers.
C'en sera ensuite fini. Le 19 juillet, elle prend le voile, sous le nom de sœur Marie-Bernard. Désormais, tout le monde la connaîtra sous ce nom. Elle disparaît à la face du monde, sinon pour quelques visiteurs curieux qu'elle ne peut éviter. Elle a conscience qu'elle a pour mission de vivre à Nevers les différents points du message que la Vierge lui a confiés : prier, faire pénitence, se mortifier, souffrir pour les pécheurs… L'Apparition lui

LIVRES ET CAHIERS DE PRIÈRES DE BERNADETTE
À Nevers, elle rêve d'enseigner. Mgr Forcade, l'évêque, ne l'affecte « nulle part », et lui donne l' « emploi de la prière ». En réalité, elle remplira, pendant trois ans, les fonctions d'infirmière principale.

a promis un bonheur qui ne sera « pas de ce monde ». Elle s'en satisfait, « plus heureuse, écrit-elle, sur mon lit de douleur, avec mon crucifix, qu'une reine sur son trône. » Malade, c'est pensant venir la mort qu'elle prononce ses vœux une première fois, le 25 octobre 1866. Puis une seconde fois, le 30 octobre 1867.
Elle qui aurait « tant aimé faire un emploi, [...] aimé enseigner », on l'emploie à l'infirmerie de la maison mère. Jusqu'en 1873, tant qu'elle aura la santé, elle s'acquittera de sa tâche avec joie. Luttant intimement, pied à pied, contre son principal défaut : la vivacité de son caractère. « Demandez ma conversion au bon Dieu et à la Sainte Vierge », écrit-elle le 6 avril 1869. « On me reproche de tenir trop à ma volonté ; je m'entends appeler très souvent "volontaire". Cela me fait honte et néanmoins, je ne me corrige pas. » Elle mène un combat intérieur contre ses faiblesses, dont témoigne son espérance : « L'amour généreux de Notre-Seigneur sera le couteau pour couper et faire disparaître l'arbre de l'orgueil et ses mauvaises racines. »

La maladie, la mort

Depuis l'épidémie de choléra, la santé de Bernadette est défaillante. À Nevers, tuberculose et asthme s'aggravent. Sœur Marie-Bernard vit cela comme un cheminement intérieur, répète cette phrase de saint Augustin :

« Quand on aime, on n'a pas de peine, ou bien sa peine, on l'aime. » Et encore : « Obéir, c'est aimer. Tout souffrir, en silence pour plaire à Jésus, c'est aimer. »

En 1874, sa santé lui interdit de continuer sa tâche à l'infirmerie. On lui confie la sacristie. Pas pour longtemps : à partir de 1875, elle retourne à l'infirmerie, mais cette fois comme grande malade. C'est sa « pénitence pour les pécheurs ». Elle prononce ses vœux perpétuels le 22 septembre 1878, mais c'est pour s'aliter définitivement dans sa « chapelle blanche ». La progression de la maladie est rapide.

Le mercredi de Pâques, 16 avril 1879, elle est à l'agonie. Ses dernières paroles seront des prières : « Mon Dieu ! Mon Dieu ! Sainte Marie, Mère de Dieu, priez pour moi, pauvre pécheresse ! » Elle regarde le crucifix, puis la statue de Notre-Dame de Lourdes : « Je l'ai vue… Oh ! qu'elle était belle… Que j'ai hâte d'aller la revoir. »

Elle dit aussi : « J'ai soif… »

Avant d'accepter le verre qu'on lui tend, elle fait, encore une fois, son signe de croix. Elle défaille. Elle a trente-cinq ans…

La police avait dû dresser des palissades pour empêcher les désordres, lors des dernières apparitions. Quatre ans plus tard, lorsque l'Église confirme que Bernadette a vu la Vierge, c'est une toute autre histoire qui commence : celle des grands pèlerinages. Malades et fidèles affluent du monde entier.

Les premiers pèlerinages à Lourdes

La position de l'Église sur Lourdes

Les déclarations de l'évêque de Tarbes, Mgr Laurence, qui authentifie les apparitions, vont bouleverser l'anonymat de la petite ville des Hautes-Pyrénées. Le 18 janvier 1862, l'évêque de Tarbes proclame : « Nous jugeons que l'Immaculée Marie Mère de Dieu a réellement apparu à Bernadette Soubirous, [...] que cette apparition revêt tous les caractères de la vérité et que les fidèles sont fondés à la croire certaine. » L'enquête qui a précédé cette déclaration a duré plus de quatre années.

MGR LAURENCE, ÉVÊQUE DE TARBES
Il mène l'enquête et, en 1862, reconnaît les apparitions, puis préside aux bénédictions de la statue et de la crypte.

Lorsque l'Église reconnaît une apparition, elle le fait en fidélité à sa mission : annoncer la parole de Dieu. Et dans le souci de répondre à sa charge de discernements des esprits. Le message proposé doit être cohérent avec la Révélation dont l'Église a le dépôt. Il doit être transparent à l'Évangile : loin de se centrer sur lui-même ou sur des pratiques marginales, il doit contribuer à mener au Christ Jésus et à prendre un engagement au service de ses frères. Le témoin, quant à lui, doit être véridique, non suspect d'exaltation ou de mensonge. Enfin, on doit pouvoir reconnaître le message à ses fruits : conversion, sainteté, plus grande fidélité à l'Église, unité. Les guérisons ne viennent qu'à titre complémentaire, et leur caractère miraculeux est examiné avec toutes les garanties nécessaires. Ce n'est pas l'apparition qui prouve l'Église, c'est l'Église qui reconnaît et authentifie l'apparition. « Allez dire aux prêtres… », recommande la Vierge Marie à Bernadette. Dans le cas de Lourdes, l'Église a affirmé que ces conditions étaient réunies. Un demi-siècle après le jugement de Mgr Laurence, le pape Pie XI béatifie Bernadette, le 14 juin 1925. Le 8 décembre 1933, il l'inscrit au nombre des saints.

La commission d'enquête
Le 28 juillet 1858, Mgr Laurence ordonne une commission d'enquête sur les apparitions. Pendant près de quatre ans, Bernadette va être interrogée par les autorités ecclésiastiques.

Des foules de plus en plus nombreuses

Les statistiques des pèlerinages et l'histoire de Lourdes depuis 1858 illustrent assez clairement la ferveur croissante qui a entouré la grotte de Massabielle.

Les premiers chiffres dont on dispose sont ceux des assistances aux grandes fêtes qui marquent la naissance et l'extension du pèlerinage. Au cours des apparitions, des affluences de huit mille personnes ont été constatées. Six ans après, lors de l'inauguration de la statue de la grotte (1864), le chiffre a plus que doublé : 20 000 personnes assistent à la procession. Et en 1866, l'assistance a encore doublé lors de l'inauguration de la crypte. En 1872, le pèlerinage "des bannières" rassemble 50 000 pèlerins. Moins de quatre ans plus tard, lors de la fête du couronnement de

Notre-Dame de Lourdes, la foule a encore doublé, atteignant pour la première fois 100 000 fidèles. En avril 1935, les fêtes du jubilé de la Rédemption attireront à Massabielle 300 000 pèlerins.

Autre mesure de l'engouement pour le pèlerinage dans les Hautes-Pyrénées, les affluences annuelles connaissent la même progression exponentielle. La première estimation date de 1891, où l'on estime que 110 000 personnes sont venues par le train en pèlerinage à Lourdes. Moins de vingt ans plus tard, en 1908, le cinquantenaire des apparitions marque un nouveau seuil, puisque l'on compte plus d'un million de pèlerins sur les traces de Bernadette.

LA FÊTE DES BANNIÈRES
Les pèlerins sont plus de 50 000 en 1872. Aujourd'hui, il en passe chaque année cent fois plus à la grotte.

PÈLERINS À LA GROTTE
Cinq ans après les apparitions, deux riches demoiselles de Lyon font sculpter une statue de la Dame. Commentaire de Bernadette : « On lui a fait un goitre ! »

Les premiers sanctuaires

À l'époque des apparitions, le canal du moulin de Savy rejoint le gave de Pau juste devant la grotte de Massabielle ("le vieux rocher"). Le confluent du canal et du gave forme une pointe de cailloux et de sable, où se tient Bernadette au moment de la première apparition.

Très vite, il apparaît que les lieux ne permettent pas aux foules qui affluent de se recueillir comme elles le souhaitent. Aussi va-t-on peu à peu repousser le cours du gave, pour élargir progressivement l'esplanade devant la grotte. Rapidement, on matérialise l'endroit où se tenait Bernadette le 11 février 1858 par une plaque au sol. Autre aménagement d'importance à la grotte, l'installation de la statue. Elle est réalisée par le sculpteur Joseph Fabisch, un Lyonnais, d'après les indications de Bernadette elle-même. Malgré les efforts du sculpteur, la voyante sera déçue : « Ce n'est pas elle… Elle est trop grande [1,78 m, sans le socle], pas assez jeune, pas assez souriante. » Sur le socle, l'artiste inscrit en patois lourdais la phrase par

La crypte

Les travaux du premier sanctuaire de Lourdes commencent en octobre 1862. François Soubirous est l'un des soixante terrassiers employés au chantier.

LES BASILIQUES
Le chœur de la basilique de l'Immaculée Conception se situe exactement au-dessus du lieu de l'apparition. Celui de Notre-Dame du Rosaire (on voit son porche au niveau de l'esplanade) est percé de chapelles évoquant les mystères du rosaire.

laquelle l'Apparition se présente : « Que soy era immaculada councepciou. » L'œuvre est inaugurée le 4 avril 1864, par Mgr Laurence, évêque de Tarbes, lors de la première grande procession à la grotte.
La deuxième procession verra l'inauguration de la crypte, en 1866. Sur les injonctions de l'Apparition elle-même, on a bâti "une chapelle" – ou plus exactement creusé une crypte au sommet du rocher qui surplombe la grotte. Cependant, rapidement, le sanctuaire ne suffit pas face à l'afflux des pèlerins. L'histoire des édifices successivement

L'ESPLANADE
De 1861 à 1864, l'évêque de Tarbes avait progressivement acquis les terrains environnant la grotte. Cela permettra de tracer la grande esplanade, délimitée en 1877 par la Vierge couronnée.

construits sur le domaine se résume à une course perpétuelle pour offrir un espace suffisant aux foules, toujours plus nombreuses.

Les travaux de la basilique de l'Immaculée Conception sont entamés l'année même de l'inauguration de la crypte. L'église, dont le clocher de soixante-dix mètres va désormais devenir emblématique de Lourdes, est inaugurée en 1871. Moins de vingt ans plus tard, en 1889, la basilique Notre-Dame du Rosaire triple la capacité d'accueil des célébrations à Lourdes. Construite et décorée dans un style néo-byzantin, elle est remarquable, notamment par ses quinze chapelles ornées de mosaïques, méditation sur les quinze mystères du rosaire.

L'esplanade qui mène à ces édifices, aménagée à partir de 1874, sera délimitée à l'est successivement par la statue de la Vierge couronnée (1877), puis par le calvaire des Bretons (1900). Des foules de 40 000 personnes peuvent alors se rassembler lors des processions eucharistiques ou des grands pèlerinages. Le chemin de croix, édifié dans la montagne qui surplombe les sanctuaires, est achevé en 1911.

Les pèlerinages aujourd'hui

Une capitale de la prière

Dans une encyclique du 2 juillet 1957, le pape Pie XII invite à faire du pèlerinage de Lourdes « un effort collectif de renouveau chrétien de la société en réponse à l'appel de Marie ». Un an après cet écrit pontifical, Mgr Théas décide de faire publier, à l'occasion du centenaire, l'ensemble des documents qui témoignent des apparitions. Il entend ainsi répondre définitivement à l'accusation, souvent renouvelée, de supercherie, soit de la part de Bernadette, soit de la part des prêtres. Il espère aussi établir une histoire objective des faits qui, enfin, rassemble et tient compte de toutes les sources documentaires.

La date de 1958, celle du centenaire des apparitions et du second congrès marial de Lourdes, va être marquée par une nouvelle ferveur. Pour la première fois, les sanctuaires vont accueillir plus de cinq millions de pèlerins – cinq fois plus que pour le cinquantenaire.

Lourdes est alors vraiment devenu un "centre mondial de pèlerinage", une "capitale de la prière". Depuis 1966, l'assemblée plénière de l'épiscopat de

PÈLERINS SOUS LES ARCADES
Deux grandes rampes percées de sept arcades figurent des bras ouverts, comme sur l'esplanade Saint-Pierre de Rome. Longues de 130 m, elles permettent d'accéder à la crypte et à la basilique de l'Immaculée Conception. Les foules, sous les arcades, se dirigent ici vers la grotte.

France s'y réunit chaque année. En 1983, le pape Jean-Paul II est le premier pontife à venir se recueillir à Massabielle pour les célébrations de l'Assomption.
Pour la célébration du Jubilé de l'an 2000, ce sont plus de cinq millions de pèlerins qui sont venus à Lourdes. Ce chiffre est dorénavant l'étiage des affluences à Lourdes. Les fidèles viennent du monde entier : près de la moitié sont étrangers, de 130 nationalités différentes, dont une forte proportion d'Italiens. À côté des pèlerinages organisés, on compte de plus en plus de "pèlerins d'un jour", de petits groupes et de touristes.

Les nouveaux sanctuaires

Les lieux de culte, même gigantesques pour la ville, sont rapidement devenus trop étroits. Or il n'est plus possible de construire sur le rocher de la grotte lui-même. La massification et l'internationalisation croissante des pèlerinages obligeront à ériger d'autres constructions, dans la seconde moitié du XXe siècle. Ce sera, d'abord, la basilique Saint-Pie X, immense église souterraine creusée à l'occasion de centenaire de 1958, qui peut contenir jusqu'à 25 000 personnes. Puis d'autres édifices sur le domaine des sanctuaires : l'église Saint-Joseph, près de l'Accueil Notre-Dame, pour les malades et les hospitaliers (1968) ; l'église Sainte-Bernadette, dans la prairie (1988) ; la chapelle de l'Adoration (1995) ; la chapelle de la Réconciliation (rénovée en 2000).

La basilique saint-Pie X
Délimitant une ellipse de plus d'un hectare, 58 piliers doubles se rejoignent pour soutenir la voute, en forme de carène de navire renversée. Au centre de l'église souterraine : l'autel.

Les malades à Lourdes

Hospices et piscines

Bernadette a dégagé la source sur les injonctions de la “Dame”, lors de la neuvième apparition. Dès lors, des infirmes vont se plonger dans la source, tandis que des pèlerins en recueillent pour les malades qu'ils ont laissés chez eux. La guérison de Catherine Latapie va accélérer cette forme de dévotion. Pour éviter la bousculade, on érige rapidement un “cabinet aux lotions”. Un système de dérivation est mis en place depuis la source jusqu'aux fontaines. Puis on construit les “piscines”, sorte de grandes baignoires en maçonnerie où les pèlerins viennent se plonger avec l'aide des brancardiers ou des infirmières. Le bâtiment actuel, au-delà de la grotte, date de 1955-1956. En 1999, près de 400 000 personnes sont venues se plonger dans les piscines.
Les fondateurs de la congrégation des Filles de Notre-Dame des Douleurs, Marie Saint-Frai et l'abbé Ribes, ont créé, en 1874, un premier hospice : les pèlerins malades, âgés ou infirmes n'avaient jusqu'alors aucun lieu où reposer. En 1877, on construit l'Asile Notre-Dame, dans le même esprit

L'ENTRÉE DES PISCINES
On érigea, à la demande des malades, un bâtiment en bois pour abriter des piscines, dès 1862. La construction actuelle date de 1954. Elle abrite dix-sept baignoires en pierre.

d'accueil. Régulièrement agrandi, entre 1908 et 1954, il offre au final une capacité de près de mille lits. Cela ne suffit pas. L'Accueil Notre-Dame est alors édifié sur l'autre rive du gave. Il propose initialement 715 lits aux pèlerins malades et handicapés. L'Accueil Marie-Saint-Frai et l'Accueil Notre-Dame ont été modernisés en 1997 et 1998. Ils proposent désormais quelque 1 350 lits, utilisés chaque année par plus de 40 000 malades. Il existe aussi en ville d'autres centres d'accueil pour les malades, suivant leur nationalité : Salus Infirmorum (Italiens), C.L.M. (Maison d'accueil pour enfants handicapés irlandais), Acros et Hosanna House (Maison d'accueil pour personnes malades et handicapées anglaises), et le Centre Saint-Jean-le-Baptiste pour les dialysés, route de Bartrès. Enfin, le Centre hospitalier général de Lourdes reçoit les cas graves survenus au cours des pèlerinages. En tout, environ 60 000 malades et personnes handicapées visitent Lourdes chaque année.

L'hospitalier et le bénévole

Dès que les malades ont afflué, et le problème de l'accueil une fois réglé, s'est posé celui de les accompagner dans les sanctuaires. L'Hospitalité est une création originale, fondée à Lourdes en 1885. On distingue d'abord les membres de l'Hospitalité Notre-Dame de Lourdes. Leur rôle consiste essentiellement à faciliter l'accès et la prière de tous aux sanctuaires, à régler le déroulement des cérémonies et temps de célébration, mais aussi à servir les malades et handicapés. Ils accueillent, par exemple, les pèlerins aux piscines. Ils sont moins d'une dizaine de milliers, et consacrent plusieurs semaines de service, régulièrement, aux sanctuaires.

Beaucoup plus nombreux sont les hospitaliers diocésains, ou les hospitaliers des pèlerinages nationaux, au service des personnes souffrantes qu'ils accompagnent. Parmi eux, médecins et infirmières encadrent bénévolement ces pèlerinages. Ceux-là se comptent chaque année en dizaines de milliers. On estime que plus de 200 000 personnes appartiennent aujourd'hui à l'un de ces deux services.
Par ailleurs, plusieurs milliers de bénévoles viennent chaque année à Lourdes pour faire fonctionner les différents lieux d'accueil, hospitalités, pavillons destinés aux pèlerins, aux visiteurs et aux malades. Les scouts en constituent le premier bataillon, ainsi que les bénévoles du Secours catholique qui travaillent à la Cité Saint-Pierre. Chaque année, c'est désormais près de 100 000 personnes qui viennent ainsi consacrer leur temps au service des malades ou des sanctuaires.

Les miracles de Lourdes

Le premier miracle de Lourdes

La première guérison reconnue miraculeuse a lieu à la grotte, le jour de la douzième apparition à Bernadette. Catherine Latapie, 38 ans, habitante de Loubajac, un village situé à six kilomètres de Lourdes, de l'autre côté du gave, en est la bénéficiaire.
Catherine Latapie se trouve dans une extrême misère depuis un accident. Deux ans plus tôt, elle est tombée d'un chêne, où elle gaulait des glands. Elle s'est retrouvée au sol avec l'épaule droite "retournée", les "doigts tordus". Le médecin a remis le bras, mais deux doigts sont restés pliés, paralysés.

Dans la nuit du 28 février au 1er mars 1858, elle entend parler de la source de Massabielle, soit deux jours après que l'Apparition a demandé à Bernadette de la dégager. L'eau aurait permis de soulager des malades. Catherine, sur le point d'accoucher de son troisième enfant, part aussitôt dans la nuit. Elle emmène ses deux enfants, Marie, 8 ans, et Jean, 3 ans. Elle arrive à la grotte vers 3 heures du matin. Elle prie, grimpe la pente caillouteuse qui mène à la source encore bourbeuse. Elle se courbe au fond de la grotte, la "tute", sous la voûte basse. Elle plonge sa main dans l'eau.

Une grande douceur l'envahit. Elle retire la main. Les doigts sont souples maintenant. Elle rentre aussitôt à Loubajac et, à son arrivée, accouche « heureusement et presque sans douleur ». Cette guérison est l'une des sept retenues par l'enquête épiscopale de 1860 à 1862.

Les premières guérisons

Au cours de l'année 1858, les premières guérisons interviennent. Sept seront reconnues miraculeuses par l'Église, en 1862.

Le médecin et l'évêque

Aujourd'hui, la vérification des guérisons relève d'abord de l'institution médicale. Il revient à la médecine de juger qu'il y avait bien une maladie sérieuse, et que la guérison est effectivement intervenue. Le Bureau médical de Lourdes est chargé de cette tâche. Il a été fondé dès 1883 par le docteur de Saint-Maclou, deuxième médecin préposé au contrôle des guérisons. Le malade guéri est ensuite suivi, le plus souvent chaque année, par les médecins de l'Association médicale internationale de Lourdes (AMIL). Cette instance regroupe tous les médecins et professionnels de la santé qui le souhaitent, croyants

EX-VOTO
AU MOULIN LACADÉ
Depuis les origines du pèlerinage, moins de cent guérisons ont été reconnues miraculeuses.

ou incroyants. Elle mène une enquête selon des critères précis, qui supposent de pouvoir démontrer d'une part la réalité et la gravité de la maladie, d'autre part l'instantanéité, la totalité, la durabilité de la guérison, en l'absence de tout traitement. Une fois cette instruction médicale effectuée, et en cas de conclusions positives, le dossier est transmis au Comité médical international. Il s'agit d'un organe consultatif constitué d'une vingtaine de médecins d'hôpitaux, membres permanents. Ce sont eux qui, après une nouvelle expertise, décideront éventuellement de présenter un dossier de guérison aux instances religieuses.

C'est alors à l'évêque du diocèse où demeure la

personne guérie de discerner s'il convient de proclamer le caractère miraculeux de la guérison. Il ne suffit pas en effet qu'elle soit inexplicable pour être jugée signe de Dieu. Une commission canonique diocésaine va mener une enquête pour déterminer la sincérité du témoin, les fruits spirituels de la guérison et sa conformité au message évangélique. Ses conclusions sont soumises à l'avis de l'évêque, qui éventuellement décidera de la proclamation canonique officielle.

Lourdes, combien de miracles ?

Depuis la guérison de Catherine Latapie, en mars 1858, 66 miracles ont été proclamés. On recense, depuis les origines, plus de 6 800 guérisons enregistrées au Bureau médical. Actuellement, le rythme de ces déclarations est d'une trentaine chaque année.

À titre d'exemple, sur une période de vingt-deux ans, entre 1946 et 1968, 909 dossiers ont été classés, 72 retenus par le Bureau médical, et, sur ce nombre, l'autorité épiscopale compétente a déclaré miraculeuses vingt-deux guérisons. Outre la rigueur extrême des instructions médicales et diocésaines, plusieurs éléments peuvent expliquer cette disproportion : la nécessité que la maladie soit d'ordre organique ou lésionnelle, à l'exclusion de toute pathologie psychiatrique ; l'absence dans certains cas de dossiers permettant d'établir avec certitude la réalité et la gravité de la maladie, qui doit selon les critères avoir un pronostic fatal.

Par ailleurs, certaines guérisons ne sont pas portées à la connaissance du Bureau médical : le malade a perçu sa guérison comme une grâce intime et n'a pas jugé bon de se soumettre aux instances officielles. Il arrive d'ailleurs que certaines guérisons aient un retentissement et un rayonnement importants, sans pour autant qu'elles aient été reconnues signes divins. On cite en exemple le "miraculé" Gargam, dont l'Église n'a jamais reconnu la guérison miraculeuse, et qui a cependant témoigné pendant plusieurs dizaines d'années à Lourdes.

Depuis la préhistoire, l'homme habite sur le rocher de Lourdes. Les Romains, les Barbares, les mercenaires béarnais s'y sont fortifiés.
Mais cette modeste bourgade, ramassée autour de son château, a vu sa destinée basculer en 1858.
Devenue capitale de la prière, elle accueille aujourd'hui la foule des pèlerins. Sa géographie, sa vie locale, sa culture en sont à jamais marquées.

La ville de Lourdes

Brève histoire de Lourdes avant 1858

Située sur le gave de Pau, la ville de Lourdes est un carrefour naturel au débouché des vallées pyrénéennes d'Argelès, Luz et Cauterets et à

LA QUINZIÈME STATION DU CHEMIN DE CROIX À LA CAVERNE DES ESPÉLUGUES
Sur cet emplacement, des vestiges témoignent d'une présence humaine il y a 12 500 ans. Le gisement du paléolithique supérieur, fouillé et saccagé au XIXe siècle, recelait notamment une merveille : le célèbre petit cheval sculpté en ivoire de mammouth.

Le fort de Lourdes
Une légende raconte que le Sarrazin Mirat, assiégé par Charlemagne, se trouva à court de vivres. Un aigle qui survolait le fort laissa alors tomber une truite aux pieds du Maure. Il la fit porter à l'ennemi, qui se découragea à la vue du poisson. Le Maure accepta finalement de se rendre, non au roi, mais à la Reine des Cieux.

l'entrée des vallées de la Bigorre. Cette situation privilégiée explique l'ancienneté des traces d'habitations humaines sur le site. La préhistoire y a laissé des vestiges, notamment à la grotte des Espélugues, aujourd'hui quinzième station du chemin de croix. On a retrouvé à cet endroit des haches en silex, des pierres taillées et des ossements.
Successivement, les Gaulois, les Romains, les Barbares, les Maures fortifièrent le rocher de Lourdes – celui sur lequel est aujourd'hui encore érigé le château.
L'histoire de la ville se confond d'ailleurs avec celle du fort, au moins jusqu'au XVIIe siècle. Il s'agit, en fait, d'une litanie de sièges et de guerres. Charlemagne aurait investi la forteresse, tenue par le Sarrazin Mirat, en 778. Celui-ci refusant de céder aux assauts francs, l'évêque Turpin lui suggéra de se rendre, non au roi, mais à la Reine des Cieux. Le Maure, acculé par la famine qui sévissait dans le château, accepta. Il déposa ses armes aux pieds de la Vierge noire du Puy (le diocèse de Turpin) et se fit baptiser, sous le patronyme de

Lorus – qui donne le nom de la ville, Lourdes. Les Normands assiègent à leur tour la forteresse en 841, puis Simon de Montfort en 1208. Lourdes subit une double occupation anglaise, de 1251 à 1267, puis pendant la guerre de Cent Ans, de 1360 à 1407. Sitôt revenu à la couronne de France, le comté de Bigorre est donné par Charles VII, en 1425, à la maison de Foix. Il se trouve ainsi réuni au Béarn. À deux reprises, la ville subit le contrecoup des guerres de religion. En 1607, sous Henri IV, elle réintègre le royaume de France.

Lourdes en 1858

En 1858, la ville est un simple chef-lieu de canton des Basses-Pyrénées, qui compte 459 feux, pour 4 135 habitants. Ville de garnison – des troupes d'infanterie sont installées au château –, elle vit essentiellement de l'exploitation des carrières de marbre et d'ardoise, qui emploient mille deux cents ouvriers. La minoterie, sur les ruisseaux affluents du gave, constitue l'une des principales activités artisanales. La ville, comme la France régentée depuis six ans par l'empereur Napoléon III, entre dans une période de mutation économique. La révolution industrielle, fondée essentiellement sur le chemin de fer et la machine à

LE MARCHÉ DU PORCHE AU TOURNANT DU SIÈCLE
À partir des apparitions, Lourdes, humble chef-lieu de canton, sort de l'anonymat. Sa notoriété devient telle qu'en août 1859, l'empereur Napoléon III s'y arrête.

vapeur, vient bouleverser les modes de production. La crise de la minoterie lourdaise en est une illustration.
Lourdes n'a alors aucune raison d'attirer des visiteurs. Elle n'est qu'une ville-étape pour les voyageurs qui viennent prendre les eaux, dans les cures de Barèges, Cauterets, Luz-Saint-Sauveur et Bagnères-de-Bigorre. Les premiers pyrénéistes ne s'y arrêtent qu'une nuit, au mieux, sur la route de Gavarnie.

Lourdes aujourd'hui

Si la ville ancienne se blottissait autour du château fort, la ville moderne s'étale sur les flancs des monts et dans les vallées. Elle s'est, évidemment, particulièrement développée en direction de la grotte qui était un lieu désert en 1858. Le contraste est frappant, lorsqu'on visite Lourdes hors de la saison des pèlerinages (d'avril à octobre) : le centre-ville, ramassé autour du château, vit comme celui de n'importe quelle agglomération de cette modeste dimension. La "ville des pèlerins", hôtels, restaurants, boutiques d'articles religieux, semble s'être endormie pour plusieurs mois, en attendant le retour des visiteurs.

Lourdes est actuellement une agglomération de plus de 16 000 habitants, dont le territoire s'étend sur une superficie de 3 865 hectares. La ville s'est transformée, économiquement comme géographiquement, au rythme de l'attrait grandissant du tourisme pyrénéen, mais surtout des sanctuaires. Rappelons qu'elle est visitée chaque année par cinq millions de personnes, dont plus des deux tiers sont motivées avant tout par le caractère religieux du lieu. La ville tient évidemment compte de cette réalité : le fléchage dans les rues, qui guide le pèlerin sur les "itinéraires Bernadette" ; les noms des rues, à caractère souvent religieux ; nombre d'indices témoignent de cette réalité. La ville a aussi développé une concentration hôtelière de premier ordre. Ses quatre cents hôtels offrent autant de lits que Lourdes compte d'âmes – 16 000 ! On y trouve éga-

LA VILLE DE LOURDES ET LES SANCTUAIRES
La géographie urbaine va suivre le développement des pèlerinages. Elle va s'étendre progressivement vers le domaine et les sanctuaires (au second plan sur la photo).
Dès 1861, la municipalité a cédé à l'Église la montagne des Espélugues (colline sombre au fond à gauche), sur laquelle se dresse le chemin de croix.

lement des meublés, appartements, villas à profusion et vingt terrains de camping.
Il serait cependant faux de résumer la prospérité de la cité au seul essor prodigieux des pèlerinages.
Lourdes est aussi un nœud de voies de communications routières très important, à proximité des stations thermales des Pyrénées. La construction de l'aéroport, justifié essentiellement par l'afflux des pèlerins, profite à d'autres secteurs économiques. Les amateurs de tourisme vert – nous sommes aux portes du Parc national des Pyrénées – sont de plus en plus nombreux. Des événements culturels attirent aussi les visiteurs, tels le Festival de Pâques Musique et Art sacré, la Biennale internationale du Gemmail d'art sacré… Enfin, et dans un tout autre domaine, Lourdes est une ville qui compte pour tous les amateurs de rugby.

La ville des pèlerins

L'organisation géographique et économique de la ville autour des sanctuaires a créé, au fil des temps, une concentration d'hôtels et de magasins d'articles religieux en tous genres, dans la ville basse, aux alentours des sanctuaires. Tous cherchent à attirer le pèlerin, en toutes les langues

Les rues commerçantes
Lourdes offre l'aspect d'une ville double. La partie basse, qui entoure les sanctuaires, grouille d'activités pendant les pèlerinages. Et s'endort l'hiver (ci-dessus).

ÉTALS DE COMMERÇANTS
La surabondance, dans les magasins, rappelle celle des hauts lieux touristiques. Avec une nuance : elle s'applique cette fois à une réalité sacrée pour les pèlerins.

– mais particulièrement en français et en italien. Le phénomène est rigoureusement identique à celui qu'on observe près de tous les grands lieux touristiques, le Mont-Saint-Michel, par exemple. Il est ici accentué par la configuration des lieux : il n'existe dans Lourdes que deux itinéraires pour accéder aux sanctuaires. D'où l'effet de masse, de plus en plus criant à mesure qu'on s'approche de ceux-ci. Cette surabondance de boutiques, la dénomination religieuse de chacune – quand les commerçants ont des motivations légitimement plus mercantiles que spirituelles – choquent de nombreux pèlerins. De même certains objets offerts à leur attention peuvent paraître de mauvais goût, hologrammes d'images saintes, statuettes fluorescentes, etc.

Les boutiquiers interrogés ont quelques solides arguments à faire valoir en réponse. L'un d'eux constate : « Trop de magasins ? Pensez qu'il passe à Lourdes, chaque année, entre 5 et 6 millions de pèlerins ou visiteurs. Et chacun veut rapporter des “souvenirs” à sa famille et ses amis. Il faut bien les acheter quelque part. Un détail pratique : le nombre des magasins maintient la concurrence… et donc des prix raisonnables, dans l'intérêt de nos clients. » Un autre : « Certains articles vous choquent ? Le commerçant lourdais vend ce que lui demandent les pèlerins, et les goûts sont très variés selon les milieux et selon les pays. Une certaine éducation est possible, à longue échéance. Mais c'est aussi la responsabilité des pèlerinages. »
Ces arguments de bon sens commerçant ne suffisent pas forcément à diminuer l'agacement des visiteurs comme des pèlerins. Un groupe de chrétiens travaillant dans le commerce des souvenirs apporte une réflexion différente autour de cette réalité. « Amis pèlerins, écrivent-ils, Lourdes “Terre de Marie” est aussi “Terre des hommes”. Lourdes sera ce que vous en ferez. Le commerce de Lourdes possède un caractère propre, celui d'être au service des pèlerins et de ceux dont on fait si peu de cas ailleurs, les malades. Peut-être est-ce notre vocation dans l'Église, de dire au monde que la mission essentielle du commerce, c'est d'être d'abord un service. Entre le commercial et le sacré, il pourrait y avoir à Lourdes une forme de réconciliation. »

Alors que nous découvrons ceux qui nous accompagnent et le programme du pèlerinage,
alors que nous méditons sur le sens à donner à ce séjour à Lourdes,
alors que des questions, et peut-être des doutes, nous taraudent encore…
Nous sommes déjà en route, et déjà pèlerins.

En route vers Lourdes

Nous sommes partis...

Un pèlerinage

Ce n'est pas un voyage comme les autres

C'est un voyage vers un lieu saint. Des musulmans économisent pendant des années pour aller en pèlerinage à La Mecque où Mahomet a rétabli le culte du Dieu unique, celui d'Abraham. Des chrétiens font le long voyage de Terre sainte pour voir les Lieux dont parle la Bible et pour prier au pays de Jésus : à Bethléem, à Nazareth, à Jérusalem.

DANS LE TRAIN, RÉFLEXIONS...

Nous avons quitté pour plusieurs jours notre maison, nos amis et les gens de notre quartier. Nous avons cessé notre travail habituel en prenant quelques jours sur nos congés.
Le programme annonce des "célébrations", des "carrefours"...
Que pouvons-nous attendre de tout cela ?
Pour les personnes âgées, ce départ entraîne une fatigue
et un dérangement dans les habitudes, sans parler de la dépense.
Bref, pour nous tous, ce départ représente un choix, une décision et un effort.

...ET QUESTIONS

Pour faire un beau voyage ?
Pour échapper à la monotonie ou à l'isolement ?
Pour savoir ce que c'est, Lourdes ?
Pour oublier un moment nos soucis ?
Il y a peut-être un peu de tout cela, mais il y a aussi autre chose.

Un lieu où Dieu se fait plus proche

Si nous allons en pèlerinage à Jérusalem ou à Rome, ce n'est pas seulement à cause du passé, mais parce que cela nous concerne aujourd'hui. Il est des lieux de grâce "où souffle l'Esprit", où Dieu se fait plus proche.

Avec d'autres pèlerins

On part rarement seul en pèlerinage et, une fois arrivé, on retrouve d'autres pèlerins, venus d'un peu partout. Cette rencontre est un encouragement mutuel. Nous sentons davantage que tous les hommes sont solidaires dans leur marche vers Dieu.

Pour une nouvelle conversion

Partir en pèlerinage, c'est répondre à un appel de Dieu. Les gestes de piété ne suffisent pas. Il s'agit d'accueillir un message qui nous appelle à vivre davantage pour Dieu et à construire ensemble un monde plus conforme à son amour.

Pourquoi sommes-nous attirés à Lourdes ?

Un lieu de grâce

À la grotte de Massabielle, en 1858, la Vierge Marie est apparue à Bernadette Soubirous. Au bout de quelques semaines, les pèlerins se comptaient par milliers. Et dès 1862, les autorités de l'Église, après une enquête approfondie, ont donné leur approbation.

Faire un pèlerinage,
c'est marcher ensemble vers Dieu.

Où Dieu se fait plus proche par Marie

Lourdes est un lieu où souffle l'Esprit. « La prière y est plus facile et plus confiante », disent les pèlerins. Dieu nous y manifeste sa bonté par la Vierge Marie, qui est « à la fois la plus proche de Dieu et la plus proche de nous ».

À l'appel de Marie, nous marchons vers Dieu en Église.

Avec une foule de pèlerins

On a appelé Lourdes la "cité de la rencontre". Nous y sommes mêlés à une foule de toutes langues, de tous âges, de toutes situations sociales. Un climat d'échange, d'amitié et de prière commune s'y établit sans peine. Peu à peu les étrangers y sont reconnus comme des frères.

Appelés ensemble à la conversion

À Lourdes, un appel retentit : prière ! Pénitence ! C'est-à-dire changement de cœur et changement de vie. La prière vécue à Lourdes doit continuer ensuite. L'échange et l'amitié nous engagent à bâtir ensemble un monde réconcilié avec Dieu et plus accueillant pour tous les hommes. Lourdes est une terre d'Évangile.

Quelques conseils pour un vrai pèlerinage

Soyons attentifs et accueillants

« Celui qui n'aime pas son frère qu'il voit ne saurait aimer Dieu qu'il ne voit pas. » (première épître de Jean, 4, 20)

Qui sont nos compagnons de pèlerinage ? D'où viennent-ils ? Comment les

aider ? Bien entendu, sachons rester discrets. Mais demandons-nous quand même si notre voisin ne serait pas heureux de parler amicalement, de partager ses soucis et ses intentions de prière. Souvent, un sourire suffit pour amorcer le dialogue.
Soyons aimables en toutes circonstances avec les employés des transports, des magasins, des hôtels.

Acceptons une certaine "pénitence"

Acceptons de bon cœur les petits inconvénients du voyage. Acceptons le bruit, une certaine bousculade, des habitudes de vie, d'expression, de prière, qui ne sont pas les nôtres. Ne traînons pas inutilement en ville ou devant la télévision.

Facilitons le silence et la prière

« Marie retenait toutes ces choses et les méditait dans son cœur. » (Luc, 2, 19).
Dans les cérémonies communes, chantons tous ensemble de bon cœur. Mais sachons aussi respecter le silence et la prière auprès de la grotte, des fontaines, des piscines et dans les églises.
Même quand il y a foule à Lourdes, on peut se recueillir à la crypte de la basilique supérieure, au bord du gave, au-delà des piscines, ou sur la prairie, en face de la grotte.

Continuons notre pèlerinage après Lourdes

Notre pèlerinage est une nouvelle étape dans notre marche vers Dieu. Qu'est-ce que le pèlerinage de cette année aura apporté de neuf et de durable dans notre vie ?

Le message de Lourdes à la lumière de l'Évangile

Une démarche spirituelle en Église

De la pauvreté subie à la pauvreté choisie et aimée

L'élection de Bernadette Soubirous, alors dans la misère du cachot, n'est pas fortuite. Pas plus que ne l'est le lieu de l'apparition, face à la "tute aux cochons", comme on appelait la grotte. Il est rappel des choix de Dieu, « Lui qui, de riche qu'il était, s'est fait pauvre » (2, Co 8, 9). Dieu s'est incarné en Jésus, pauvre parmi les pauvres (la grotte de Bethléem, la fuite en Égypte et tout ce qui suivra...). « Ce qui est pauvre, ce qui est petit, voilà ce que Dieu choisit » (1, Co 1, 27). « Bienheureux les pauvres » (Mt, 5, 3-12). Et Bernadette, en écho, dira : « Je veux rester pauvre. »

Ce message garde son actualité dans une civilisation de gaspillage – et finalement d'injustice et de danger. C'est un appel à la vie simple. Un rappel de l'attention que le chrétien doit porter aux pauvres, aux malades, aux handicapés, aux marginalisés. C'est aussi l'occasion de méditer sur le sens et la réalité du partage tel que nous le vivons, sur notre engagement pour la justice et la paix.

LES ÉTAPES DU CHEMIN DU PÈLERIN

Le message de Lourdes se dégage des faits, gestes et paroles qui ont marqué les apparitions. Bernadette n'a pas inventé ce message. Il tire sa force de sa cohérence avec l'Évangile. Il se résume en quatre mots, qui évoquent l'annonce même et le déroulement du message évangélique : pauvreté, prière, pénitence, construction de l'Église. Ce sont les étapes du chemin du pèlerin.

Des prières à la prière

Bernadette est passée, dans la joie des sept premières apparitions, par des dévotions populaires : le chapelet, le cierge. C'est à travers ces simples gestes qu'elle a découvert une prière de cœur à cœur, toute de silence et

de dialogue : l'oraison. Jésus avait amené quelques-uns de ses disciples sur le Tabor, où il faisait si bon (Lc, 9, 33). Il enseigne : « Quand vous priez, ne rabâchez pas comme les païens » (Mt, 6, 7). Il envoie l'Esprit qui murmure en nous : « Abba Père ! », car « nous ne savons pas prier » (Ga, 4, 6).
« Je ne vous promets pas le bonheur de ce monde, mais de l'autre », dit la Dame à Bernadette. Cet autre monde n'est pas une évasion, ou seulement une espérance qui se réalisera après le passage par la mort. Il est présence capable d'éclairer ce monde ici et maintenant.
« Voulez-vous me faire la grâce de venir… ». L'apparition invite Bernadette à entrer dans une démarche spirituelle. En réponse à cette invitation, le pèlerin, venu de ce monde, réapprend, lui aussi, à prier. Il redonne sa place à la prière personnelle, intime, silencieuse. Il redécouvre la prière fraternelle, communautaire, liturgique avec l'Église. Lieux et heures de recueillement, temps de célébrations festives rythment le pèlerinage.

Le pèlerin réapprend à prier.

Des pénitences à la pénitence-compassion-conversion

Lors de la huitième apparition, Bernadette pleure : la Dame se montre si triste en demandant de prier pour les pécheurs. Lors de l'apparition suivante, la voyante surprend et choque la foule : elle baise la terre, avance à genoux, fouille la boue nauséabonde de la “tute aux cochons”. Elle barbouille son visage, mâche de l'herbe, se montre défigurée à la foule. Elle est giflée, traitée de merdeuse, amenée devant le procureur. Elle nous ramène à l'Évangile. Jésus est conduit à son heure, celle de la Passion : il est insulté, maltraité, calomnié, défiguré, condamné, cloué à la croix. « De son côté ouvert, il laisse couler le sang et l'eau. » (Jn, 19, 34).

Bernadette explique que c'est pour les pécheurs que la Dame lui a demandé ces gestes, et « d'aller boire à la source et se laver ». Ces gestes, où Bernadette découvre la source de Massabielle, nous expliquent le sens de l'eau de Lourdes. Il ne s'agit pas d'une eau miraculeuse pour ablutions à effet magique. Elle est plutôt l'instrument d'une rencontre avec le vrai pénitent, Jésus, l'« Agneau de Dieu qui a pris sur lui le péché du monde ».

Jean-Paul II l'explique : « En face de la croix, le péché prend tout son sens. » Plus que le manquement à un code moral et religieux, le péché est un refus, une destruction égoïste du plan d'amour de Dieu sur son enfant chéri, l'homme. Dans un monde qui tend à nier le péché (Ro, 1, 32), à tout déculpabiliser, la pénitence ne doit pas devenir une punition qu'on s'inflige

à soi-même, ni une performance ascétique, ni un rite expiatoire. Elle est d'abord un retournement vers le Dieu d'amour et de tendresse, qui attend le fils prodigue (Lc, 15, 11). La neuvième apparition, au centre du message de Lourdes, met en exergue la conversion des cœurs. Les pèlerins de Massabielle, quand ils méditent le chemin de croix, quand ils célèbrent le sacrement de la réconciliation, vivent cette réalité. Avec ce piège dans lequel chacun risque de tomber : que l'on confonde la vraie conversion et la recherche d'une purification individualiste. Quand Marie demande à Bernadette d'entrer en compassion et de prier pour les pécheurs, nos frères, elle montre à chacun le chemin de la vraie conversion.

De la chapelle à construire à l'Église à faire

Lors de la treizième apparition, Bernadette, jeune fille pauvre et laïque, est envoyée à l'Église-Institution : « Allez dire aux prêtres de bâtir ici une chapelle et qu'on y vienne en pèlerinage. » Cette chapelle, la Vierge la demande loin de l'église paroissiale. Ce sera un appel à sortir des sentiers battus de la pratique, pour retrouver, comme Abraham, la vraie mentalité des

« Faites tout ce qu'il vous dira »
Lors de la seizième apparition, la Dame dit son nom à Bernadette : « Je suis L'Immaculée Conception. » Marie est la femme par laquelle Dieu a recommencé l'histoire humaine. Elle est la nouvelle Ève, mère du nouvel Adam, Jésus-Christ, et de tous ses frères que nous sommes. Elle est la mère de l'Église et notre mère. Tel est le message de Lourdes, joyeux, réaliste, dynamique. Il ne contient ni prévisions, ni menaces, ni reproches. Il nous renvoie simplement à l'Évangile, où la "Femme bénie entre toutes les femmes" nous dit, comme à Cana : « Faites tout ce qu'il vous dira. » (Jn, 2, 5)

Marie montre le chemin de la vraie conversion.

croyants qui « n'ont pas ici-bas de demeure permanente » (He, 13, 14). Le pèlerinage (sens précis du mot procession dans le patois de Lourdes) n'a pas pour but de satisfaire un "besoin" religieux. Il s'agit plutôt de découvrir que le chrétien est membre d'un peuple de Dieu en marche, portant sa lumière au milieu des nations (lire *Lumen Gentium*). Le pèlerinage interroge chacun sur son sens de la vie en Église, sur son engagement : on ne peut indéfiniment rester spectateurs – curieux, critiques, ou timorés –, encore moins consommateurs. Dieu nous attend dans notre famille, notre voisinage, notre profession, notre paroisse, notre milieu, tel mouvement… L'après-Lourdes sera le test de la vérité de notre pèlerinage. La parole évangélique, la parole de Marie à Bernadette, elle nous est adressée également : « Allez dire… »

Le message de Lourdes et l'Église

C'est à la suite de Bernadette et à son exemple que bien portants et malades viennent en pèlerinage à la grotte de Massabielle, prient, se mettent à ge-

noux, baisent la terre ou le rocher, récitent leur chapelet, vont boire et se laver aux fontaines, se baignent aux piscines et répondent à l'appel de l'Immaculée à la conversion intérieure. C'est à la suite de Bernadette et à travers la vérité de Bernadette qu'ils peuvent comprendre le sens et la réalité de la prière et de la pénitence, dans la pauvreté, l'humilité, la petitesse et la souffrance, et aussi dans la joie d'une vie donnée.
Mais ce n'est plus de la bouche de Bernadette que les pèlerins viennent entendre le message de Notre-Dame ; c'est de l'Église elle-même qu'ils le reçoivent.

Réflexions sur les guérisons

Les miracles de Jésus : signes pour la foi

Les miracles rapportés par les Évangiles sont des signes de la miséricorde divine venant au secours de la détresse humaine : lorsqu'il débarqua, Jésus vit une grande foule, il en eut pitié, il guérit leurs malades. (Mt, 14, 14)
Jésus appela ses disciples et leur dit : « J'ai pitié de cette foule : depuis trois jours déjà, ils sont avec moi et n'ont rien à manger… » Et il multiplie pour eux les pains et les poissons. (Mt, 15, 32-38). À travers ces miracles visibles, faits en faveur de quelques-uns, le Christ annonce qu'il apporte à tous la libération du péché et de la mort.

La puissance du Christ, proche de nous

La puissance de guérison qui habitait le Christ, et qui est au premier plan de l'Évangile, s'est perpétuée dans l'Église, discrètement et sans interruption : par le sacrement des malades, dans l'entourage des saints et des personnages charismatiques, dans des lieux de pèlerinage. À Lourdes, cette puissance de guérison qui habite le Christ a rejailli avec éclat. Elle est un signe gratuit proposé à notre espérance pour que nous comprenions mieux l'actualité du salut de Jésus-Christ qui sauve l'homme tout entier, corps et âme.

Des manifestations de la grâce offerte à tous

Les guérisons de Lourdes ont commencé autour de la source que la Vierge Marie fit découvrir à Bernadette le 25 février. Mais les guérisons rejaillissent de la source plus profonde de l'Évangile. Nous avons peut-être trop oublié que le Christ a loué ceux qui demandaient la guérison avec foi, qu'il ne leur prêche pas la résignation, que là même où il les éprouve, il les fait attendre, mais les exauce en leur disant : « Ta foi t'a sauvé. »
Certes, la puissance de guérison du Christ est gratuite et ceux qu'il a guéris sont morts un jour, mais l'Évangile nous invite à nous adresser à lui sans timidité dans l'espérance, avec l'assurance qu'il veut nous sauver tout entier.
Nous le ferons à Lourdes en action de grâces, car Dieu ne peut nous manquer. Nous sommes en droit de prier pour notre guérison, mais en restant prêts à partager la croix qui est le lot du Christ lui-même : « Celui qui veut venir après moi, qu'il porte sa croix et qu'il me suive », disait-il, et, à la veille de sa mort : « Père, que ta volonté soit faite, et non la mienne ! » Par la guérison, par la maladie acceptée dans cet esprit, le Seigneur nous conduit tous à sa résurrection : les guérisons de Lourdes sont le signe gratuit de la grâce essentielle offerte à tous.

L'ÉGLISE ET LES GUÉRISONS
Lorsqu'un malade est guéri, l'important, c'est la grâce reçue, sa fructification dans l'espérance. Ce don est inexprimable. Il déborde la guérison physique. Mais l'Église exerce ici son rôle de discernement à la fois pour écarter illusions et supercheries, mais aussi pour confirmer les cas les plus éclatants et les proposer aux croyants et aux hommes de bonne volonté.

« Va, ta foi t'a sauvé. »

Cheminer vers Lourdes en prières

Prières pour le voyage

Psaume 121

Quelle joie lorsqu'on m'a dit…
Voici la belle prière des pèlerins de Jérusalem que Jésus lui-même a chanté en marchant vers la Ville sainte.

R. **« J'étais dans la joie, alléluia !**
Quand je suis parti vers la maison du Seigneur. »

ou bien

« Dans la joie nous marchons vers toi, Seigneur ;
Dans la joie nous marchons vers toi. »

Quelle joie quand on m'a dit :
« Nous irons à la maison du Seigneur ! »
Maintenant notre marche prend fin
devant tes portes, Jérusalem !

Jérusalem, te voici dans tes murs :
ville où tout ensemble ne fait qu'un !
C'est là que montent les tribus,
les tribus du Seigneur.

À cause de mes frères et de mes proches,
je dirai : « Paix sur toi ! »
À cause de la maison du Seigneur notre Dieu,
je désire ton bien.

PRIONS ENSEMBLE
Seigneur notre Dieu,
tu nous as envoyé ton Fils Jésus-Christ
pour nous conduire vers la Cité sainte, ta maison
où nous serons rassemblés dans l'unité de ton Esprit.
Guide-nous par les bons sentiers de la foi et de la charité
et fais que tous les peuples se retrouvent pour te célébrer
dans l'abondance de ta paix et la plénitude de ton bonheur.
Par le Christ, notre Seigneur…

Cantique de Zacharie

Béni soit le Seigneur, le Dieu d'Israël,
qui visite et rachète son peuple.
Il a fait surgir la force qui nous sauve
dans la maison de David, son serviteur,
comme il l'avait dit par la bouche des saints,
par ses prophètes, depuis les temps anciens :
salut qui nous arrache à l'ennemi,
à la main de tous nos oppresseurs,
amour qu'il montre envers nos pères,
mémoire de son Alliance sainte,
serment juré à notre père Abraham,
de nous rendre sans crainte,
afin que, délivrés de la main des ennemis,
nous le servions dans la justice et la sainteté,
en sa présence, tout au long de nos jours.
Et toi, petit enfant, tu seras appelé
prophète du Très-Haut :
tu marcheras devant, à la face du Seigneur,
et tu prépareras ses chemins
pour donner à son peuple de connaître le salut
par la rémission de ses péchés,
grâce à la tendresse, à l'amour de notre Dieu,
quand nous visite l'astre d'en haut,
pour illuminer ceux qui habitent les ténèbres

et l'ombre de la mort,
pour conduire nos pas
au chemin de la paix.
(Luc, 1, 68-79)

Prions ensemble
Dieu de grande bonté,
libère notre route de tous les obstacles
qui entravent notre marche à la rencontre de ton Fils.
Que notre pèlerinage nous prépare à l'accueillir
avec un cœur et un esprit renouvelés,
pour nous faire entrer dans sa vie.
Lui qui règne avec toi et le Saint-Esprit…

Prière de pèlerinage

Seigneur Jésus,
c'est pour répondre à l'appel de ta mère Marie
que nous sommes en route vers Lourdes,
où nous avons rendez-vous avec toi.

Tu es déjà venu au-devant de nous,
prenant notre condition d'hommes
et tu nous rejoins dans notre vie de chaque jour.
Tu nous demandes seulement de reconnaître notre pauvreté
pour devenir capables de recevoir tes dons.

Sur ta route, tu as toujours été attentif à la détresse,
celle des malades, des affamés, des méprisés.
Ta vie sur la terre, c'était d'aimer tous les hommes
jusqu'à mourir sur la croix pour les pécheurs.

Tu nous as envoyé ton Esprit
pour qu'il nous rappelle tout ce que tu as dit

et qu'il soit notre force et notre joie
tout au long de notre marche vers le Père.

Ta mère, Marie, l'Immaculée comblée de l'Esprit saint,
a voulu, elle aussi, montrer son amour aux plus déshérités,
à Bernadette, la plus pauvre enfant de Lourdes,
à tous ceux qui n'ont rien et qui attendent
un geste, une grâce, un sourire venant de Dieu.

Seigneur, nous marchons à tâtons, te connaissant trop mal
pour reconnaître ta présence dans notre vie, chaque jour.
Nous venons à Lourdes pour y voir un peu plus clair,
inséparables de tous les nôtres restés à la maison ou au travail.

Seigneur, prends-nous la main, fais-nous connaître ta bonté,
rends nos cœurs vraiment libres pour te rencontrer,
et au terme du pèlerinage de cette vie
accueille-nous tous ensemble dans la maison de ton Père.
Amen.

Pour méditer sur le sens de notre pèlerinage

L'exemple d'Abraham

(Son histoire est racontée dans le livre de la Genèse, à partir du chap. 12.)
« Grâce à la foi, Abraham obéit à l'appel de Dieu : il partit vers un pays qui devait lui être donné comme héritage. Et il partit sans savoir où il allait… Car il attendait la cité qui aurait de vraies fondations, celle dont Dieu lui-même est le bâtisseur et l'architecte. » (Lettre aux Hébreux, chap. 11)

Jésus, notre chemin

Thomas dit à Jésus : « Seigneur, nous ne savons même pas où tu vas ; comment pourrions-nous savoir le chemin ? »
Jésus lui répond : « Moi, je suis le chemin, la vérité et la vie ; personne ne va vers le Père sans passer par moi. » (Jean, 14, 5-6).

L'Église en pèlerinage

« L'Église avance dans son pèlerinage à travers les persécutions du monde et les consolations de Dieu, annonçant la croix et la mort du Seigneur jusqu'à ce qu'il vienne. » (Vatican II, *Lumen gentium*, n° 8)

La Vierge Marie veille sur notre pèlerinage

« Dans son amour maternel, Marie prend soin des frères de son Fils qui sont encore en pèlerinage et qui se trouvent dans les périls et les épreuves, jusqu'à ce qu'ils parviennent à la patrie bienheureuse » (*Lumen gentium*, n° 62).

PSAUME 113 A

Pour son peuple au désert, Dieu a "changé le rocher en source".

Quand Israël sortit d'Égypte,
et Jacob, de chez un peuple étranger,
Juda fut pour Dieu un sanctuaire,
Israël devint son domaine.
La mer voit et s'enfuit,
le Jourdain retourne en arrière.
Comme des béliers, bondissent dans les montagnes,
et les collines, comme des agneaux.

Qu'as-tu, mer, à t'enfuir,
Jourdain, à retourner en arrière ?
Montagnes, pourquoi bondir comme des béliers,
collines, comme des agneaux ?

Tremble, terre, devant le Maître,
devant le face du Dieu de Jacob,
lui qui change le rocher en source
et la pierre en fontaine !

LECTURES BIBLIQUES

Exode, 12, 37-42 : la sortie de l'Égypte
1 Roi 19 : le prophète Élie au désert
Luc, 24, 13-35 : les pèlerins d'Emmaüs
Philippiens, 3, 8-14 : Paul tendu vers Dieu

Prions ensemble

Dieu, notre Père,
dans les temps anciens, tu as guidé Israël, ton peuple,
à travers les épreuves du désert.
Aujourd'hui, tu accompagnes l'Église
en donnant la force de ton Esprit,
et ton Fils nous ouvre le chemin
qui nous conduit de cette vie à la vie éternelle.
Nous te rendons grâce par Jésus-Christ…

Entrer dans la démarche de pèlerinage, à Lourdes, c'est parcourir à son tour chaque étape qui jalonne l'itinéraire spirituel de Bernadette. C'est, comme elle, découvrir la source et, comme elle, brûler un cierge. C'est accomplir les demandes de la Vierge : venir en procession dans les chapelles qu'on a bâties.

Sur les pas de Bernadette

Aux sanctuaires

Le domaine et ses sanctuaires

Un espace de paix et de prière

Autour de la grotte, un large espace a été réservé et entouré de grilles : ni hôtels, ni commerces, ni autos. C'est un « périmètre de paix » qui facilite le recueillement.
En traversant l'esplanade, on a le temps de se détendre et de se préparer à la prière. Sur la prairie, en face de la grotte, on peut marcher, respirer, réfléchir, méditer l'Évangile ou prier le rosaire, chacun selon son propre rythme.

Un lieu de rassemblement

Ce qu'on voit et ce qu'on entend dans le domaine – processions, célébrations, malades, chant des Ave Maria, cierges –, tout doit nous tourner vers Dieu. Les races, les générations et les milieux sociaux s'y trouvent mêlés. Sur ces quelques hectares, depuis plus d'un siècle, que de rencontres pro-

videntielles, que de cœurs ouverts à l'espérance, voire même à l'audace apostolique !

Des églises pour l'Eucharistie

La Vierge Marie avait confié à Bernadette la mission « d'aller dire aux prêtres qu'on vienne ici en procession et qu'on y bâtisse une chapelle ». Cela fut fait presque immédiatement. Puis la chapelle, devant l'afflux de pèlerins, dut grandir et devint basilique.
Un sanctuaire chrétien, une église, c'est une maison de prière où le peuple des baptisés se rassemble sous la conduite de ses pasteurs, pour écouter la Parole de Dieu, prier dans la louange et la supplication, et finalement offrir l'Eucharistie et s'en nourrir.
Le sanctuaire, le lieu saint par excellence où nous rencontrons Dieu, c'est Jésus-Christ lui-même qui, par sa parole, par sa vie ressuscitée construit l'Église, qui est son corps. Par son message à Bernadette : « Allez dire aux prêtres qu'on bâtisse ici une chapelle », et par son intercession inlassable, Marie continue à bâtir l'Église, à enfanter le corps du Christ.
Sainte Marie, Mère de Dieu et Mère de l'Église, priez pour nous.

Ô Notre-Dame, qu'il fait bon dans votre domaine !

La grotte

La grotte, lieu de la rencontre

Une grotte dans le rocher invite au recueillement et à l'intimité. Dieu avait dit à Moïse : « Quand passera ma gloire, je te mettrai dans la fente du rocher et je te couvrirai de ma main jusqu'à ce que je sois passé. » (Exode, 33, 22). Le prophète Élie était venu en pèlerinage au même endroit. « Là, il entra dans la grotte et y il resta pour la nuit. Et voici que la parole du Seigneur lui fut adressée. » (I Rois 19, 9)

Cet abri dans le rocher (en patois on l'appelait une « tute ») évoque assez spontanément une protection maternelle. En tout cas, c'est ici, à la grotte de Massabielle que Bernadette Soubirous a vu la Vierge Marie dix-huit fois, entre le 11 février et le 16 juillet 1858.

« Un signe grandiose apparut dans le ciel : une femme, ayant le soleil pour manteau, la lune sous les pieds, et sur la tête une couronne de douze étoiles… » (Apocalypse, 12, 1). C'est ici que, depuis plus d'un siècle, se rencontrent des pèlerins de tous pays, venus pour prier avec Marie et apprendre à vivre en frères.

Le rocher de la grotte

On voit souvent des pèlerins aller baiser le rocher de la grotte. C'est de leur part un geste spontané de vénération pour ce lieu où Marie a manifesté sa présence et où tant de grâces ont été obtenues.
Plus profondément encore, ce geste peut signifier une adhésion confiante à la réalité inébranlable de Dieu. Les psaumes ne disent-ils pas : « Le Seigneur est mon rocher » ?

La statue de Notre-Dame

Une présence familière

Bernadette disait de l'apparition : « Elle ressemblait parfaitement, par le visage et ses vêtements, à une Sainte Vierge placée sur l'un des autels de Lourdes, au pied duquel j'avais l'habitude d'aller prier. » Le voile blanc, la ceinture bleue et le chapelet au bras, c'était le costume des "Enfants de Marie" aux cérémonies.
La Vierge est apparue à Bernadette comme une fille du même âge qu'elle et parlant le même patois. Pendant les apparitions, il leur arrivait de rire

Une prière devant la statue de la grotte
Je vous salue, Marie,
Vierge Immaculée, comblée de grâce.
Ici même, par Bernadette, vous nous avez appelés
à la prière et à la pénitence pour ouvrir nos cœurs
à la Bonne Nouvelle du Seigneur Jésus, votre Fils.
Bénie entre toutes les femmes, priez pour nous pauvres pécheurs,
obtenez-nous les dons de l'Esprit saint
pour une nouvelle Pentecôte.

ensemble. Dieu pouvait-il envoyer une messagère plus proche de Bernadette et plus proche de notre cœur ?

Un appel à la prière

La Vierge a les mains jointes en un geste de prière. À son bras pend un chapelet dont elle passait les grains en même temps que Bernadette, qui ne savait pas d'autre prière. Marie continue de nous appeler à prier avec elle pour les « pauvres pécheurs » que nous sommes.

Le message de l'Immaculée

« Voulez-vous avoir la grâce de venir ici pendant quinze jours ? »
« Je ne vous promets pas de vous rendre heureuse en ce monde mais dans l'autre. »
« Pénitence ! pénitence ! pénitence ! »
« Vous prierez Dieu pour les pécheurs. »
« Allez baiser la terre en pénitence pour la conversion des pécheurs. »
« Allez boire à la fontaine et vous y laver. »
« Allez dire aux prêtres qu'on vienne ici en procession et qu'on y bâtisse une chapelle. »
« Je suis l'Immaculée Conception. »

« Seigneur, donne-la moi cette eau. »

La source et les piscines

« Allez boire à la source...

L'eau est absolument nécessaire à la vie. Sans eau, bêtes et gens meurent rapidement de soif. Quelques gorgées d'eau fraîche, quelle douceur pour un malade ! Dans notre monde pollué, une source de montagne, c'est le symbole de la vie qui jaillit et qui nous renouvelle de l'intérieur.
En Terre sainte, près de Sichem, au fond du « puits de Jacob » jaillit une source. Un jour, au bord du puits, Jésus dit à une femme qui

L'eau de Lourdes

Le jeudi 25 février 1858, la vision dit à Bernadette : « Allez boire à la source et vous y laver. » Et elle lui indiqua le fond de la grotte, où en creusant le sol avec la main, Bernadette dégagea un filet d'eau qui grossit peu à peu.
Aujourd'hui, la source coule toujours au fond de la grotte vers la gauche, un peu au-dessous du niveau actuel du sol et on peut la voir à travers une vitre. L'eau est envoyée dans des canalisations qui alimentent les fontaines, où les pèlerins peuvent boire et prendre de l'eau, et les piscines. C'est une eau de montagne, tout à fait ordinaire dans sa composition chimique.

venait puiser de l'eau : « Celui qui boira de l'eau que moi je lui donnerai, n'aura plus jamais soif ; et l'eau que je lui donnerai deviendra en lui source jaillissante pour la vie éternelle. » La femme lui dit : « Seigneur, donne-la moi cette eau. » (Jean, 4, 14-15).
L'eau de la source de Lourdes, comme celle du puits de Jacob, est l'image de "l'eau vive" promise par le Christ, c'est-à-dire l'Esprit saint qui nous abreuve de la vraie vie. Seigneur, donne-nous de cette eau !

... et vous y laver »

« Vive l'eau, vive l'eau, qui nous lave et nous rend propres... », chantions nous à l'école. Dans un bain, le corps fatigué se détend, la peau

nettoyée respire mieux. De tout temps, se laver, se plonger dans l'eau est apparu comme un signe de purification et de renouveau spirituel.
En ces jours-là parut Jean-le-Baptiste proclamant : « Repentez-vous, car le royaume des cieux [le règne de Dieu] est proche. » Et ils étaient plongés ("baptisés") par lui dans le Jourdain en confessant leurs péchés. (Matthieu, 3, 1-6).
Le baptême nous a plongés dans le Christ et nous a fait renaître en lui à la vie nouvelle des enfants de Dieu. Le sacrement de la réconciliation avec Dieu et avec nos frères est le vrai bain de purification qui nous guérit spirituellement et nous renouvelle dans l'Esprit du Christ. Quelquefois Dieu accorde une guérison physique, comme signe de sa bonté qui veut nous sauver tout entiers.

Les cierges, depuis Bernadette
Dès le 23 février 1858 (7e apparition), Bernadette se présente à la grotte avec un cierge. Ce jour-là, et encore le 7 avril, le cierge lui glisse de la main et la flamme lui lèche les doigts sans la brûler. À l'imitation de Bernadette, de nombreux témoins se rendent à la grotte avec un cierge. Les 11 et 12 mai, de véritables processions se forment vers les 9 heures du soir devant le rocher de Massabielle et rentrent en ville en chantant les litanies de la Sainte Vierge.

Les cierges à la grotte

Une offrande

Offrir un cierge qui brûlera devant Dieu, c'est exprimer notre désir de vivre pour le Seigneur, de nous mettre tout entier à sa disposition : « Je suis venu, ô Dieu, pour faire ta volonté. » (Psaume 40, 7-9).

Une prière

Cette petite flamme nous représente aux pieds de la Vierge Marie… Elle veut lui dire : « Priez pour nous… et pour tous ceux qui nous ont demandé de prier pour eux à la grotte. » Les cierges apportés par les pèlerins sont beaucoup trop nombreux pour être tous brûlés immédiatement à la grotte. Aussi a-t-on disposé, un peu plus loin, des "brûloirs" où se consument d'innombrables cierges.

Avec le peuple de Dieu

La foule des pèlerins

Quelle diversité !

Chaque année, certainement plus de trois millions de pèlerins viennent à la grotte de Lourdes. Nous voyons passer toutes les situations humaines : malades et bien portants, jeunes et vieux, jeunes ménages et groupements de veuves, handicapés mentaux…
Plus de la moitié des pèlerins viennent de pays étrangers : Italiens, Anglais, Belges, Irlandais, Australiens, Africains… On entend prier dans toutes les langues ; l'exubérance des méditerranéens voisine avec le flegme des nordiques.
Ils sont de tous les milieux sociaux : ouvriers et agriculteurs, parlementaires et gitans, étudiants et apprentis…

Quelle fraternité !

À travers toute cette diversité, on sent un esprit commun. Dans la procession du saint sacrement, chaque diocèse, chaque mouvement forme un groupe amical, avec ses prêtres et ses responsables. Le soir, à la fin de la procession aux flambeaux, tous se rassemblent sur l'esplanade pour

« Ici vraiment nous sommes tous frères. »

chanter le Credo et saluer une dernière fois Notre-Dame.
Chaque année se renouvelle l'étonnant pèlerinage militaire international : des hommes que la guerre a parfois opposés viennent ensemble, par-dessus les frontières, prier la Reine de la paix. La grande famille des enfants de Dieu se rassemble volontiers auprès de Marie, mère du Christ et mère de tous les hommes.
« Un seul Seigneur, une seule foi, un seul baptême, un seul Dieu et Père de tous. » (Éphèsiens, 4, 5-6)

TÉMOIGNAGES DE JEUNES

« Où pries-tu le mieux ? – Tout seul dans ma chambre, ou bien dans une grande foule, comme ici à Lourdes. » (un garçon de 15 ans)
« Je n'y comprends rien. Pendant deux jours, je n'ai fait que ce que je déteste habituellement : marcher, prier à haute voix, discuter, écouter des sermons, assister à de longues cérémonies. Et jamais, jamais, je n'ai été si heureuse. » (une fille de 18 ans)
« J'ai vu des évêques, des prêtres, des religieuses, des laïcs. À la procession du saint sacrement, j'ai vu des gens de toutes les nations européennes, et des Américains, des Africains, des Asiatiques, et un pèlerinage australien…
Oui, je crois avoir vu l'Église, le peuple de Dieu tout au moins en raccourci. Devant la grotte, je sens que les autres sont chez eux autant que moi je me sens chez moi. Ici vraiment nous sommes tous frères. » (un Africain de 27 ans)
« C'est dommage, à la basilique Saint-Pie X, les gens font trop de bruit. Mais prier avec tous ces étrangers, c'est beau. » (un enfant)
« Cette découverte du sens de Lourdes, de la prière incessante des malades, pas seulement pour eux mais pour les autres, ces quelques jours où l'on ne s'appartenait plus, nous sommes sûrs que nous les devons à la sainte. »
(un employé de 25 ans, responsable d'un groupe de jeunes)

Les groupes de réflexion

Le lieu de la rencontre

Lourdes est la cité de la rencontre : rencontre entre la Vierge Marie et Bernadette ; rencontre avec Dieu, qui nous a envoyé la Vierge Marie comme messagère ; rencontre avec nos frères pèlerins, de tous milieux, de tous pays. « Accueillez-vous donc les uns les autres comme le Christ vous a accueillis pour la gloire de Dieu. » (Romains, 15, 7)

Lorsque deux ou trois sont réunis en mon nom…

« Lorsque deux ou trois sont réunis en mon nom, je suis là, au milieu d'eux », disait Jésus (Matthieu, 18, 20). Comme l'Évangile, le message de Lourdes n'est pas un trésor que l'on découvre seul et que l'on conserve pour soi seul. Nous sommes pèlerins ensemble, en Église.

Les conditions du dialogue

Amitié

Les deux premières apparitions (11 et 14 février) furent un contact silencieux. Marie se tait : elle regarde Bernadette, l'accueille, lui sourit. Dialoguer ce n'est pas d'abord parler. C'est regarder l'autre, l'écouter, entrer en communion avec lui, chercher à comprendre son cœur.

Douceur

Les premières paroles de Marie à Bernadette sont d'une délicatesse, d'une douceur auxquelles

Pour guider un échange entre pèlerins

1. Bilan de notre pèlerinage.
Pourquoi sommes-nous venus à Lourdes ?
Qu'attendions-nous du pèlerinage ?
Que remarquons-nous, que découvrons-nous à Lourdes ?
Parmi ces découvertes, lesquelles nous paraissent spécialement importantes aujourd'hui ?
Ce que nous vivons à Lourdes, le vivons-nous chez nous ? comment ?
Que faire après Lourdes pour continuer l'esprit du pèlerinage ?

2. Lourdes et l'Évangile pour nos frères.
Avant notre départ pour Lourdes, quelles réflexions avons-nous entendues à ce sujet ?
Les relations entre les gens à Lourdes sont-elles les mêmes que dans la vie ordinaire (ressemblances, différences) ? Pourquoi ?
Dans la vie de Bernadette, dans l'histoire des apparitions, dans le message de Lourdes, quelles choses nous semblent importantes pour nous aujourd'hui ?
Après notre retour, comment expliquerons-nous à des amis non-chrétiens ce que nous avons vécu à Lourdes ?
Notre pèlerinage peut-il modifier notre façon de vivre nos responsabilités ?

la petite fille pauvre n'était pas habituée : « Voulez-vous avoir la grâce de venir ici pendant 15 jours ? » Paul VI précisait les conditions du dialogue : « Il n'est pas orgueilleux, il n'est pas piquant, il n'est pas commandement. Il est pacifique, il évite les manières violentes, il est patient, il est généreux. »

Respect

À Lourdes, les évêques français précisaient en octobre 1972 : « Si tous les hommes sont appelés au dépassement de leurs oppositions, les Églises ont pour vocation d'être des lieux privilégiés de cette confrontation, voire de ces affrontements. Là, dans un climat d'hospitalité, se situera l'effort pour comprendre les visées, les motivations des adversaires et la signification que, dans la foi au contact de la parole de Dieu, les uns et les autres leur donnent. »

La procession aux flambeaux

Avec tous les pèlerins

Chaque soir, les pèlerins se rassemblent devant la grotte à 20 h 45. On récite le chapelet et l'on marche en procession, tenant à la main des cierges allumés, en chantant l'Ave Maria dont les couplets rappellent l'histoire des apparitions, et d'autres chants. La procession s'achève habituellement sur l'esplanade, avec le chant du Credo ou du Salve Regina, et la bénédiction des évêques et prêtres présents.

Une lumière dans la nuit

Dans l'obscurité, c'est la méfiance et la peur. Quand une lumière brille, on peut se regrouper, se reconnaître et marcher ensemble dans la joie retrouvée. « Je suis la lumière du monde, a dit Jésus, celui qui me suit ne marche pas dans les ténèbres. » (Jean, 8, 12).

Une lumière pour le monde

Nés à la vie nouvelle dans le Christ, les baptisés vivent dans la lumière et deviennent à leur tour lumière. « Vous êtes la lumière du monde… que votre lumière brille aux yeux des hommes, afin que, voyant votre bonne conduite, ils rendent gloire à votre Père qui est dans les cieux. » (Matthieu, 5, 14-16).

Les malades

À la suite de Bernadette

Bernadette était une grande malade. Déjà de santé fragile, elle a été durement touchée, à 11 ans, par une épidémie de choléra. Elle restera de taille chétive ; l'asthme ne la quittera plus. Pneumonie et tuberculose la feront mourir à 35 ans.
Dans nos villes et nos villages, les malades existent, mais on ne les voit guère. À Lourdes, on voit les malades, ils sont pèlerins avec nous. Ne les regardons pas avec curiosité, ne les photographions pas, mais essayons de les rencontrer fraternellement.

Une question posée à tous les pèlerins

« C'est une révélation pour moi, disait une étudiante. Je n'avais jamais vu de grands malades de près. Il a fallu que je participe à un pèlerinage pour comprendre un peu leur drame, leur solitude, leur besoin de parler. » « À Lourdes, disait un évêque, nous apprenons à écouter les malades, à les aborder comme des adultes, à cheminer avec eux. »
Le Seigneur dira, au jour du Jugement : « J'avais faim, et vous m'avez donné à manger ; j'avais soif, et vous m'avez donné à

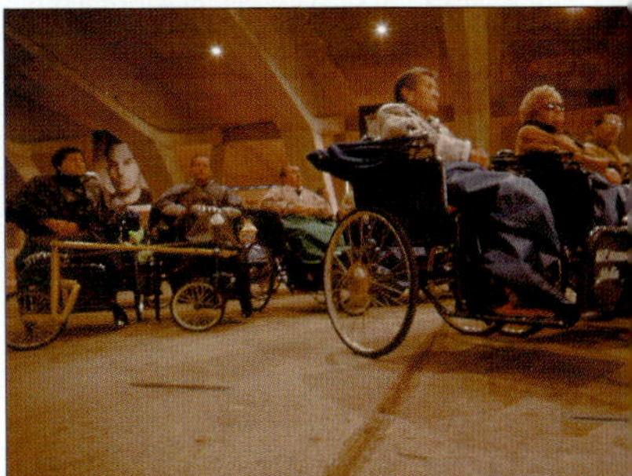

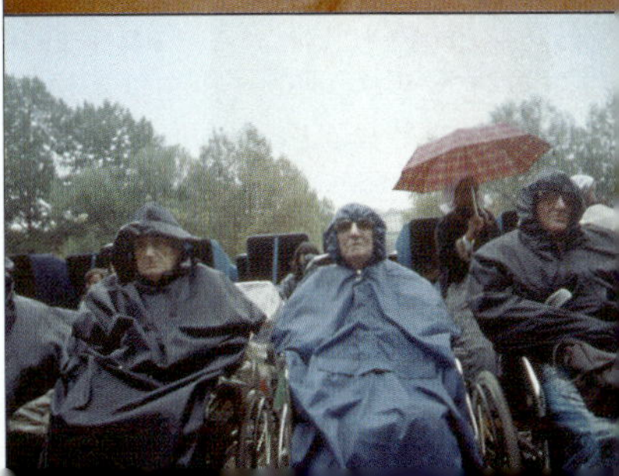

boire ; j'étais un étranger, et vous m'avez accueilli ; j'étais malade et vous m'avez visité… Vraiment, je vous le dis, chaque fois que vous l'avez fait à l'un de ces petits qui sont mes frères, c'est à moi que vous l'avez fait. » (Matthieu, 25, 35-40)

ÉCOUTONS QUELQUES MALADES PÈLERINS

Leurs souffrances

« Plus jeune, ça m'était facile d'aller avec les bien-portants ; puis, petit à petit les amies se sont mariées, et maintenant elles me laissent de côté. »

« Chez nous, on se sent regardés. On cherche maladroitement à nous consoler : on se demande pourquoi, cela nous rend mal à l'aise. Ici, on vit en amitié. On ne sent pas cette pitié. On se sent comme les autres. »

Leurs découvertes

« Ce qui nous aide, c'est de se savoir capable de faire quelque chose, de rendre service. C'est de découvrir qu'on n'a pas seulement à recevoir des autres, mais que nous aussi nous pouvons leur apporter beaucoup, en essayant de comprendre, d'accueillir, en s'ouvrant aux autres. »

« À nous aussi, pauvres de santé, pauvres de moyens humains, le Christ et la Vierge nous demandent – comme à Bernadette, la plus petite et la plus pauvre de tous – de faire passer un message de joie et de paix. »

« J'ai peu à peu compris la parole de saint Paul : " Ce qu'il reste à souffrir des épreuves du Christ, je l'accomplis dans ma propre chair, pour son corps, qui est l'Église." »

Les hospitaliers

Comme Bernadette, au service des malades et des pauvres

Le désir de servir les pauvres et de soigner les malades et les enfants joua un rôle certain dans le choix de Bernadette pour les "Sœurs de charité" de Nevers. Religieuse à Nevers, elle fut désignée aide-infirmière, puis infirmière principale. Elle se montrait ferme avec les malades. Mais elle

trouvait les mots qu'il fallait pour leur faire accepter les remèdes. Sa délicatesse et sa bonne humeur les réconfortaient.

Comme Jésus, le vrai serviteur

Servir les malades, c'est, pour des chrétiens, une façon d'imiter Jésus lui-même : « Si, moi, le Seigneur et le Maître, je vous ai lavé les pieds, vous aussi vous devez vous laver les pieds les uns les autres. C'est un exemple que je vous ai donné, afin que vous fassiez, vous aussi, comme j'ai fait pour vous. » (Jean, 13, 1-15)

… et après Lourdes ?

À Lourdes, nous avons remarqué les malades, nous nous sommes occupés d'eux. Qu'en restera-t-il après notre retour ?
Dans notre voisinage, il y a des malades, des vieillards isolés ; certains sont partis à l'hôpital ou en maison de retraite. Nous savons qu'une visite leur fera plaisir, surtout si elle devient régulière. Nous chercherons comment faire participer les malades à la vie sociale, aux fêtes du quartier et de la paroisse, aux groupes de réflexion.

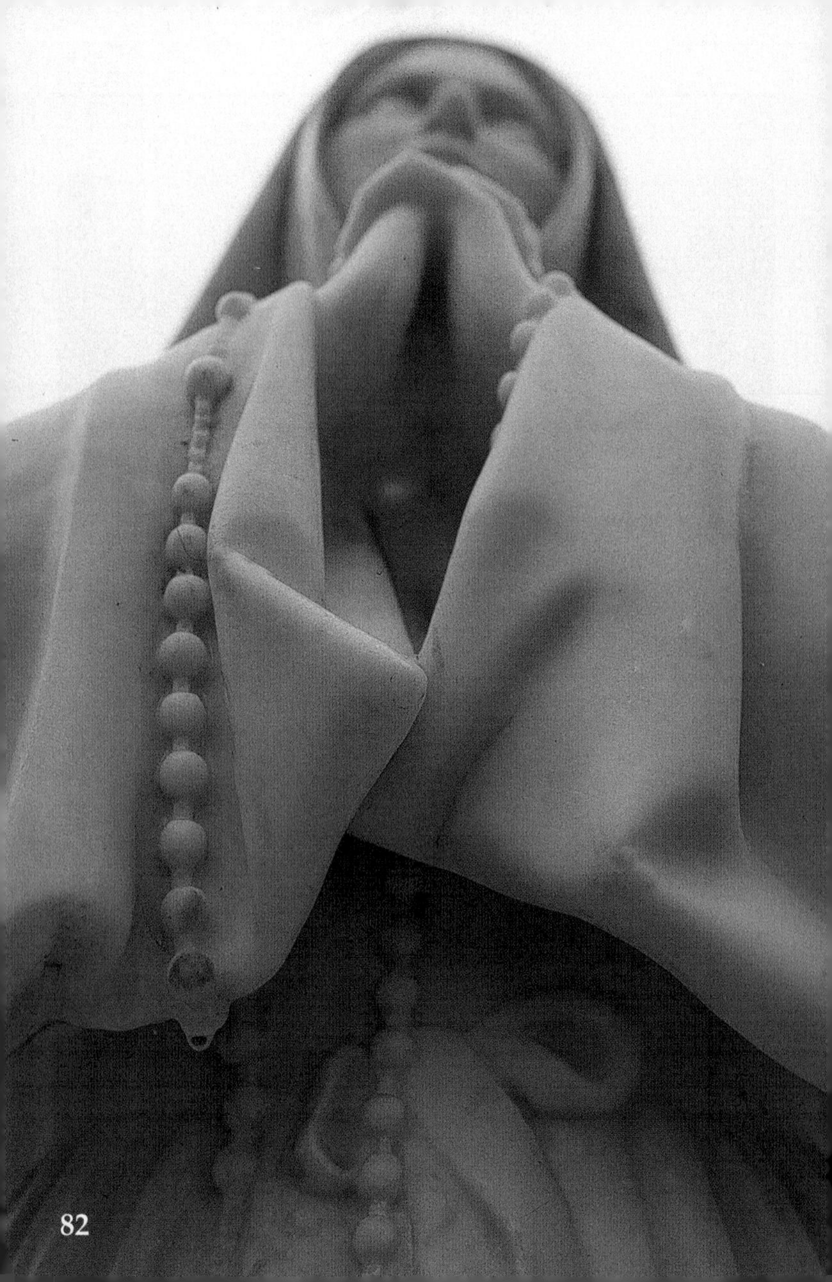

Tout au long de notre pèlerinage, la prière nous accompagne. Méditation de l'Écriture, silencieuse oraison ou prière de groupe, nous nous tournons sans cesse vers celui qui nous a attiré à Lourdes.
Et vers sa mère qui apparut ici : Marie nous apprend à garder, comme elle, toutes choses en nos cœurs.

En prière

Prions avec la Bible

Textes bibliques

Aimer Dieu par-dessus tout

Réponse à l'amour créateur du Seigneur ; c'est le texte fondateur de la Loi, toujours valable aujourd'hui.

Écoute, Israël :
le Seigneur notre Dieu est l'Unique.
Tu aimeras le Seigneur ton Dieu de tout ton cœur,
de toute ton âme et de toute ta force.
Ces commandements que je te donne aujourd'hui
resteront gravés dans ton cœur.
Tu les rediras à tes fils,
tu les répéteras sans cesse,
à la maison ou en voyage,
que tu sois couché ou que tu sois levé ;
tu les attacheras à ton poignet comme un signe,
tu les fixeras comme une marque sur ton front ;
tu les inscriras à l'entrée de ta maison
et aux portes de tes villes.
(Deutéronome 6, 4-9)

Les Béatitudes

Des foules suivent Jésus : des badauds, mais aussi des disciples engagés à sa suite, des bien-portants, mais aussi des malades. Ils viennent de tous les horizons. La plupart sont défavorisés par la vie.
Les foules de Lourdes n'ont-elles pas le même visage ? Dans le cœur de beaucoup, les paroles de Jésus apportent un surcroît d'espérance. Et pourtant, il faut s'entendre dire les exigences du royaume, les « Béatitudes ».

Quand Jésus vit toute la foule qui le suivait, il gravit la montagne.
Il s'assit et ses disciples s'approchèrent.
Alors, ouvrant la bouche, il se mit à les instruire.
Il disait :

Tu aimeras le Seigneur ton Dieu de tout ton cœur, de toute ton âme et de toute ta force.

« Heureux les pauvres de cœur :
le royaume des cieux est à eux !
Heureux les doux :
ils obtiendront la Terre promise !
Heureux ceux qui pleurent :
ils seront consolés !
Heureux ceux qui ont faim et soif de la justice :
ils seront rassasiés !
Heureux les miséricordieux :
ils obtiendront miséricorde !
Heureux les cœurs purs :
ils verront Dieu !
Heureux les artisans de paix :
ils seront appelés fils de Dieu !
Heureux ceux qui sont persécutés pour la justice :
le royaume des cieux est à eux !
Heureux serez-vous si l'on vous insulte,
si l'on vous persécute
et si l'on dit faussement toute sorte de mal contre vous,
à cause de moi.

Réjouissez-vous, soyez dans l'allégresse,
car votre récompense sera grande dans les cieux ! »
(Matthieu, 5, 1-12)

« Notre cœur n'était-il pas brûlant en nous tandis qu'il nous parlait sur la route ? »

Reconnaître le Christ

L'écoute de la parole du Christ et le partage de son pain sont les moyens privilégiés de la rencontre avec le Ressuscité. À l'exemple des deux disciples, saurons-nous avoir un cœur brûlant d'amour pour l'accueillir et témoigner ?

Le troisième jour après la mort de Jésus,
deux disciples faisaient route
vers un village appelé Emmaüs,
à deux heures de marche de Jérusalem,
et ils parlaient ensemble de ce qui s'était passé.
Or, tandis qu'ils parlaient et discutaient,
Jésus lui-même s'approcha,
et il marchait avec eux.
Mais leurs yeux étaient aveuglés,
et ils ne le reconnaissaient pas.
Jésus leur dit :
« De quoi causiez-vous donc tout en marchant ? »
Alors ils s'arrêtèrent, tout tristes.
L'un des deux, nommé Cléophas, répondit :
« Tu es bien le seul,
de tous ceux qui étaient à Jérusalem,
à ignorer les événements de ces jours-ci. »
Il leur dit :
« Quels événements ? »
Ils lui répondirent :
« Ce qui est arrivé à Jésus de Nazareth :
cet homme était un prophète
puissant par ses actes et ses paroles
devant Dieu et devant tout le peuple.
Les chefs des prêtres et nos dirigeants l'ont livré,

ils l'ont fait condamner à mort et ils l'ont crucifié.
Et nous qui espérions qu'il serait le libérateur d'Israël !
Avec tout cela,
voici déjà le troisième jour qui passe depuis que c'est arrivé.
À vrai dire, nous avons été bouleversés
par quelques femmes de notre groupe.
Elles sont allées au tombeau de très bonne heure,
et elles n'ont pas trouvé son corps ;
elles sont même venues nous dire
qu'elles avaient eu une apparition :
des anges, qui disaient qu'il est vivant.
Quelques-uns de nos compagnons sont allés au tombeau,
et ils ont trouvé les choses comme les femmes l'avaient dit :
mais lui, ils ne l'ont pas vu. »
Il leur dit alors :
« Vous n'avez donc pas compris !
Comme votre cœur est lent à croire tout ce qu'ont dit les prophètes !
Ne fallait-il pas que le Messie
souffrît tout cela pour entrer dans sa gloire ? »
Et, en partant de Moïse et de tous les prophètes,
il leur expliqua, dans toute l'Écriture,
ce qui le concernait.
Quand ils approchèrent du village où ils se rendaient,
Jésus fit semblant d'aller plus loin.
Mais ils s'efforcèrent de le retenir :
« Reste avec nous :
le soir approche et déjà le jour baisse. »
Il entra donc pour rester avec eux.
Quand il fut à table avec eux,
il prit le pain,
dit la bénédiction,
le rompit
et le leur donna.
Alors leurs yeux s'ouvrirent, et ils le reconnurent,
mais il disparut à leurs regards.

Alors ils se dirent l'un à l'autre :
« Notre cœur n'était-il pas brûlant en nous,
tandis qu'il nous parlait sur la route
et qu'il nous faisait comprendre les Écritures ? »
À l'instant même, ils se levèrent et retournèrent à Jérusalem.
Ils y trouvèrent réunis les onze apôtres et leurs compagnons,
qui leur dirent :
« C'est vrai !
le Seigneur est ressuscité :
il est apparu à Simon-Pierre. »
À leur tour, ils racontaient ce qui s'était passé sur la route
et comment ils l'avaient reconnu
quand il avait rompu le pain.
(Luc, 24, 13-25)

Hymne à la charité

L'amour de Dieu et l'amour fraternel sont inséparables. C'est par des actes concrets que je manifeste mon amour pour les autres.
Aimer dans la charité, selon le cœur de Dieu, cela m'engage profondément.

Frères,
l'amour prend patience ;
l'amour rend service ;
l'amour ne jalouse pas ;
il ne se vante pas, ne se gonfle pas d'orgueil ;
il ne fait rien de malhonnête ;
il ne cherche pas son intérêt ;
il ne s'emporte pas ;
il n'entretient pas de rancune ;
il ne se réjouit pas de ce qui est mal,
mais il trouve sa joie dans ce qui est vrai ;
il supporte tout, il fait confiance en tout,
il espère tout, il endure tout.
L'amour ne passera jamais.
Un jour, les prophéties disparaîtront, le don des langues cessera,
la connaissance que nous avons de Dieu disparaîtra.

En effet, notre connaissance est partielle,
nos prophéties sont partielles.
Quand viendra l'achèvement, ce qui est partiel disparaîtra.
Quand j'étais enfant, je parlais comme un enfant,
je pensais comme un enfant, je raisonnais comme un enfant.
Maintenant que je suis un homme,
j'ai fait disparaître ce qui faisait de moi un enfant.
Nous voyons actuellement une image obscure dans un miroir,
ce jour-là, nous verrons face à face.
Actuellement. ma connaissance est partielle ;
ce jour-là, je connaîtrai vraiment, comme Dieu m'a connu.
Ce qui demeure aujourd'hui,
c'est la foi, l'espérance et la charité ;
mais la plus grande des trois, c'est la charité.
(saint Paul, 1re Épître aux Corinthiens 13, 4-13)

Hymne au Christ humilié et exalté

Le mystère de notre salut se réalise en Jésus Sauveur et Seigneur. Debout au pied de la croix, comme la Vierge Marie, contemplons Jésus qui meurt pour rétablir l'Alliance.

Frères, ayez entre vous les dispositions
que l'on doit avoir dans le Christ Jésus :
lui qui était dans la condition de Dieu,

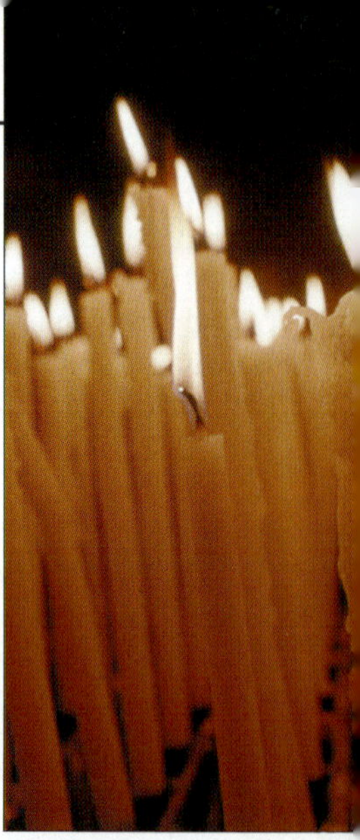

il n'a pas jugé bon de revendiquer son droit
d'être traité à l'égal de Dieu ;
mais au contraire il se dépouilla lui-même
en prenant la condition de serviteur.
Devenu semblable aux hommes
et reconnu comme un homme à son comportement,
il s'est abaissé lui-même
en devenant obéissant jusqu'à mourir,
et à mourir sur une croix.
C'est pourquoi Dieu l'a élevé au-dessus de tout ;
il lui a conféré le Nom
qui surpasse tous les noms,
afin qu'au nom de Jésus,
aux cieux, sur terre et dans l'abîme,
tout être vivant tombe à genoux,
et que toute langue proclame :
« Jésus-Christ est le Seigneur »,
pour la gloire de Dieu le Père.
(saint Paul, Épître aux Philippiens, 2, 5-11)

Appelés à la joie et à l'espérance

Le baptême a fait de nous des êtres nouveaux. Cette nouveauté doit transfigurer toute notre vie. Au sein même des épreuves qui peuvent nous marquer, l'espérance est répandue en nos cœurs par la Résurrection du Christ. Par lui et avec lui, nous vivrons ; c'est là, notre force et notre joie.

Béni soit Dieu,
le Père de Jésus-Christ notre Seigneur :
dans sa grande miséricorde,
il nous a fait renaître grâce à la résurrection de Jésus-Christ
pour une vivante espérance,
pour l'héritage qui ne connaîtra
ni destruction, ni souillure, ni vieillissement.
Cet héritage vous est réservé dans les cieux,
à vous que la puissance de Dieu garde par la foi,
en vue du salut prêt à se manifester à la fin des temps.

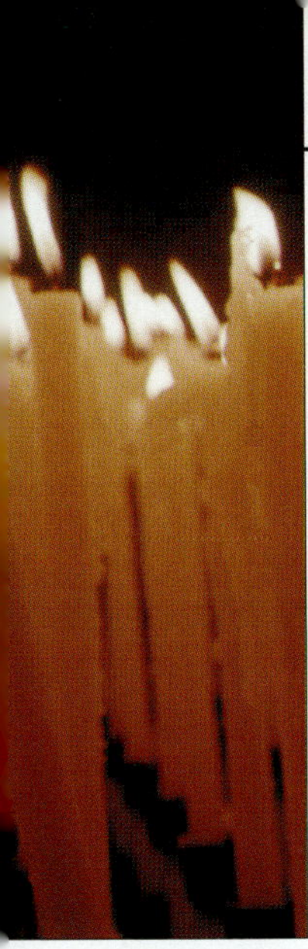

Vous en tressaillez de joie
même s'il faut que vous soyez attristés,
pour un peu de temps encore, par toutes sortes d'épreuves
elles vérifieront la qualité de votre foi
qui est bien plus précieuse que l'or,
(cet or voué pourtant à disparaître,
qu'on vérifie par le feu).
Tout cela doit donner à Dieu louange, gloire et honneur
quand se révélera Jésus-Christ,
lui que vous aimez sans l'avoir vu,
en qui vous croyez sans le voir encore,
et vous tressaillez d'une joie inexprimable
qui vous transfigure
car vous allez obtenir votre salut
qui est l'aboutissement de votre foi.
(saint Pierre, 1re Épître, 1, 3-9)

Comme des pierres vivantes

L'Église est le peuple de Dieu dont tous les membres, par le baptême, participent au sacerdoce royal du Christ.

Frères, vous avez goûté combien le Seigneur est bon,
comme dit l'Écriture :
Approchez-vous de lui :
il est la pierre vivante,
que les hommes ont éliminée,
mais que Dieu a choisie
parce qu'il en connaissait la valeur.
Vous aussi, soyez les pierres vivantes
qui servent à construire le temple spirituel,
et vous serez le sacerdoce saint,
présentant des offrandes spirituelles
que Dieu pourra accepter
à cause du Christ Jésus.
Oui, c'est vous qui êtes la race choisie,
le sacerdoce royal,

la nation sainte,
le peuple qui appartient à Dieu ;
vous êtes donc chargés d'annoncer les merveilles
de celui qui vous a appelés des ténèbres
à son admirable lumière.
Car autrefois vous n'étiez pas son peuple,
mais aujourd'hui vous êtes le peuple de Dieu.
Vous étiez privés d'amour, mais aujourd'hui Dieu vous a montré son amour.
(saint Pierre, 1re Épître, 2, 2-5, 9-10)

Tous apôtres

En tout temps, la mission de l'Église demeure celle que le Christ confia à ses apôtres avant de les quitter : « Allez, enseignez et baptisez. »

Au temps de Pâques,
les onze disciples s'en allèrent en Galilée,
à la montagne où Jésus leur avait ordonné de se rendre.
Quand ils le virent, ils se prosternèrent,
mais certains eurent des doutes.
Jésus s'approcha d'eux et leur adressa ces paroles :
« Tout pouvoir m'a été donné
au ciel et sur la terre.
Allez donc !
De toutes les nations faites des disciples,
baptisez-les au nom du Père, et du Fils, et du Saint-Esprit ;
et apprenez-leur
à garder tous les commandements que je vous ai donnés.
Et moi, je suis avec vous
tous les jours jusqu'à la fin du monde. »
(Matthieu, 28, 16-20)

Prions avec les psaumes

En portant la souffrance de ceux qui n'en peuvent plus

Psaume 12

Combien de temps, Seigneur, vas-tu m'oublier ?
Combien de temps me cacher ton visage ?
Combien de temps aurai-je l'âme en peine
et le cœur attristé chaque jour ?
Combien de temps
mon ennemi sera-t-il le plus fort ?
Regarde, réponds-moi, Seigneur mon Dieu !
Donne la lumière à mes yeux.
Garde-moi du sommeil de la mort.
Que l'adversaire ne crie pas victoire.
Que l'ennemi n'ait pas la joie de ma défaite !
Moi, je prends appui sur ton amour.
Que mon cœur ait la joie de ton salut !
Je chanterai le Seigneur pour le bien qu'il m'a fait.

Prière

Pour sauver de l'angoisse ceux qui souffrent, tu as envoyé, Seigneur, ton propre Fils dans le monde, et il est devenu l'homme des douleurs. Entends notre prière et la plainte des malades, ne laisse pas le mal les détourner de toi ; montre-leur que la souffrance ne peut pas être vaine, s'ils l'endurent dans la Passion du Christ, pour leur salut et celui de leurs frères.

Lorsque toute souffrance devient celle de Jésus et trouve un sens

Psaume 21

Mon Dieu, mon Dieu,
pourquoi m'as-tu abandonné ?
Le salut est loin de moi,
loin des mots que je rugis.
Mon Dieu, j'appelle tout le jour

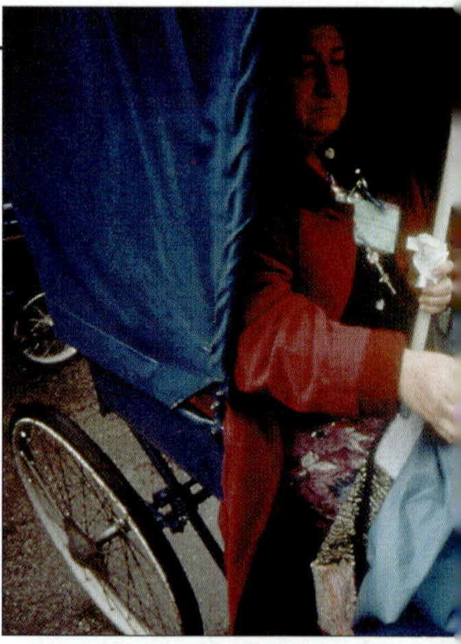

et tu ne réponds pas.
Même la nuit
je n'ai pas de repos.
Toi, pourtant, tu es saint,
toi, qui habites les hymnes d'Israël.
C'est en toi que nos pères espéraient.
Ils espéraient et tu les délivrais.
Et moi, je suis un ver, pas un homme,
raillé par les gens, rejeté par le peuple.
À toi je fus confié dès ma naissance,
dès le ventre de ma mère, tu es mon Dieu.
Ne sois pas loin : l'angoisse est proche,
je n'ai personne pour m'aider.
Je suis comme l'eau qui se répand,
tous mes membres se disloquent.
Tu me mènes à la poussière de la mort.
Mais toi, Seigneur, ne sois pas loin,
ô ma force, viens vite à mon aide !
Tu m'as répondu ! Et je proclame ton nom devant mes frères,
je te loue en pleine assemblée.
Vous qui le craignez, louez le Seigneur
car il n'a pas rejeté.
Il n'a pas réprouvé le malheureux dans sa misère,
il ne s'est pas voilé la face devant lui
mais il entend sa plainte.
Tu seras ma louange dans la grande assemblée,
et moi, je vis pour lui.

PRIÈRE

Père, au cours de notre vie, nous rencontrons la peine, la fatigue, l'échec. Fais que nous sachions alors nous souvenir de la croix.
Accablés, épuisés, terrassés, enracine-nous totalement dans la victoire du Ressuscité, lui qui essuiera toutes les larmes de notre vie, Jésus-Christ, ton Fils, qui nous donne la paix.

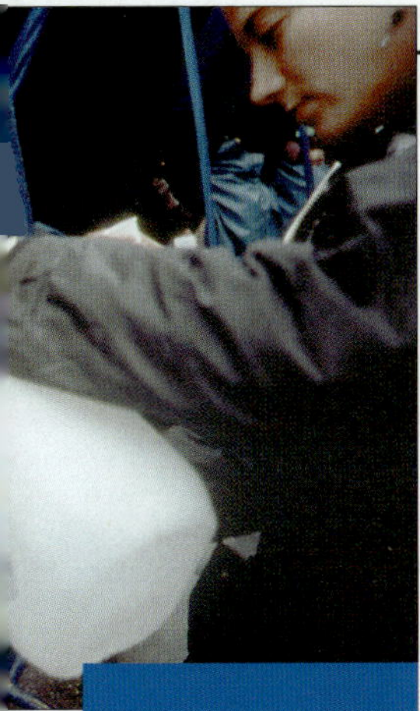

Je ne crains aucun mal, car tu es avec moi

Psaume 22

Le Seigneur est mon berger.
Je ne manque de rien.
Sur des prés d'herbe fraîche,
il me fait reposer.
Il me mène vers les eaux tranquilles
et me fait revivre.
Il me conduit par le juste chemin
pour l'honneur de son nom.
Si je traverse les ravins de la mort,
je ne crains aucun mal
car tu es avec moi,
ton bâton me guide et me rassure.
Tu prépares la table pour moi
devant mes ennemis.
Tu répands le parfum sur ma tête,
ma coupe est débordante.
Grâce et bonheur m'accompagnent
tous les jours de ma vie.
J'habiterai la maison du Seigneur
pour la durée de mes jours.

Prière

Seigneur Jésus, tu es toujours uni à ton Père.
Aide-moi à le reconnaître dans la beauté de la nature,
dans la main fraternellement tendue, dans le sourire d'autrui,
dans le silence et dans ma vie que tu connais, même si je ne comprends pas où tu m'entraînes.

Que Dieu me guide. Mon espérance !

Psaume 24

Vers toi, Seigneur, j'élève mon âme,
vers toi, mon Dieu.
Je m'appuie sur toi : épargne-moi la honte.

Pour qui espère en toi, pas de honte,
mais honte et déception pour qui trahit.
Seigneur, enseigne-moi tes voies,
fais-moi connaître ta route,
dirige-moi par ta vérité, enseigne-moi.
Rappelle-toi, Seigneur, ta tendresse,
ton amour qui est de toujours.
Oublie les révoltes, les péchés de ma jeunesse.
Dans ton amour, ne m'oublie pas.
Il est droit, il est bon, le Seigneur,
lui qui montre aux pécheurs le chemin.
Les voies du Seigneur sont amour et vérité
pour qui veille à son Alliance et à ses lois.
À cause de ton nom, Seigneur,
pardonne ma faute, elle est grande.
J'ai les yeux tournés vers le Seigneur :
regarde et prends pitié de moi,
de moi, qui suis seul et misérable.
Je m'abrite en toi :
Droiture et perfection veillent sur moi,
sur moi qui t'espère !

PRIÈRE

Seigneur notre Dieu, par Jésus, tu nous a révélé ton amour et ta miséricorde.
Pardonne nos péchés, oublie nos révoltes,
remets-nous sur la voie droite, desserre l'angoisse de nos cœurs, comble notre attente, pour que notre espérance ne soit pas déçue à jamais.

PSAUME 30

En toi, Seigneur, j'ai mon refuge ;
garde-moi d'être humilié pour toujours.
Sois le rocher qui m'abrite,
la maison fortifiée qui me sauve.
En tes mains je remets mon esprit ;
tu me rachètes, Seigneur, Dieu de vérité.

Tu ne m'as pas livré aux mains de l'ennemi ;
devant moi, tu as ouvert un passage.
Soyez forts, prenez courage,
vous tous qui espérez le Seigneur.

Parole de Jésus

« En ce monde, vous faites l'expérience de l'adversité, mais soyez pleins d'assurance, j'ai vaincu le monde. »
(Jean, 16, 33)

Prière

Marche devant nous, Seigneur, toi qui es notre avenir.
Fais-nous chercher des voies nouvelles.
Donne-nous la certitude
qu'aujourd'hui encore ta force est à l'œuvre
et que tu renouvelles constamment le monde,
par ton Christ Notre-Seigneur.

Psaume 33

Je bénirai le Seigneur en tout temps,
sa louange sans cesse à mes lèvres.
Je me glorifierai dans le Seigneur :
que les pauvres m'entendent et soient en fête !
Magnifiez avec moi le Seigneur,
exaltons tous ensemble son nom.
Je cherche le Seigneur, il me répond.
De toutes mes frayeurs, il me délivre.
Goûtez et voyez : le Seigneur est bon !
Heureux qui trouve en lui son refuge !

Parole de Jésus

« Père, Seigneur du ciel et de la terre,
je proclame ta louange :
ce que tu as caché aux sages et aux savants,
tu l'as révélé aux tout-petits.

Oui, Père, tu l'as voulu ainsi dans ta bonté. »
(Matthieu, 11, 25)

Prière
Père très saint, Dieu éternel et tout-puissant,
tu n'as pas besoin de notre louange
et pourtant, c'est toi,
qui nous inspires de te rendre grâce ;
nos chants n'ajoutent rien à ce que tu es,
mais ils nous rapprochent de toi,
par ton Fils bien-aimé Jésus-Christ.
(Préface)

Dans la maladie et quand les forces déclinent

Parole de Jésus
« Venez à moi,
vous tous qui peinez sous le poids du fardeau,
et moi, je vous procurerai le repos. »
(Matthieu, 11, 28)

Psaume 40
Heureux qui pense au pauvre et au faible :
le Seigneur le sauve au jour du malheur !
Il le protège et le garde en vie, heureux sur la terre.
Le Seigneur le soutient sur son lit de souffrance :
si malade qu'il soit, tu le relèves.
J'avais dit : « Pitié pour moi, Seigneur,
guéris-moi, car j'ai péché contre toi ! »

Avec ceux qui cherchent

Psaume 62
Dieu, tu es mon Dieu.
Je te cherche dès l'aube,
mon âme a soif de toi,
après toi languit ma chair.

Ton amour vaut mieux que la vie,
tu seras la louange de mes lèvres !
Toute ma vie je vais te bénir,
lever les mains en invoquant ton nom.
Dans la nuit, je me souviens de toi
et je reste des heures à te parler.
Oui, tu es venu à mon secours.
Mon âme s'attache à toi,
ta droite me soutient.

PRIÈRE
Jésus, tu as dit « Je suis la Vérité ».
Beaucoup d'hommes et de femmes cherchent
la vérité, la paix et la justice, sans te connaître.
Accorde-leur de rencontrer ton Esprit, dans ton Église,
et fais de moi un instrument de cette rencontre.

« Venez à moi, vous tous qui peinez sous le poids du fardeau, et moi, je vous procurerai le repos. »

PSAUME 70
Seigneur mon Dieu, tu es mon espérance,
mon appui dès ma jeunesse.
Toi, mon soutien dès avant ma naissance.
Ne me rejette pas maintenant que j'ai vieilli ;
alors que décline ma vigueur, ne m'abandonne pas.
Dieu, ne sois pas loin de moi ;
mon Dieu, viens vite à mon secours !
Et moi qui ne cesse d'espérer,
j'ajoute encore à ta louange.
Mon Dieu, tu m'as instruit dès ma jeunesse,
jusqu'à présent j'ai proclamé tes merveilles.
Aux jours de la vieillesse et des cheveux blancs,
ne m'abandonne pas, ô mon Dieu.
Toi qui m'as fait voir tant de maux et de détresses,
tu me feras vivre à nouveau.
Et moi, je te rendrai grâce sur la harpe
pour ta vérité, ô mon Dieu !

« À quel âge est-on vieux ? Question mal posée, qui ne comporte pas de réponse. On est vieux quand on cesse de progresser. Que chacun s'interroge. » (cardinal Saliège)

PRIÈRE

Le troisième, le quatrième âge,
c'est aisé d'en parler quand on est en activité.
Mais quand il s'agit de soi,
c'est dur de se voir diminué, à la charge des autres.
Ma vie a comporté des échecs et des chutes,
des efforts et des faiblesses,
des générosités et des négligences…
Pardon de t'avoir mal aimé, si peu recherché, Seigneur.
Garde-moi toujours en marche.
Sur la route qui monte vers toi, reste mon espérance.

Dans la détresse et la tentation

PSAUME 76

Vers Dieu, je crie mon appel !
Je crie vers Dieu : qu'il m'entende !
Au jour de la détresse, je cherche le Seigneur ;
la nuit, je tends les mains sans relâche,
mon âme refuse le réconfort.
Je me souviens de Dieu, je me plains,
je médite et mon esprit défaille.
Tu refuses à mes yeux le sommeil ;
je me trouble, incapable de parler.
Je pense aux jours d'autrefois,
aux années de jadis ;
la nuit, je me souviens de mon chant,
je médite en mon cœur, et mon esprit s'interroge.
Le Seigneur ne fera-t-il que rejeter,
ne sera-t-il jamais plus favorable ?
Son amour a-t-il donc disparu ?
S'est-elle éteinte, d'âge en âge, la parole ?

Dieu, la sainteté est ton chemin !
Quel Dieu est grand comme Dieu ?
Tu es le Dieu qui accomplis la merveille,
qui fais connaître chez les peuples ta force :
tu rachetas ton peuple avec puissance.

Prière

Sur la route du calvaire, Seigneur Jésus,
je te vois seul… Tes amis t'ont abandonné.
Ta force pour aller jusqu'au bout, tu nous la révèles :
« Je ne suis pas seul, le Père est avec moi ».
Aux heures de découragement, de révolte contre les événements,
contre les autres et même contre Dieu,
affermis en moi la certitude que je suis aimé du Père.

Le chant du pèlerin

Psaume 83

De quel amour sont aimées tes demeures,
Seigneur, Dieu de l'univers !
Mon âme s'épuise à désirer
les parvis du Seigneur ;
mon cœur et ma chair sont un cri
vers le Dieu vivant !
Heureux les habitants de ta maison,
ils pourront te chanter encore !
Heureux les hommes dont tu es la force,
des chemins s'ouvrent dans leur cœur !
Seigneur, Dieu de l'univers, entends ma prière.
Oui, un jour dans tes parvis en vaut plus que mille.
J'ai choisi de me tenir sur le seuil,
dans la maison de mon Dieu.
Le Seigneur Dieu est un soleil,
il est un bouclier.
Seigneur, Dieu de l'univers,
heureux qui espère en toi !

PRIÈRE

Seigneur Jésus, nous voici à Lourdes où, par Marie apparue,
le Ciel a touché la terre.
Accorde à tous les pèlerins d'aujourd'hui et de demain de marcher vers toi,
les pieds sur la terre et les yeux fixés sur toi.

Pour préparer son cœur à l'écoute

PSAUME 94

Venez, crions de joie pour le Seigneur,
acclamons notre rocher, notre salut !
Allons jusqu'à lui en rendant grâce
par nos hymnes de fête. Acclamons-le !
Oui, le grand Dieu, c'est le Seigneur,
le grand roi au-dessus de tous les dieux ;
il tient en main les profondeurs de la terre,
et les sommets des montagnes sont à lui ;
à lui la mer, c'est lui qui l'a faite,
et les terres, car ses mains les ont pétries.
Entrez, inclinez-vous, prosternez-vous.
Adorons le Seigneur qui nous a faits.
Oui, il est notre Dieu.
Aujourd'hui, écouterez-vous sa Parole ?

PRIÈRE

Dieu, notre Père, tu nous a donné en Jésus-Christ le rocher qui nous sauve : ne laisse pas ton Église, tandis qu'elle chemine au désert du monde, succomber à la tentation de la révolte et de la discorde, mais fais que nous écoutions ta Parole.

Merci, Seigneur

PSAUME 99

Acclamez le Seigneur, terre entière,
servez le Seigneur dans l'allégresse,
venez à lui avec des chants de joie !

Reconnaissez que le Seigneur est Dieu :
il nous a faits, et nous sommes à lui,
nous, son peuple, son troupeau.
Venez dans sa maison lui rendre grâce,
dans sa demeure chanter ses louanges ;
rendez-lui grâce et bénissez son nom !
Oui, le Seigneur est bon,
éternel est son amour,
sa fidélité demeure d'âge en âge.

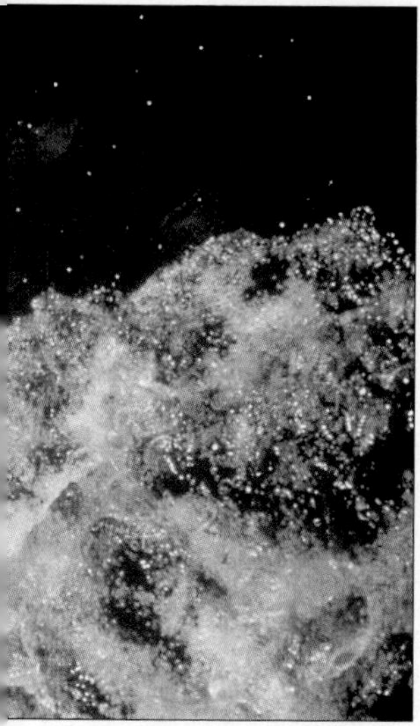

Pour rendre grâce et s'émerveiller

PSAUME 102

Bénis le Seigneur, ô mon âme !
Bénis son nom très saint, tout mon être !
Bénis le Seigneur, ô mon âme,
n'oublie aucun de ses bienfaits !
Car il pardonne toutes tes offenses
et te guérit de toute maladie.
Il réclame ta vie à la tombe
et te couronne d'amour et de tendresse.
Le Seigneur fait œuvre de justice,
il défend le droit des opprimés.
Le Seigneur est tendresse et pitié,
lent à la colère et plein d'amour :
il n'est pas pour toujours en procès,
ne maintient pas sans fin ses reproches.
Comme le ciel domine la terre,
fort est son amour pour qui le craint.
Aussi loin qu'est l'orient de l'occident,
il met loin de nous nos péchés.
Il sait de quoi nous sommes pétris,
il se souvient que nous sommes poussière.
Mais l'amour du Seigneur, sur ceux qui le craignent
est de toujours à toujours.
Bénis le Seigneur, ô mon âme !

PRIÈRE

Dieu de tendresse, toi qui veux la vie de tes enfants, tu nous as révélé dans le Christ la grandeur de ton amour. En lui renouvelle la jeunesse de ton Église, par lui garde-la fidèle à ton Alliance, pour qu'avec lui, elle ne cesse de te bénir.

Pour rendre grâce du salut

PSAUME 114

J'aime le Seigneur,
il entend le cri de ma prière,
il incline vers moi son oreille ;
toute ma vie, je l'invoquerai.
J'éprouvais la tristesse et l'angoisse,
j'ai invoqué le nom du Seigneur :
« Seigneur, je t'en prie, délivre-moi » !
Le Seigneur est justice et pitié,
notre Dieu est tendresse.
Le Seigneur défend les petits :
j'étais faible, il m'a sauvé.
Retrouve ton repos, mon âme,
car le Seigneur t'a fait du bien.
Je marcherai en présence du Seigneur
sur la terre des vivants.

PRIÈRE

Marche devant nous, Seigneur, toi qui es notre avenir,
fais-nous chercher des voies nouvelles,
donne-nous la certitude qu'aujourd'hui encore ta force est à l'œuvre
et que tu renouvelles constamment le monde,
par Jésus, ton Christ, Notre-Seigneur.

PSAUME 129

Des profondeurs, je crie vers toi, Seigneur,
Seigneur, écoute mon appel !
Que ton oreille se fasse attentive

au cri de ma prière !
Si tu retiens les fautes, Seigneur,
Seigneur, qui subsistera ?
Mais près de toi se trouve le pardon
pour que l'homme te craigne.

Des profondeurs, je crie vers toi, Seigneur, Seigneur, écoute mon appel !

Mon âme attend le Seigneur
plus qu'un veilleur ne guette l'aurore.
Plus qu'un veilleur ne guette l'aurore,
attends le Seigneur, Israël.
Oui, près du Seigneur, est l'amour ;
près de lui, abonde le rachat.
C'est lui qui rachètera Israël
de toutes ses fautes.

Prière
Nous te prions, Seigneur,
par l'intercession de la Vierge Marie.
Elle était auprès de ton Fils
quand il mourait sur la croix ;
qu'elle soit auprès de nous (aujourd'hui)
dans notre peine.
En nous soutenant par l'exemple de sa foi,
qu'elle nous conduise à toi.
Par Jésus le Christ, Notre-Seigneur… Amen.

Avec toi, Seigneur, sur les chemins de la vie

Psaume 138
Tu me scrutes, Seigneur, et tu sais !
Tu sais quand je m'assois, quand je me lève,
de très loin, tu pénètres mes pensées.
Que je marche ou me repose, tu le vois ;
tous mes chemins te sont familiers.
Avant qu'un mot ne parvienne à mes lèvres,
déjà, Seigneur, tu le sais.
Où donc aller, loin de ton souffle ?

Où m'enfuir, loin de ta face ?
Je gravis les cieux : tu es là ;
je descends chez les morts : te voici.
C'est toi qui a créé mes reins,
qui m'as tissé dans le sein de ma mère.
Je reconnais devant toi le prodige,
l'être étonnant que je suis.
Que tes pensées sont pour moi difficiles !
Scrute-moi, mon Dieu, tu sauras ma pensée,
et conduis-moi sur le chemin d'éternité.

PRIÈRE

Dieu notre Père, tu me connais mieux que je ne me connais moi-même, tu sais le désir de mon cœur d'être toujours avec toi.
Augmente en moi ce désir, pour que je puisse te reconnaître à travers tous les signes de ta tendresse que tu mets sur ma route.

Prions avec Marie

Prions avec Marie, à la lumière de l'Évangile

Marie accueille dans la foi la venue du Seigneur : l'Annonciation

(Après l'annonce à Zacharie)
Au sixième mois, l'ange Gabriel fut envoyé par Dieu
dans une ville de Galilée, appelée Nazareth,
à une jeune fille, une vierge,
accordée en mariage à un homme de la maison de David,
appelé Joseph ;
et le nom de la jeune fille était Marie.
L'ange entra chez elle et dit :
« Je te salue[1],
comblée de grâce,
le Seigneur est avec toi. »
À cette parole, elle fut toute bouleversée,
et elle se demandait ce que pouvait signifier cette salutation.
L'ange lui dit alors :
« Sois sans crainte, Marie,
car tu as trouvé grâce auprès de Dieu.
Voici que tu vas concevoir et enfanter un fils,
et tu lui donneras le nom de Jésus.
Il sera grand,
il sera appelé Fils du Très-Haut ;
le Seigneur Dieu
lui donnera le trône de David son père ;
il régnera pour toujours sur la maison de Jacob,
et son règne n'aura pas de fin. »
Marie dit à l'ange :
« Comment cela va-t-il se faire,

---

(1) Ou « Réjouis-toi... »

puisque je suis vierge ? »
L'ange lui répondit :
« L'Esprit saint viendra sur toi,
et la puissance du Très-Haut
te prendra sous son ombre ;
c'est pourquoi celui qui va naître sera saint,
et il sera appelé Fils de Dieu.
Et voici qu'Élisabeth, ta cousine,
a conçu, elle aussi, un fils dans sa vieillesse,
et elle en est à son sixième mois
alors qu'on l'appelait "la femme stérile".
Car rien n'est impossible à Dieu. »
Marie dit alors :
« Voici la servante du Seigneur ;
que tout se passe pour moi selon ta parole. »
Alors l'ange la quitta.
(Luc, 1, 26-38)

Marie, dans la joie, remercie Dieu : la Visitation

En ces jours-là,
Marie se mit en route rapidement
vers une ville de la montagne de Judée.
Elle entra dans la maison de Zacharie et salua Élisabeth.
Or, quand Élisabeth entendit la salutation de Marie,
l'enfant tressaillit en elle.
Alors, Élisabeth fut remplie de l'Esprit saint,
et s'écria d'une voix forte :
« Tu es bénie entre toutes les femmes
et le fruit de tes entrailles est béni.
Comment ai-je ce bonheur
que la mère de mon Seigneur vienne jusqu'à moi ?
Car, lorsque j'ai entendu tes paroles de salutation,
l'enfant a tressailli d'allégresse au-dedans de moi.
Heureuse celle qui a cru à l'accomplissement des paroles qui lui furent dites de la part du Seigneur. »

Marie dit alors :
Mon âme exalte le Seigneur,
exulte mon esprit en Dieu, mon Sauveur !
Il s'est penché sur son humble servante ;
désormais, tous les âges me diront bienheureuse,
Le Puissant fit pour moi des merveilles ;
saint est son nom !
Son amour s'étend d'âge en âge
sur ceux qui le craignent.
Déployant la force de son bras,
il disperse les superbes.
Il renverse les puissants de leur trône,
il élève les humbles.
Il comble de biens les affamés,
renvoie les riches les mains vides.
Il relève Israël, son serviteur,
il se souvient de son amour,
de la promesse faite à nos pères
en faveur d'Abraham et de sa race, à jamais.
Marie demeura avec Élisabeth environ trois mois,
puis elle s'en retourna chez elle.
(Luc, 1, 39-55)
(On peut lire le texte latin du Magnificat, p. 304)

Marie intercède auprès de Jésus pour les mariés de Cana

Il y avait un mariage à Cana, en Galilée.
La mère de Jésus était là.
Jésus aussi avait été invité au repas de noces
avec ses disciples.
Or, on manqua de vin ;
la mère de Jésus lui dit :
« Ils n'ont pas de vin. »
Jésus lui répond :
« Femme, que me veux-tu ?
Mon heure n'est pas encore venue. »

Sa mère dit aux serviteurs :
« Faites tout ce qu'il vous dira. »
Or, il y avait là six cuves de pierre
pour les ablutions rituelles des juifs ;
chacune contenait environ cent litres.
Jésus dit aux serviteurs :
« Remplissez d'eau les cuves. »
Et ils les remplirent jusqu'au bord.
Il leur dit :
« Maintenant, puisez, et portez-en au maître
du repas. »
Ils lui en portèrent.
Le maître du repas goûta l'eau changée en vin.
Il ne savait pas d'où venait ce vin,
mais les serviteurs le savaient, eux qui avaient puisé l'eau.
Alors le maître du repas interpelle le marié et lui dit :
« Tout le monde sert le bon vin en premier,
et lorsque les gens ont bien bu, on apporte le moins bon.
Mais toi, tu as gardé le bon vin jusqu'à maintenant. »
Tel fut le commencement des signes que Jésus accomplit.
C'était à Cana, en Galilée.
Il manifesta sa gloire et ses disciples crurent en lui.
(Jean, 2, 1-11)

Marie se tient près de la croix de Jésus

Près de la croix de Jésus, se tenait sa mère
avec la sœur de sa mère, Marie, femme de Cléophas,
et Marie Madeleine.
Jésus, voyant sa mère
et près d'elle le disciple qu'il aimait,
dit à sa mère : « Femme, voici ton fils. »
Puis il dit au disciple : « Voici ta mère. »
Et à partir de cette heure-là, le disciple la prit chez lui.
(Jean, 19, 25-27)

Marie prie avec les apôtres

Les apôtres (après avoir vu Jésus s'en aller vers le ciel)
retournèrent du mont des Oliviers
à Jérusalem qui n'est pas loin…
Arrivés dans la ville, ils montèrent à l'étage de la maison ;
c'est là qu'ils se tenaient tous : Pierre, Jean, Jacques et André,
Philippe et Thomas, Barthélemy et Matthieu,
Jacques, fils d'Alphée, Simon le Zélote, et Jude, fils de Jacques.
D'un seul cœur, ils participaient fidèlement à la prière avec quelques femmes, dont Marie, mère de Jésus, et avec ses frères.
(Actes I, 12-14)

Avec Bernadette prenons notre chapelet

« La dame prit le chapelet qu'elle tenait entre ses mains et elle fit le signe de la croix… Aussitôt que j'eus fait le signe de la croix, le grand saisissement que j'éprouvais disparut… Je me mis à genoux. J'ai passé mon chapelet en présence de cette belle dame. Elle faisait courir les grains du sien, mais elle ne remuait pas les lèvres. Quand j'eus fini mon chapelet, elle me fit signe d'approcher ; mais je n'ai pas osé. Alors elle disparut tout d'un coup. »
(Récit par Bernadette de la première apparition.)

Chaque fois que Bernadette revint à la grotte, la prière du chapelet fut comme le lieu de sa rencontre avec la Vierge Marie. Après s'être agenouillée, elle tirait son chapelet de la poche de son tablier, elle se signait avec la croix, et tandis qu'elle récitait les premières dizaines, en regardant vers le trou du rocher, la dame lui apparaissait. Marie souriait, saluait puis prenait le grand chapelet suspendu à son bras. Elle joignait les mains et faisait glisser les grains, au rythme de Bernadette, mais sans remuer les lèvres. Bernadette gardait les yeux fixés sur la dame, et quand celle-ci, à la fin du chapelet, faisait un beau signe de croix, Bernadette l'imitait de son mieux. Puis venait, à certaines apparitions, une conversation entre elles deux.
(Cf. Laurentin, *Histoire authentique*, t. III, p. 50-55 et 177-179.)

Un pèlerinage est un acte de foi et de prière. Comme Bernadette, nous aimons saluer la Vierge dans la joie de l'Annonciation : « Je vous salue, Marie. » La prière du Rosaire nous aide à contempler avec Marie la vie, la mort et la résurrection de Jésus, notre Sauveur, que Dieu lui a donné pour fils. Par le chemin de l'Évangile, Marie nous conduit au Christ afin que nous vivions nous aussi en vrais enfants de Dieu.
Pour chacun des 15 « mystères » du Rosaire, vous trouverez dans les pages suivantes :
– des références à l'Évangile et autres textes bibliques.
– un choix de trois « clausules » (lire ci-contre).
– une courte réflexion pour vous aider à contempler, avec Marie, le Mystère du Christ et à en vivre, vous-même, comme elle et Bernadette.

Le Rosaire : école de prière

Le Rosaire n'est pas un cadre rigide de formules toutes faites. C'est une école de prière chrétienne avec Marie, qui doit nous conduire jusqu'à une prière spontanée et vivante. Voici quelques suggestions qui peuvent nous aider.

L'Évangile

La prière du Rosaire étant « regard de la foi sur le Christ, avec l'aide de Marie », il est évident que l'Évangile sera toujours sa principale source.

Marie nous conduit au Christ.

Plus vous lirez, relirez et « méditerez en votre cœur » la Parole de Dieu (la Bible dans son ensemble et surtout le Nouveau Testament), plus le Rosaire sera pour vous lumière sur la foi et guide pour la vie.

L'Ave Maria

Certains préfèrent utiliser, dans leur prière personnelle, une traduction où l'on trouve davantage l'écho de la joie messianique annoncée par les prophètes et reçue par Marie. Par exemple : « Réjouis-toi, Marie comblée de grâce ; le Seigneur est avec toi. Tu es bénie entre toutes les femmes et Jésus, le fruit de tes entrailles, est béni. » Ici on peut ajouter une clausule (lire ci-dessous) et garder un moment de silence avant de reprendre « Réjouis-toi… » Dans ce cas, il est conseillé de reporter en fin de dizaine la supplication « Sainte Marie, Mère de Dieu… » que l'on peut répéter en y joignant telle ou telle intention précise.

Les « clausules »

Dans certains pays on a gardé l'excellente habitude de compléter la première partie de l'Ave Maria par une très courte phrase (clausule) qui précise – pour chaque dizaine – l'événement que l'on médite. Par exemple, pour l'Annonciation : … Jésus, le fruit de vos entrailles, est béni, Jésus dont l'ange vous annonce la venue.
On peut varier ces formules à l'infini pour souligner tel ou tel aspect de la vie ou de l'enseignement du Christ. Ainsi on découvre de plus en plus les richesses insondables du mystère de notre salut. Ainsi notre attention est stimulée et pouvons mieux rompre la « routine ».

Un choix plus large des mystères

Tout en respectant la structure fondamentale : Incarnation, Rédemption et Résurrection on peut, soit en privé, soit pour des célébrations particulières, méditer d'autres mystères évangéliques. Par exemple : le baptême de Jésus, les noces de Cana, la transfiguration, la Cène du jeudi saint, la prière des apôtres au Cénacle, le retour glorieux du Christ, etc.

La direction générale du pèlerinage du Rosaire, 1, impasse Lacordaire, 31078 Toulouse Cedex, se fera volontiers l'écho de vos suggestions.

Les événements joyeux de l'Incarnation

Annonciation

(Lc, 1, 26-38 ; Mt, 1, 18-24; ls 7, 10-15 ; So, 3, 14-18)
… Jésus, annoncé par l'ange
… Jésus, dont vous avez toujours été la servante
… Jésus, que vous avez servi en mère très aimante.
« Dieu est amour. » Il ne peut cesser d'aimer ce qu'il a créé. Il veut tout restaurer, recréer ce que les hommes ont gâché. « Il aime tant le monde qu'il envoie son Fils, pour nous sauver. » Pour cela, il comble de sa grâce une femme de chez nous. Il la fait Immaculée, sans péché : il lui propose d'être, librement, la Mère du Sauveur. Marie accepte de tout son amour et de toute sa foi. N'est-elle pas la « servante du Seigneur » ? Son exemple nous entraîne. Avec Bernadette, sa confidente, sachons toujours redire, nous aussi : « Oui, mon Dieu, oui. En tout et partout, oui. »

Visitation

(Lc, 1, 39-45 ; Lc, 11, 27-28 ; 1 Sam, 2, 1-10 ; Jdt, 13, 17-20)
… Jésus, reconnu par Jean-Baptiste
… Jésus, qui comble de grâces ceux qui l'accueillent
… Jésus, joie des pauvres et des humbles.
La bonne nouvelle de notre salut n'est pas faite pour rester cachée ! À peine Jésus a-t-il commencé à vivre dans le sein très pur de Marie, que Jean-Baptiste tressaille d'allégresse. Élisabeth, inspirée par l'Esprit, devine la présence de son seigneur, encore caché en Marie.
Marie chante alors sa joie : « Le Puissant fit pour moi des merveilles ! » Elle entraîne tous les hommes à reconnaître la miséricorde du Seigneur et à vivre dans son amour. Bernadette disait humblement, à la fin de sa vie : « J'ai reçu tant de grâces… J'ai peur de n'en avoir pas profité comme il faut ! » Ne pourrions-nous souvent en dire autant ?

Noël

(Lc, 2, 1-20; Jn, 1, 1-18; ls, 9, 1-6; ls, 60, 1-5)
… Jésus, qui est né pour nous
… Jésus, qui apporte la paix aux hommes qu'il aime

… Jésus, que nous adorons, présent parmi nous. Le Fils du Très-Haut, né d'une mère sans péché, devient homme en tout semblable à nous sauf le péché. Les anges chantent, les bergers s'émerveillent, les mages adorent.

Quant à Marie, elle retient tous ces événements et les médite dans son cœur. C'est auprès d'elle qu'on découvre le Sauveur. Vers lui, elle oriente tout homme qui cherche la vérité, la paix et l'amour.

À Lourdes, par Bernadette elle nous invite à « venir en procession » pour adorer son Fils et travailler, avec lui, à l'œuvre de notre salut. L'appel à la prière et à la pénitence sont l'écho fidèle de l'Évangile.

Présentation du Seigneur

(Lc, 2, 22-40 ; Jn, 3, 16-21 ; ls, 66, 10-14; I Jn, 1, 5-7)

… Jésus, lumière du monde

… Jésus, qui nous invite à offrir notre vie à Dieu

… Jésus, qui vécut une vie d'homme, comme nous.

Le Christ-Seigneur est reconnu par Siméon comme la lumière de tous les hommes. C'est la vérité… mais elle ne se dévoilera que plus tard. Jésus doit d'abord vivre sa vie d'homme, dans le secret. Pendant trente ans, il ne sera pour ses contemporains que Jésus de Nazareth, « le fils de Marie et de Joseph, le charpentier ».

Avec Marie, il nous fait comprendre que c'est notre vie de tous les jours (si banale soit-elle !) que nous devons offrir à Dieu comme l'hommage le plus beau et le plus vrai.

Bernadette l'avait bien compris, elle « qui était venue à Nevers pour se cacher » après avoir « servi de manche à balai à la Sainte Vierge… » comme elle disait !

Jésus retrouvé au temple

(Lc, 2, 41-52 ; Mt, 11, 25-30, Ps 84 (83) ; Ps 27 (26))

… Jésus, toujours uni à son Père

… Jésus, qui se laisse trouver par ceux qui le cherchent
… Jésus, avec qui vous avez vécu, « cachée en Dieu ».
« Mon enfant, pourquoi nous as-tu fait cela ? » dit Marie à Jésus, après trois jours d'angoissante recherche. Et Jésus de répondre : « Pourquoi me cherchez-vous ? Ne saviez-vous pas qu'il me faut être chez mon Père ? » Marie et Joseph ne comprirent pas… La volonté de Dieu est parfois pour nous éprouvante et mystérieuse. Et pourtant nous l'acceptons car nous savons que Dieu commande toujours par amour.
Bernadette, lorsqu'une force irrésistible la poussait à aller à la grotte malgré les interdictions, disait à ses parents : « Cela me fait de la peine… il faut que je vous désobéisse, à vous ou à cette dame ! »

Les événements douloureux de la Rédemption (Passion)

Agonie de Jésus

(Mt, 26, 36-46 ; Jn, 6, 38-40 ; Lm, 3, 17-26 ; Ps 130 (129))
… Jésus, accablé par nos péchés
… Jésus, qui a toujours fait la volonté de son Père
… Jésus, qui nous demande de prier et veiller avec lui.

Gethsémani. Jésus a « l'âme triste à en mourir ». La face contre terre il prie : « Mon Père, s'il est possible, que cette coupe passe loin de moi ! Pourtant, non pas comme je veux, mais comme tu veux ! » Jésus est écrasé par la souffrance, mais il ira jusqu'au bout de son amour pour son Père et pour nous. Ainsi ont toujours fait, comme lui, avec lui et par lui, ceux qui aiment vraiment, à commencer par Marie et les apôtres.
Bernadette disait au plus fort de ses souffrances : « Ce que Dieu veut, comme il le veut, autant qu'il le veut. » Et nous ?

Flagellation de Jésus

(Mc, 15, 6-15 ; Col 1, 21-24 ; ls 53, 2-12 ; Ps 38 (37))
… Jésus, condamné injustement

… Jésus, homme de douleurs sur qui pèsent tous nos péchés
… Jésus, à la passion de qui je veux m'unir.
« Quel mal a-t-il fait ? dit Pilate à la foule hurlante. Je n'ai rien trouvé en lui qui mérite la mort… » Mais Jésus est cependant flagellé, « broyé à cause de nos fautes », comme le prédisait Isaïe.
Marie la première en a profondément souffert en son cœur, c'est pourquoi elle nous invite tous à prier et faire pénitence « pour les pécheurs ».
Bernadette elle aussi nous redit : « Il faut souffrir pour lui… il a assez souffert pour nous ! »

Couronnement d'épines

(Mt, 27, 27-31 ; Jn, 18, 33-37 ; 2 Co, 12, 7-10 ; ls, 50, 5-9)
… Jésus, notre roi couronné d'épines
… Jésus, notre Sauveur « traité comme un pot cassé »
… Jésus, rejeté pour s'être affirmé « Fils de Dieu ».
Ayant tressé une couronne d'épines, les soldats la mettent sur la tête de Jésus… ; pliant le genou devant lui, ils se moquent en disant : « Salut, roi des Juifs ! » Et ils crachent sur lui… le Fils de Dieu… le fils de Marie… notre Sauveur !
Bernadette contemplant ce mystère répétait, tout attristée : « Il a été traité comme un pot cassé ! » Mais elle savait aussi, en union avec Jésus « baiser la terre pour les pécheurs », ainsi que lui avait demandé Marie. Elle affirmait également : « Notre Seigneur donne sa couronne d'épines à ses amis… ». Savons-nous, comme elle, l'accepter « en amis » ?

Jésus porte sa croix

(Lc, 23, 24-32 ; Mc, 8, 34-38 ; I P 2, 21-25 ; Mt, 10, 34-39)
… Jésus, qui nous invite à porter notre croix
… Jésus, qui partage et soutient notre détresse
… Jésus, qui « remplit nos souffrances de sa présence ».
Jésus, condamné par les siens, monte vers le Golgotha. Simon de Cyrène

est réquisitionné pour l'aider à porter la croix. Jésus nous y invite tous : « Si quelqu'un veut venir à ma suite qu'il renonce à lui-même, qu'il se charge de sa croix et qu'il me suive. » Marie a vécu son chemin de la croix, avec Jésus. Bernadette affirmait : « Par amour pour Jésus, je porterai la croix, cachée dans mon cœur. »
Nous aussi, puissions-nous dire, comme elle : « Quand on pense : "Le bon Dieu le permet", on ne se plaint pas ! »

Jésus meurt en croix

(Lc, 23, 33-46 ; Jn, 19, 18-37 ; II Tim, 2, 8-13 ; Jn, 12, 23-33)
… Jésus, qui meurt pour nous donner la vie
… Jésus, qui nous a aimés jusqu'au bout
… Jésus, qui fait de sa mort une victoire.
Jésus, sur la croix, livre son corps et verse son sang pour nous et pour la multitude, en rémission des péchés. « Si le grain de blé meurt, il porte du fruit en abondance. »
Marie est au pied de la croix. Elle offre son enfant et elle s'offre elle-même, dans la foi et l'amour le plus pur.
Bernadette, peu avant sa mort, disait : « Je suis moulue comme un grain de blé… Je n'aurais pas cru qu'il faut tant souffrir pour mourir ! » Et prenant son crucifix : « Je suis comme lui !… » À son exemple, dans les épreuves, « puisons là notre force ».

LES ÉVÉNEMENTS GLORIEUX DE LA RÉSURRECTION

Résurrection de Jésus

(Mc, 16, 1-7 ; Lc, 24, 13-35 ; I Co, 15, 1-22 ; Ac 2, 22-24)
… Jésus, vivant, ressuscité
… Jésus, qui proclame heureux ceux qui croient en lui
… Jésus, qui demeure avec nous pour toujours.
« Pourquoi cherchez-vous le Vivant parmi les morts ? » Il n'est pas ici, (dans la tombe), mais il est ressuscité. Jésus ressuscité est apparu à ses amis. La joie pascale va illuminer le monde car Jésus a promis : « Je suis avec vous, tous les jours, jusqu'à la fin des temps ! » Forte de sa présence, l'Église du Christ continue sa mission de « témoin ».

Marie est là aussi, simplement, comme la mère qui aime, qui encourage et donne l'exemple.
Bernadette, sous l'influence de Marie, pouvait dire : « Si nous avions la foi, nous verrions Dieu en tout. »

Ascension de Jésus

(Ac 1, 1-14 ; Ph 2, 6-11 ; Col 3, 1-4 ; Jb, 19, 23-25-27)
... Jésus, notre espérance
... Jésus, qui nous prépare notre place auprès du Père
... Jésus, qui nous aide à « gagner » la joie qui ne finit pas.
« Lorsque je serai allé préparer votre place (auprès de mon Père) je reviendrai et je vous prendrai auprès de moi. » Cette promesse soutient notre espérance, oriente toute notre vie et stimule nos efforts.
C'est dans la même ligne que Marie, à Lourdes, promettait à Bernadette « qu'elle serait heureuse dans l'autre monde ». Et Bernadette ajoutait avec beaucoup de réalisme spirituel : « Oui... mais à condition que je me le gagne ! » Le Seigneur ne nous sauvera pas sans nous.

Pentecôte

(Ac 1, 8 ; 2, 1-17 ; Jn, 14, 15-25 ; I Co, 12, 1-13 ; Mt, 28, 16-20)
... Jésus, qui nous donne son Esprit
... Jésus, qui nous envoie proclamer la bonne nouvelle
... Jésus, dont l'Esprit nous guide vers la vérité entière.
« Allez par le monde entier, prêcher l'évangile à toute créature... L'Esprit de vérité sera avec vous et il vous guidera vers la vérité tout entière. » Cette mission des apôtres, tout chrétien l'a reçue aussi. Chacun de nous, pour sa part, est, dans l'Église et dans le monde, responsable de la bonne nouvelle. La mère de Jésus nous rappelle cette mission et nous aide à penser comme Bernadette « qu'il faut beaucoup prier pour les pécheurs » et « qu'on ne saurait jamais assez faire pour leur conversion ».

Assomption de Marie

(Ap 3, 20-21 ; Lc, 1, 46-55 ; Mt, 25, 15-30 ; I Jn, 3, 1-2)
... Jésus, qui glorifie sa mère dans le ciel
... Jésus, dont vous êtes le miroir rayonnant de sainteté

… Jésus, qui nous veut éternellement avec lui.
« En Marie, l'Église admire et exalte le fruit le plus excellent de la Rédemption et comme une image très pure, elle contemple avec joie ce qu'elle-même désire et espère tout entière ! » (Vatican II, constitution sur la liturgie, 103). À la dernière visite imprévue de Marie (16 juillet 1858), Bernadette ne l'avait « jamais vue aussi belle ». Elle ne la reverra plus sur la terre, mais « elle est gravée dans son cœur ». Et quand elle priera devant une statue « elle regardera plus haut »… « Quand on voit Notre-Dame, il faut regarder plus haut ; on trouve Dieu » (Mgr Théas, *Ce que croyait Bernadette*, p. 126).

Marie, mère de l'Eglise

(Jn, 19, 25-27 ; Ap, 12, 1-17 ; Ac 1, 12-14 ; So, 3, 14-18)
… Jésus, qui vous a confié son Église
… Jésus, qui nous demande de vous prendre « chez nous »
… Jésus, que vous ne cessez de prier pour nous.

« Marie, en tant que mère du Christ, est mère aussi de tous les membres (pasteurs et fidèles) de son corps mystique, c'est-à-dire l'Église »
(Paul VI).
Marie est donc vraiment notre mère et nous pouvons nous confier totalement à elle : par sa prière et par son exemple elle nous conduira en toute certitude vers son Fils, notre Sauveur.
« Si tu savais comme la Sainte Vierge est bonne… ! » redit Bernadette à chacun de nous…

Prions chaque jour

Prières usuelles

Comme le Seigneur lui-même nous l'a appris, osons dire :

Notre Père qui es aux cieux,
que ton nom soit sanctifié,
que ton règne vienne,
que ta volonté soit faite
sur la terre comme au ciel.
Donne-nous aujourd'hui
notre pain de ce jour.
Pardonne-nous nos offenses,
comme nous pardonnons aussi
à ceux qui nous ont offensés,
et ne nous soumets pas à la tentation,
mais délivre-nous du mal.
(Texte latin p. 220)

Je vous salue Marie, pleine de grâce,
le Seigneur est avec vous,
vous êtes bénie entre toutes les femmes,
et Jésus, le fruit de vos entrailles, est béni.
Sainte Marie, Mère de Dieu,
priez pour nous, pauvres pécheurs,
maintenant et à l'heure de notre mort.
Amen.

Je crois en Dieu, le Père tout-puissant,
créateur du ciel et de la terre,
et en Jésus-Christ, son Fils unique, notre Seigneur
qui a été conçu du Saint-Esprit,
est né de la Vierge Marie,

qui a souffert sous Ponce Pilate,
qui a été crucifié, est mort et a été enseveli ;
est descendu aux enfers,
le troisième jour est ressuscité des morts,
est monté aux cieux,
est assis à la droite de Dieu le Père tout-puissant,
d'où il viendra juger les vivants et les morts.
Je crois en l'Esprit saint,
à la sainte Église catholique,
à la communion des saints,
à la rémission des péchés,
à la résurrection de la chair,
à la vie éternelle.
Amen.

Je confesse à Dieu tout-puissant,
le reconnais devant mes frères,
que j'ai péché en pensée, en parole,
par action et par omission ;
oui, j'ai vraiment péché *(on se frappe la poitrine)*.
C'est pourquoi je supplie la Vierge Marie,
les anges et tous les saints,
et vous aussi, mes frères,
de prier pour moi le Seigneur notre Dieu.
Que Dieu tout-puissant nous fasse miséricorde,
qu'il nous pardonne nos péchés
et nous conduise à la vie éternelle.
Amen.

Que ta volonté soit faite sur la terre comme au ciel.

Acte de foi

Mon Dieu, je crois fermement toutes les vérités que tu as révélées et que tu nous enseignes par ton Église, parce que tu ne peux ni te tromper ni nous tromper.

Acte d'espérance

Mon Dieu, j'espère avec une ferme confiance que tu nous donneras par les mérites de Jésus-Christ ta grâce en ce monde et le bonheur éternel dans l'autre, parce que tu l'as promis et que tu es fidèle à tes promesses.

Acte de charité

Mon Dieu, je t'aime de tout mon cœur et plus que tout, parce que tu es infiniment bon, et j'aime tous mes frères comme moi-même par amour pour toi.

Acte de contrition

Mon Dieu, j'ai péché contre toi et mes frères. Mais près de toi se trouve le pardon ; accueille mon repentir et donne-moi la force de vivre selon ton amour.

Trois fois le jour récitons l'Angélus

L'ange du Seigneur apporta l'annonce à Marie.
– Et elle conçut du Saint-Esprit.
Je vous salue, Marie...
Voici la servante du Seigneur.
– Qu'il me soit fait selon ta parole.
Je vous salue, Marie...
Et le Verbe s'est fait chair.
– Et il a habité parmi nous.
Je vous salue, Marie...
Priez pour nous, sainte Mère de Dieu.
– Afin que nous soyons rendus dignes des promesses du Christ.
Que ta grâce, Seigneur notre Dieu, se répande en nos cœurs ; et maintenant que nous connaissons, par le message de l'ange, l'incarnation de ton Fils bien-aimé, fais que nous soyons conduits, par sa Passion et par sa croix, jusqu'à la gloire de la Résurrection. Par le Christ, notre Seigneur. Amen.

Regina caeli

Pendant le temps pascal :

Regina caeli, laetare,
alleluia !
Quia quem meruisti portare,
alleluia !
Resurrexit, sicut dixit,
alleluia !
Ora pro nobis Deum,
alleluia !

Vierge Marie, quelle joie,
alléluia !
Celui que tu as un jour enfanté,
alléluia !
Ressuscité, s'en est allé,
alléluia !
Pour nous, prie le Seigneur Dieu,
alléluia !

Salve Regina

Salve, Regina, mater misericordiae ! Vita, dulcedo et spes nostra, salve !
Ad te clamamus, exsules filii Evae.
Ad te suspiramus, gementes et flentes in hac lacrymarum valle.
Eia ergo, advocata nostra, illos tuos misericordes oculos, ad nos converte ;
et Jesum, benedictum fructum ventris tui, nobis post hoc exsilium ostende.
O clemens, o pia, o dulcis Virgo Maria !

Salut, ô Reine, Mère de miséricorde, douceur de notre vie, notre espérance, salut !
Enfants d'Eve, exilés, nous crions vers toi.
Vers toi nous soupirons, gémissant et pleurant dans cette vallée de larmes.
Toi, notre avocate, tourne vers nous ton regard miséricordieux.
Et, après cet exil, montre-nous Jésus le fruit béni de ton sein.
Ô clémente, ô miséricordieuse,
ô douce Vierge Marie.

Souvenez-vous (prière de saint Bernard)

Souvenez-vous, ô très miséricordieuse Vierge Marie, qu'on n'a jamais entendu dire qu'aucun de ceux qui ont eu recours à votre protection, imploré votre assistance ou réclamé votre intercession, ait été abandonné. Animé de cette confiance, ô Vierge des vierges, ô ma mère, je viens à vous gémissant sous le poids de mes péchés, je me prosterne à vos pieds. Ô mère du Verbe incarné ne méprisez pas mes prières, mais écoutez-les favorablement et daignez les exaucer.

Faites de moi un instrument de votre paix

Seigneur, faites de moi un instrument de votre paix.
Là où est la haine, que je mette l'amour.
Là où est l'offense, que je mette le pardon.
Là où est la discorde, que je mette l'union.
Là où est l'erreur, que je mette la vérité.
Là où est le doute, que je mette la foi.
Là où est le désespoir, que je mette l'espérance.
Là où sont les ténèbres, que je mette la lumière.
Là où est la tristesse, que je mette la joie.
Faites que je ne cherche pas tant à être consolé qu'à consoler,
à être compris qu'à comprendre,
à être aimé qu'à aimer.
Parce que,
c'est en donnant que l'on reçoit,
c'est en s'oubliant soi-même
qu'on se retrouve soi-même,
c'est en pardonnant qu'on obtient le pardon,
c'est en mourant qu'on ressuscite
à l'éternelle vie.

Attribuée à saint François d'Assise.
Prière de la J.E.C.F.

Prière de saint Ignace de Loyola

Seigneur Jésus,
apprenez-nous à être généreux,
à vous servir comme vous le méritez,
à donner sans compter,
à combattre sans souci des blessures,
à travailler sans chercher le repos,
à nous dépenser sans attendre
d'autre récompense
que celle de savoir que nous faisons
votre sainte volonté.

Là
où est
le désespoir,
que
je mette
l'espérance.

Quelques invocations à Marie

Ô Marie, mère de Jésus-Christ, priez pour nous.
Ô Marie, Mère de Dieu, priez pour nous.
Ô Marie, demeure du Saint-Esprit, priez pour nous.
Ô Marie, Mère de l'Église, priez pour nous.
Ô Marie, conçue sans péché, priez pour nous qui avons recours à vous.
Vierge pleine de bonté, montrez-vous notre mère.
Consolation des affligés, priez pour nous.
Santé des malades, priez pour nous.
Reine des martyrs, soutenez le courage des persécutés.
Reine du ciel et de la terre, priez pour nous.
Reine de la paix, priez pour nous.
Mère de l'Église, priez pour nous.

Litanies de la sainte Mère de Dieu

Les litanies de la Sainte Vierge sont une prière pour invoquer Marie, Mère de Dieu et mère des hommes, en évoquant ses qualités et titres de gloire que les siècles lui ont reconnus comme notre secours et notre modèle.

Seigneur, prends pitié.
Ô Christ, prends pitié.
Seigneur, prends pitié.
Sainte Marie, priez pour nous.
Sainte Mère de Dieu, priez pour nous.
Sainte mère toujours vierge, priez pour nous.
Mère de Jésus, l'Emmanuel,
Mère de Jésus, le Sauveur,
Mère de Jésus, le Seigneur,
Mère conçue sans péché,
Mère de la lumière,
Mère de la vie,
Mère de l'amour,
Mère de la miséricorde,
Mère de l'espérance,
Mère de l'Église,

Mère de tous les hommes,
Mère bénie entre toutes les mères,
Vierge comblée de grâce,
Vierge toute sainte,
Vierge très humble,
Vierge très pauvre,
Vierge très pure,
Vierge accueillante à la Parole,
Vierge croyante,
Vierge obéissante,
Vierge priante,
Vierge souffrante,
Vierge exultante,
Vierge bénie entre toutes les vierges,
Eve nouvelle,
Fille de Sion,
Héritière de la promesse,
Servante du Seigneur,
Arche de l'Alliance,
Cité de Dieu,
Demeure de la sagesse,
Temple de l'Esprit saint,
Étoile du matin,
Porte du ciel,
Splendeur de la création,
Femme bénie entre toutes les femmes,
Médiatrice de grâce,
Dispensatrice de la paix,
Soutien des ministres du Seigneur,
Guide des consacrés,
Modèle des épouses,
Protectrice des familles,
Secours des chrétiens,
Consolatrice de ceux qui pleurent,
Avocate des opprimés,

Salut des malades,
Refuge des pécheurs,
Joie de tous les enfants de Dieu,
Reine élevée au ciel,
Reine des anges,
Reine des patriarches,
Reine des prophètes,
Reine des apôtres,
Reine des martyrs,
Reine des pasteurs,
Reine des docteurs,
Reine des vierges,
Reine des fidèles,
Reine de tous les saints,
Reine du monde à venir,
Agneau de Dieu, qui enlèves le péché du monde, prends pitié de nous *(3 fois)*.

Prions
Alors que nous venons de contempler
les merveilles que tu as accomplies en Marie,
accorde-nous, Seigneur, par son intercession,
le bonheur de vivre dès maintenant en ta présence
et d'avoir part un jour à la plénitude de ta grâce.
Par Jésus, le Christ, notre Seigneur.

Ces litanies proposées par Pierre Jounel dans le Manuel des Pèlerins : Prier à Rome et à Assise*, Tardy, 1984, tentent de recueillir l'enseignement du IIe concile du Vatican sur la Vierge Marie.*

« Ô mère consolatrice »

Toi qui connais nos douleurs et nos peines,
toi qui as souffert de Bethléem au calvaire,
console tous ceux qui souffrent
dans leur corps et dans leur âme,
tous ceux qui sont dans la dispersion et le découragement,
tous ceux qui ressentent un ardent besoin
d'aimer et de se donner.
Ô mère consolatrice,
console-nous tous,
aide-nous à comprendre que le secret du bonheur
est dans la bonté

et dans la fidélité à ton fils Jésus,
telle que tu la désires.
Et nous te rendrons gloire
et nous t'offrirons des actions de grâces,
maintenant et toujours.
Jean-Paul II

Pour prier, se reporter également aux pages du chemin de croix p. 155

Prières à des intentions diverses

Pour supporter les épreuves avec patience
Ô mon Dieu et mon Sauveur,
vous qui avez supporté pour moi
de si grandes souffrances
avec patience et avec force,
donnez-moi le courage,
si je dois passer par de telles épreuves,
de les supporter aussi avec patience.
Obtenez-moi cette grâce, Vierge Marie,
vous qui avez vu votre Fils souffrir
et qui avez souffert avec lui,
de pouvoir m'associer, lorsque je souffre,
à ses souffrances et aux vôtres,
et d'obtenir ainsi, grâce à sa Passion,
grâce à vos mérites et à ceux de tous les saints,
d'être racheté pour la vie éternelle.
John Henry Newman
(*Seigneur, mon espérance,* Éd. Novalis/Cerf, p. 47.)

Ô mère consolatrice, console-nous tous.

Soutiens mon courage

Seigneur, il m'est difficile de comprendre
et d'accepter cette souffrance.
Toi qui, durant ta vie terrestre,
as guéri les malades, soutiens mon courage,
donne-moi la sérénité,
délivre-moi du mal.
Quand je ne trouverai plus les mots pour prier,
accepte ma maladie comme une prière.
Fais que cette épreuve me rapproche de toi.
Souviens-toi de mes parents, de mes amis,
des autres malades de cet hôpital,
de ceux et celles qui prennent soin de nous.
Garde-nous, Seigneur, dans ton amour.
Pierre Dufresne
(*Seigneur, mon espérance,* Éd. Novalis/ Cerf, p. 48.)

> *Quand je ne trouvera plus les mots pour prier, accepte ma maladie comme une prière.*

Pour nos compagnons de maladie

Seigneur Jésus-Christ,
tu as affronté pour nous
le dénuement, la souffrance et la mort.
Envoie-nous ton Esprit saint
pour que nous puissions te suivre
là où tu nous appelles.
Reçois ma prière
pour tous mes compagnons de chambre.
Tu les connais, Seigneur,
parce que tu les aimes.
Donne-moi de te reconnaître en chacun d'eux,
et fais-moi la grâce de savoir partager leur fardeau,
dans la mesure de mes forces,
au nom de ton amour. Amen.
(*Seigneur, mon espérance* Éd. Novalis/ Cerf, p. 63.)

Au-delà

Au-delà de la mort,
Seigneur,
tu me prépares un bonheur
sans limites,
bonheur dont je ne puis
comprendre maintenant
toute l'intensité,
mais dont tu as parlé
en termes séduisants
pour le faire espérer.
Tourne vers ce bonheur
mes plus profonds attraits,
car il est mystérieux, et paraît si lointain que je serais tenté
de l'apprécier trop peu. Stimule mon désir d'entrer en possession
de ton être divin,
et fais-moi aspirer à cette grande étreinte où tu te donneras.
Montre-moi que toi seul tu es la vraie richesse
qui subsiste toujours,
que toi seul es l'amour capable de combler ma soif d'intimité.
Ne laisse pas mon cœur
se faire prisonnier d'autres joies
que la tienne, ni chercher l'absolu en des êtres terrestres
alors qu'il n'est qu'en toi.
Apprends-moi à rêver de ce moment suprême,
celui de la rencontre,
où ton cœur s'ouvrira pour saisir tout mon être
dans un cri de bonheur.

Jean Galot
(*Prières d'espérance,* Éd. Sintal, Louvain, 1971, p. 43)

Pour les familles divisées

Ô Dieu, Père de tous hommes,
tu nous demandes de porter
l'amour là où les pauvres sont humiliés,

la joie là où l'Église est abattue,
la réconciliation là où les hommes sont divisés.
Aide-nous donc à réconcilier
le père avec son fils,
la mère avec sa fille,
le mari avec sa femme,
le croyant avec celui qui ne peut croire,
le chrétien avec son frère chrétien qu'il n'aime pas.
Tu nous ouvres ce chemin
pour que le corps blessé de Jésus-Christ,
ton Église, soit ferment de communion
pour les pauvres de la terre
et dans toute la famille humaine.
Mère Teresa
(Jean-Pierre Dubois-Dumée, *Écoute, Seigneur, ma prière,* Éd. Desclée de Brouwer et Malesherbes Publications, 1988, p. 509)

Pardonne-moi de jouer mon personnage

Je te demande, Seigneur, de me débarrasser
une fois pour toutes de mon souci de paraître.
Pardonne-moi d'être trop préoccupé
de l'impression que je donne, de l'effet que je produis,
de ce que l'on pense et dit de moi.
Pardonne-moi de vouloir ressembler aux autres
en oubliant d'être moi-même,
d'envier leurs qualités
en oubliant de développer les miennes.
Pardonne-moi le temps passé
à jouer mon personnage
et le temps perdu
pour construire ma personne.
Accorde-moi, enfin, d'être grand ouvert à mes frères.
Alors, tu pourras par eux, Seigneur,
venir chez moi comme chez ton ami.
Et de moi tu feras cette « personne »

dont tu rêves en ton amour,
car je serai ton fils, ô Père,
et un frère pour mes frères.
Michel Quoist
(*Jésus-Christ m'a donné rendez-vous*, Éd. de l'Atelier, 1972)

Donne-moi la force de pardonner

Toi, Seigneur, tu m'invites à pardonner sans cesse.
Chaque jour, de nombreux événements,
de petits et de gros conflits,
de minuscules et d'énormes malentendus,
me lancent un appel.
Chaque jour retentit l'appel à pardonner.
Mais je n'en ai pas envie, Seigneur,
parce que j'ai l'impression de toujours plier
quand je pardonne.
J'ai l'impression d'être le plus faible,
celui qui n'a pas assez de colonne vertébrale
pour se tenir debout.
Puis je me souviens de toi sur la croix.
Il t'en fallait du courage et de l'amour pour dire :
« Père, pardonne-leur, ils ne savent pas ce qu'ils font. »
Donne-moi donc la force de pardonner sans cesse.
Car je sais, en regardant ta vie et ta mort,
que ce n'est pas de la faiblesse
de ne jamais refuser son pardon.
C'est de la force. C'est la force de l'amour.
(*Carnet de carême*, Éd. Vie liturgique, Canada, 1986)

Pour nos amis défunts

Seigneur, nous te prions pour nos amis défunts.
Nous te prions pour chacun et chacune
de ceux que nous avons aimés et qui sont morts.
Donne-leur la plénitude de bonheur,
d'amour et de tendresse qui les comble,

et sois l'accomplissement de leur histoire.
Nous te le demandons, par Jésus, ton Fils,
qui a dit : « Père, ceux que tu m'as donnés,
je veux que, là où je suis, ils soient aussi avec moi. »
Esprit d'amour,
tendresse qui lie le Père au Fils et le Fils au Père,
apprends-nous à ne pas nous replier sur nous-mêmes :
que notre souffrance nous rende
plus attentifs aux autres,
plus proches de leurs joies et de leurs peines,
ouverts aux grands problèmes du monde.
Que notre prière passe par tes mains,
très douce Vierge Marie,
Vierge de douleur,
Vierge de compassion.
Enfin, nous osons te le demander, Seigneur :

accorde-nous de sentir
que tous ceux que nous avons aimés,
que nous aimons et qui sont passés en toi,
interviennent pour nous. Amen.
(*Écoute, Seigneur, ma prière*, Éd. Desclée de Brouwer et Malesherbes Publications, 1988, p. 506-7)

Prière pour les vocations sacerdotales et religieuses

Esprit saint,
tu es le feu que Jésus ressuscité
a allumé sur la terre des hommes
pour leur révéler
l'amour sans mesure du Père.
Brûle encore aujourd'hui le cœur des jeunes
afin que, laissant tout pour suivre le Christ,
ils découvrent la vraie joie des disciples.
Envoie-les au milieu de leurs frères,
prêtres au service du peuple de Dieu.
Envoie-les en plein monde,
hommes et femmes au cœur apostolique.
Envoie-les au-delà des frontières,
témoins dévorés par le zèle missionnaire.
Envoie-les dans le silence du désert,
chercheurs passionnés du Dieu vivant.
Esprit d'amour, donne à tous ces jeunes
le courage de répondre à l'appel
du Père, de l'Église et du monde.
Et que Marie,
humble servante du Seigneur,
livrée à ton souffle de liberté,
les accompagne sur ce chemin
de lumière et de vie.

Service national des vocations

*Et que Marie,
humble
servante
du Seigneur,
les accompagne
sur ce chemin
de lumière
et de vie.*

Nous nous sommes mis en marche vers Dieu,
en réconciliation avec lui et avec nos frères.
Cette démarche communautaire de conversion
prendra tout son sens dans la célébration
des sacrements et par la participation aux processions.
Par le sacrement de réconciliation, celui des malades,
par l'adoration eucharistique, et en faisant mémoire
de la Passion, nous pourrons dire et vivre notre foi.

Célébrations

Célébrer le sacrement de la réconciliation

Se préparer ensemble

Le pèlerinage nous apporte une chance de tourner – ou de retourner – toute notre vie vers Dieu. Nous retourner vers Dieu, cela s'appelle aussi nous convertir ; et nous convertir, c'est accueillir l'avenir que nous ouvre le Christ.

Le pèlerinage est aussi une chance de nous mettre ou de nous remettre en marche, ensemble, à la rencontre du Seigneur.

Ce retournement, cette remise en marche, cette réconciliation avec Dieu et avec nos frères, le sacrement de la réconciliation (on l'appelait autrefois la pénitence) va nous en ouvrir le chemin. Il va donc engager tout notre avenir après le pèlerinage.

Aussi ne pourrons-nous le recevoir sans une sérieuse préparation : pour nous y préparer, nous nous laisserons interpeller par la parole de Dieu et par la communauté de nos frères. C'est principalement au cours d'une

célébration de la pénitence avec l'ensemble des pèlerins que nous entendrons efficacement cet appel.
Ne courons donc pas dès notre arrivée à Lourdes vers la chapelle de la Réconciliation : attendons de nous être préparés ensemble à rencontrer Dieu dans le sacrement.

Reconnaître le Dieu qui pardonne

Dieu est amour...
il nous invite à l'aimer, à aimer aussi les autres « comme il nous a aimés ».
Nous sommes pécheurs.
Nous ne tenons pas compte de ce que Dieu a voulu par amour pour les hommes.
Mais le Seigneur nous offre son pardon,
si, en écoutant sa parole, nous nous reconnaissons pécheurs.
Dieu seul peut purifier notre cœur.

Psaume 102

Le Seigneur est tendresse et pitié,
lent à la colère et plein d'amour ;
il n'agit pas envers nous selon nos fautes,
ne nous rend pas selon nos offenses.
Aussi loin qu'est l'Orient de l'Occident,
il met loin de nous nos péchés ;
comme la tendresse du père pour ses fils,
la tendresse du Seigneur pour qui le craint !

Psaume 51

Pitié pour moi, mon Dieu, dans ton amour,
selon ta grande miséricorde, efface mon péché.
Lave-moi tout entier de ma faute,
purifie-moi de mon offense.
Oui, je connais mon péché,

ma faute est toujours devant moi.
Contre toi, et toi seul, j'ai péché,
ce qui est mal à tes yeux, je l'ai fait.

Ainsi, tu peux parler et montrer ta justice,
être juge et montrer ta victoire.
Moi, je suis né dans la faute,
j'étais pécheur dès le sein de ma mère.

Mais tu veux au fond de moi la vérité ;
dans le secret, tu m'apprends la sagesse.
Purifie-moi avec l'hysope, et je serai pur ;
lave-moi et je serai blanc, plus que la neige.

Fais que j'entende les chants et la fête :
ils danseront, les os que tu broyais.
Détourne ta face de mes fautes,
enlève tous mes péchés.

Crée en moi un cœur pur, ô mon Dieu,
renouvelle et raffermis au fond de moi mon esprit.
Ne me chasse pas loin de ta face,
ne me reprends pas ton Esprit saint.

Écouter la parole de Dieu

Les publicains et les pécheurs s'approchaient de Jésus pour l'entendre. Les pharisiens et les scribes récriminaient : « Il accueille les pécheurs, et il mange avec eux ! » Alors il leur dit cette parabole : « Un homme avait deux fils. Le plus jeune dit à son père : "Père, donne-moi la part de fortune qui me revient." Le père leur partagea sa fortune.
Quelques jours après, le plus jeune rassembla tout son avoir et partit pour un pays lointain où il dissipa toute sa fortune dans une vie de folies. Quand il eut tout dépensé, une grande famine survint dans le pays, et

Lave-moi et je serai blanc, plus que la neige.

lui-même connut la misère. Il alla se mettre au service d'un citoyen de ce pays, et celui-ci l'envoya aux champs garder les porcs. Il avait envie de se remplir le ventre des gousses que mangeaient les porcs, mais personne ne lui en donnait. Faisant un retour sur lui-même, il dit : "Combien de journaliers, chez mon père, ont du pain à profusion tandis que moi, ici, je meurs de faim ! Je me lèverai, j'irai vers mon père, et je lui dirai : père, j'ai péché contre le ciel et contre toi ; je ne suis plus digne d'être appelé ton fils ; traite-moi comme l'un de tes journaliers." Il se leva et partit vers son père.

« Il était encore loin quand son père le vit et, saisi de compassion, accourut, se jeta à son cou et l'embrassa. Alors le fils lui dit : "Père, j'ai péché contre le ciel et contre toi, je ne suis plus digne d'être appelé ton fils." Mais le père dit à ses serviteurs : " Vite, apportez la plus belle robe et habillez-le, mettez-lui un anneau à la main et des chaussures aux pieds. Amenez le veau gras, tuez-le, mangeons et festoyons, car mon fils que voici était mort, et il est revenu à la vie ! Il était perdu, et il est retrouvé !" Ils se mirent donc à festoyer.

« Or, le fils aîné était aux champs. À son retour, lorsqu'il approcha de la maison, il entendit la musique et les danses. Il appela un des serviteurs et lui demanda ce que c'était. Le serviteur lui dit : "Ton frère est revenu, et ton père a tué le veau gras parce qu'il l'a retrouvé en bonne santé." Alors il se mit en colère et refusa d'entrer. Son père sortit pour l'en prier. Mais il répondit à son père : "Voilà tant d'années que je te sers, et jamais tu ne m'as donné un chevreau pour festoyer avec mes amis. Mais lorsque

ton fils que voici, qui a mangé son bien avec les prostituées, est revenu, tu as tué pour lui le veau gras." Le père lui dit : "Mon enfant, tu es toujours avec moi et tout ce qui est à moi est à toi. Mais il fallait festoyer et se réjouir, car ton frère que voici était mort et il est revenu à la vie, il était perdu, et il est retrouvé." »
(Luc, 15, 1-3 et 11-32)

Reconnaître son péché

C'est parce que je sais l'amour de Dieu que je découvre mon péché. Puisque Dieu m'aime et qu'il aime tous les humains, chaque fois que je refuse d'aimer Dieu, chaque fois que je refuse d'aimer mes frères et de m'aimer moi-même vraiment, je me mets en situation de péché. Je n'ai pas simplement désobéi à une loi ; j'ai dit non à quelqu'un, j'ai refusé de l'aimer. Alors, j'ai besoin d'entendre les appels de Dieu pour mieux percevoir en quoi j'ai été fidèle aux exigences de cet amour que l'Évangile me demandait d'avoir : dans ma vie personnelle, familiale, sociale, professionnelle, selon que je suis jeune, adulte, plus âgé…

En quoi ai-je manqué à l'amour de Dieu ? à l'amour du prochain ? à l'amour bien compris de moi-même ? Comment n'ai-je pas répondu à ce que Dieu et les autres attendaient de moi ?

Voilà les grandes questions que je me poserai, dans un examen de conscience sérieux (et qui peut être plus détaillé), afin de bien voir clair en moi, à la lumière des attentes de Dieu.

Et je n'oublierai pas de rechercher comment le péché peut être plus ou moins important, plus ou moins grave, selon ma propre situation, selon ma propre responsabilité.

PRÉPARATION PERSONNELLE

Il est bon de choisir un passage de l'Évangile ou de la Bible qui orientera la confession.

Pour vous aider, vous pouver :
- utiliser les textes bibliques de ce manuel (par exemple l'hymne à la charité, p. 88 ; psaume 31, p. 147 ; psaume 62, p. 98 ; les Béatitudes, p. 84, etc.) ;
- faire le chemin de croix, p. 155 ;
- relire le texte du message de Lourdes, p. 50 ;
- utiliser les méditations du rosaire, p. 111.

À Lourdes, à la chapelle de la Réconciliation, on trouve des feuillets pour aider à faire un « examen de conscience ».

Recevoir le pardon de Dieu

Éclairé par tout ce qui précède, l'aveu de mes fautes pourra être bref. L'essentiel n'est pas de tout dire, mais de dire l'important : ce qui arrête, ce qui fait problème, ce qui ferme ma vie à Dieu ou aux autres.

Dieu n'est ni un comptable ni un inquisiteur… Dieu est un père qui nous connaît et qui nous aime.

Alors, nous répondrons au don de la réconciliation qu'il nous propose par la sincérité de notre démarche de pénitence.

En dehors du sacrement de la réconciliation, nous pouvons chaque jour recevoir le pardon du Seigneur.

En effet, le Seigneur pardonne :

– à celui qui pardonne : « Pardonnez-nous nos offenses comme aussi nous pardonnons à ceux qui nous ont offensés. » (Matthieu, 6, 12) ;

– à celui qui partage avec ses frères et se dépense à leur service : « Conservez entre vous une grande charité, car la charité couvre une multitude de péchés. » (Première lettre de Pierre, 4, 8) ;

– à celui qui travaille à soulager la misère et les souffrances du prochain : « Heureux les doux,… les artisans de paix,… les miséricordieux… » (Matthieu, 5, 4… 7) ; « Ce que vous aurez fait au plus petit d'entre les miens, c'est à moi que vous l'aurez fait. » (Matthieu, 25, 40) ;

– à celui qui appelle Dieu par la prière : prier, c'est faire confiance à Dieu et nous reconnaître dépendants de lui ; c'est nous placer tout entiers devant lui, avec ce qui dans notre vie n'est pas encore “réconcilié” avec lui.

Au début de la messe, la préparation pénitentielle est un moment privilégié de la prière commune qui réconcilie. Mais c'est dans le sacrement de la réconciliation que s'expriment en plénitude et le pardon de Dieu et la communauté de salut qu'est l'Église.

Plusieurs façons de célébrer la réconciliation

L'Église, en nous transmettant la parole de Dieu, nous révèle son amour passionné ; l'Église, au nom de Jésus, par le ministère du prêtre, nous donne le pardon.

Jamais un sacrement n'est acte personnel ou privé.

Deux formes de célébration, qui se complètent, nous permettent de vivre la richesse du sacrement :

– la célébration individuelle est la forme ordinaire du sacrement de réconciliation : elle prend acte de notre responsabilité personnelle, elle permet une rencontre entre le fidèle, qui peut faire une confession plus détaillée, et le prêtre, qui peut donner des conseils adaptés ;

– la célébration communautaire souligne la solidarité des disciples de

Jésus dans la condition de pécheurs, mais aussi dans la joie du pardon et dans le témoignage.
La réconciliation de plusieurs pénitents comporte la confession et l'absolution individuelles au terme d'une célébration pénitentielle. Mais, en certains cas exceptionnels, – il appartient à l'évêque d'apprécier –, il peut y avoir confession et absolution collectives. Alors nous sera manifestée, de façon très visible, la gratuité du pardon de Dieu. À nous de ne pas oublier que le péché engage toujours notre responsabilité personnelle.

Célébration individuelle du sacrement de la réconciliation

Accueil mutuel

Vous pouvez dire : « Bénissez-moi, mon Père, parce que j'ai péché. »
Le prêtre et le pénitent font ensemble le signe de la croix.
Si le prêtre ne vous connaît pas, il peut être utile de vous présenter rapidement : situation familiale, âge, profession, responsabilités…

Lecture de la parole de Dieu

Vous pouvez dire : « Pour me préparer j'ai lu ce passage de la Bible… »
(Si c'est possible, le prêtre, ou le pénitent, lit ce passage.)

Confession des péchés

Par exemple : « Ce passage de l'Évangile m'a rappelé que… » ou bien : « J'ai péché contre la volonté de Dieu en faisant ceci… ou en ne faisant pas cela… »
Le prêtre pourra vous aider à découvrir d'autres points importants dans votre vie et vous donner quelques conseils. Il vous proposera un geste de conversion et de pénitence : prière, partage, effort particulier, service du prochain… Vous pouvez proposer vous-même un autre geste pour exprimer votre désir de renouveau dans votre vie.

Prière pour accueillir le pardon

Chaque fois que c'est possible, le prêtre et le pénitent prient ensemble : soit le Notre Père, soit quelques versets de psaumes, par exemple : « Rappelle-toi, Seigneur, ta tendresse, ton amour qui est de toujours. Oublie les révoltes, les péchés de ma jeunesse ; dans ton amour, ne m'oublie pas. » (Psaume 24) ; ou bien : « Pitié pour moi, mon Dieu, etc. » (Psaume 51, page 139).

Vous pouvez aussi exprimer votre regret, votre désir du pardon de Dieu, avec vos propres mots ou avec une des prières suivantes :

– « Jésus, Fils du Dieu Sauveur, prends pitié de moi pécheur. »

– « Père, j'ai péché contre toi, je ne mérite plus d'être appelé ton enfant. Prends pitié du pécheur que je suis. »

– « Mon Dieu, j'ai péché contre toi et contre mes frères. »

J'ai dit :
« Je rendrai grâce
au Seigneur
en confessant
mes péchés. »
Et toi,
tu m'as enlevé
l'offense
de ma faute.

L'absolution sacramentelle

Les mains étendues, le prêtre dit la prière de réconciliation.

Que Dieu notre Père vous montre sa miséricorde ;
par la mort et la résurrection de son Fils,
il a réconcilié le monde avec lui
et il a envoyé l'Esprit saint pour la rémission des péchés :
Par le ministère de l'Église,
qu'il vous donne le pardon et la paix.
Et moi, au nom du Père, du Fils, et du Saint-Esprit,
je vous pardonne tous vos péchés.
R. **Amen.**

Louange de Dieu et envoi

Le prêtre invite à l'action de grâce.

Rendez grâce au Seigneur, car il est bon.
R. **Éternel est son amour.**
Le Seigneur vous a pardonné. Faites de même.

ou bien :
Allez dans la paix et la joie du Christ.
R. **Béni soit Dieu, maintenant et toujours.**

ou bien :
Que votre vie témoigne de l'amour de Dieu avec tous les chrétiens. Allez dans la paix du Christ.

ou encore :
Que la Passion de Jésus-Christ, notre Seigneur, l'intercession de la Vierge Marie et de tous les saints, tout ce que vous ferez de bon et supporterez de pénible contribue au pardon de vos péchés, augmente en vous la grâce pour que vous viviez avec Dieu.

Rendre grâce après la réconciliation

PSAUME 31
Heureux l'homme dont la faute est enlevée,
et le péché remis !
Heureux l'homme dont le Seigneur ne retient pas l'offense,
dont l'esprit est sans fraude !

Je me taisais et mes forces s'épuisaient
à gémir tout le jour :

ta main, le jour et la nuit,
pesait sur moi ;
ma vigueur se desséchait
comme l'herbe en été.

Je t'ai fait connaître ma faute,
je n'ai pas caché mes torts.
J'ai dit : « Je rendrai grâce au Seigneur
en confessant mes péchés. »
Et toi, tu as enlevé
l'offense de ma faute.

Ainsi chacun des tiens te priera
aux heures décisives ;
même les eaux qui débordent
ne peuvent l'atteindre.

Tu es un refuge pour moi,
mon abri dans la détresse ;
de chants de délivrance,
tu m'as entouré.

Je vais t'instruire, te montrer la route à suivre,
te conseiller, veiller sur toi.
Pour le méchant, douleurs sans nombre ;
Mais l'amour du Seigneur entourera
ceux qui comptent sur lui.

Que le Seigneur soit votre joie !
Exultez, hommes justes !
Hommes droits, chantez votre allégresse !

L'onction des malades

Envoyés en mission par Jésus, les apôtres « partirent et proclamèrent qu'il fallait se convertir. Ils chassaient beaucoup de démons, faisaient des onctions d'huile à de nombreux malades, et les guérissaient ». (Marc, 6, 12-13)

Lecture de la lettre de saint Jacques (5, 13-16)
« Frères, si l'un de vous est dans la souffrance, qu'il prie ; si quelqu'un est dans la joie, qu'il chante le Seigneur. Si l'un de vous est malade, qu'il appelle ceux qui exercent dans l'Église la fonction d'ancien : ils prieront sur lui après lui avoir fait une onction d'huile au nom du Seigneur. Cette prière inspirée par la foi sauvera le malade : le Seigneur le relèvera et, s'il a commis des péchés, il recevra le pardon. Reconnaissez vos péchés les uns devant les autres, et priez les uns pour les autres afin d'être guéris… »

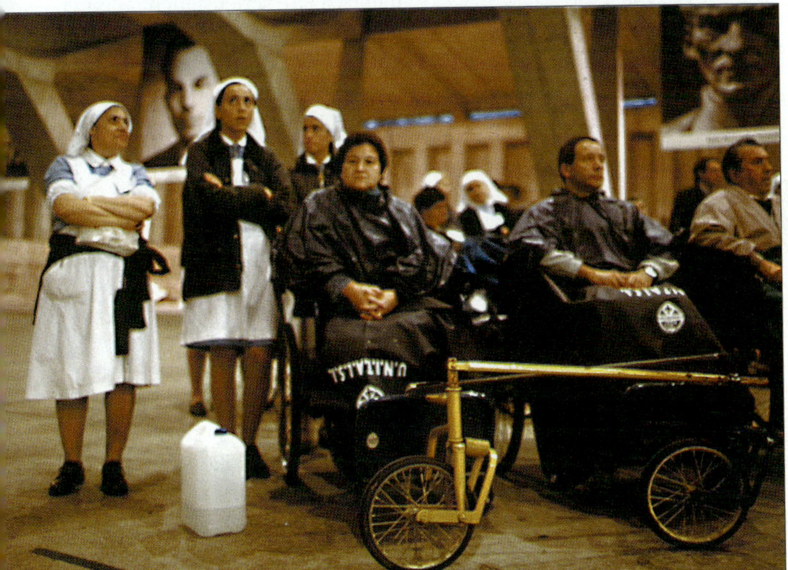

Un sacrement pour vivre

L'onction des malades n'est pas le sacrement de ceux qui se trouvent à toute extrémité. Ce sacrement reconnaît et sanctifie une situation difficile dans laquelle cet homme ou cette femme, parce qu'il est malade, a besoin d'une aide particulière pour continuer à vivre à plein sa vie de fils ou fille de Dieu.

Par l'onction, l'Église recommande les malades au Seigneur souffrant et glorifié pour qu'il les soulage et les sauve ; elle les exhorte à s'associer librement à la Passion du Christ, pour le bien de tout le peuple de Dieu.

On doit donc proposer ce sacrement à ceux dont la santé commence à être sérieusement atteinte par la maladie ou la vieillesse, ou à ceux qui vont subir une opération importante.

À Lourdes, l'onction des malades, célébrée souvent avec la participation de tous les pèlerins malades et bien portants, retrouve son caractère de vraie célébration communautaire.

Elle invite à un nouveau regard sur le monde des malades, à une redécouverte de l'espérance chrétienne.

Chaque pèlerin sera porté, le moment venu, à demander l'onction pour soi-même et à la proposer aux malades de son entourage.

Cela suppose une préparation sérieuse à ce sacrement.

SI JE PENSE À RECEVOIR CE SACREMENT…

Je puis me poser les trois questions suivantes et en parler avec les autres et un prêtre durant le pèlerinage :

1. Ma maladie complique-t-elle sérieusement mon existence ? Risque-t-elle de durer très longtemps, toute ma vie peut-être ?
2. Ai-je l'habitude de confier mes difficultés au Seigneur ? Ai-je l'habitude de lui demander son aide pour ma vie de malade, pour faire des progrès dans ma vie avec les autres ?
3. Aimerais-je recevoir à Lourdes l'aide de Jésus-Christ dans ce sacrement qui est signe de son attention et de son amour pour moi ?

Lourdes n'est pas le lieu unique où les malades peuvent recevoir le sacrement qui leur est destiné. Il sera parfois préférable de le recevoir dans le cadre de la paroisse ou de la communauté à laquelle on appartient.

Qu'ils soient fortifiés
dans
leur faiblesse.

Célébration du sacrement des malades

Entrée en célébration

Le célébrant accueille l'assemblée par ces mots :

Nous voici réunis autour de nos frères et sœurs éprouvés par la maladie. Dieu, aujourd'hui, vient les visiter pour leur apporter espérance et réconfort.

Écoutons d'abord la parole de Dieu : elle suscitera notre prière.

Lecture de la parole de Dieu

Par exemple : lettre de saint Jacques (p. 169) ; Marc, 2, 1-12 (guérison d'un paralysé) ; Luc, 7 ; 19-23 (Es-tu celui qui doit venir ?) ; Actes 3, 1-10 ou 11-16 (Pierre guérit un infirme) ; Colossiens 1, 22-29 (pour l'Église) ; Apocalypse 21, 1-7 (Dieu essuiera toute larme).

Prière litanique et imposition des mains

Avant l'imposition des mains, le prêtre dit :

Pour que ton amour infini vienne visiter et réconforter ceux et celles qui vont recevoir ton onction, Seigneur, nous te prions.

R. **Seigneur, ton amour soit sur nous,**
comme notre espoir est en toi.

Pour que tu délivres de tout péché et de tout mal ceux qui se confient à ta miséricorde, Seigneur, nous te prions.
Pour que tu donnes vie et salut à ceux et à celles à qui nous allons imposer les mains, Seigneur, nous te prions.

L'imposition des mains se fait en silence.

Action de grâce pour l'huile sainte

Bénissons le Seigneur qui, par l'onction de l'huile sainte, veut soulager tous ceux qui sont dans l'épreuve.

Béni sois-tu, Dieu notre Père tout-puissant : pour nous et pour notre salut, tu as envoyé ton Fils Jésus dans le monde.
R. **Béni sois-tu, Seigneur, Dieu de tendresse et d'amour.**
Béni sois-tu, Dieu le Fils unique : prenant notre condition d'homme, tu as voulu porter remède à nos maladies.
Béni sois-tu, Dieu, Esprit saint : tu nous aides et tu nous guides, ta force affermit notre faiblesse.

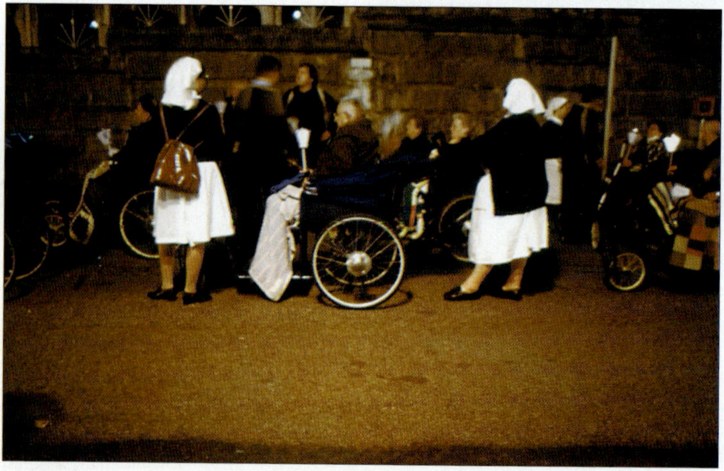

Prière

Seigneur, vois nos frères et sœurs malades : ils vont recevoir dans la foi l'onction de l'huile sainte.

Qu'ils soient réconfortés dans leurs souffrances et fortifiés dans leur faiblesse. Par Jésus, le Christ, notre Seigneur.

L'onction d'huile

Le célébrant fait une onction d'huile sainte sur le front, puis sur les mains de chaque malade en disant :

N…, par cette onction sainte, que le Seigneur, en sa grande bonté, vous réconforte par la grâce de l'Esprit saint.

R. **Amen.**

Ainsi, vous ayant libéré de tous péchés, qu'il vous sauve et vous relève.

R. **Amen.**

Prière après l'onction

On peut alors exprimer des intentions de prière, et le célébrant conclut par une prière. Par exemple :

Frères bien-aimés, en reconnaissance pour le don reçu de Dieu dans ce sacrement de l'onction des malades, ouvrons nos cœurs aux dimensions du monde. Qu'à travers leurs joies et leurs luttes, tous les hommes soient associés à la victoire de Jésus-Christ.

Refrain :

Je crois, Seigneur,
Tu es source de vie.

1.

Pour tous ceux qui participent à la Passion du Christ, par la maladie ou la dureté de leur existence, afin que Dieu leur donne force et courage, prions le Seigneur.

2.

Pour toutes les personnes âgées, les infirmes et les enfants handicapés, afin que leur entourage sache les comprendre et les aimer tout au long de leur épreuve, prions le Seigneur.

3.
Pour tous ceux qui soignent les malades ou se mettent à leur service, pour ceux qui nous accueillent à Lourdes afin que dans leur cœur rayonne toujours la joie, prions le Seigneur.
4.
Pour tous les membres de l'Église du Christ, afin qu'une même charité les unisse dans l'esprit de l'Évangile au service des pauvres et des petits, prions le Seigneur.
Dieu éternel et tout-puissant, consolation des affligés, force de ceux qui peinent, entends les prières des hommes qui t'appellent, quelles que soient leurs souffrances : qu'ils aient la joie de trouver dans leur détresse le secours de ta miséricorde. Par Jésus, le Christ, notre Seigneur.

Bénédiction finale

Frères et sœurs malades, que Dieu notre Père vous garde en son amour.
R. **Amen !**
Que son Fils Jésus veille sur vous et vous réconforte.
R. **Amen !**
Que le Saint-Esprit de Dieu vous éclaire et vous conseille.
R. **Amen !**
Et vous tous qui êtes ici, que Dieu tout-puissant vous bénisse, le Père, le Fils et le Saint-Esprit.
R. **Amen !**

NOTE : *l'onction des malades, surtout si elle concerne un assez grand nombre, se situe très bien dans le cadre d'une messe, après la liturgie de la parole. On peut prendre les textes du jour, ceux de la messe pour les malades, ou d'autres.*

Chemin de croix

Méditant sur la Passion du Christ, Bernadette disait : « Portons et embrassons la croix que Jésus nous présente. Demandons-lui, ainsi qu'à la Sainte Vierge, force et courage, afin de la porter à leur exemple, sans nous laisser abattre. » Le chemin de croix est à la fois une prière et un exercice de pénitence. On peut faire soit le chemin de croix de la montagne, soit celui de la prairie (à proximité des piscines), soit celui de la basilique Saint-Pie X.
Pendant toute la durée du chemin de croix, il est souhaitable de garder le silence, pour respecter la prière des autres et se mettre à l'écoute de Dieu, sous le regard de Notre Dame qui fut présente sur le chemin du calvaire.

Prologue

Jusqu'à la première station, on peut méditer ces paroles de l'Évangile :

« Entrez par la porte étroite. Elle est grande, la porte, il est large, le chemin qui conduit à la perdition ; et ils sont nombreux, ceux qui s'y engagent. Mais elle est étroite, la porte, il est resserré, le chemin qui conduit à la vie ; et ils sont peu nombreux ceux qui le trouvent. » (Matthieu, 7, 13-14)
« Celui qui veut sauver sa vie la perdra ; mais celui-ci qui perdra sa vie pour moi la sauvera. » (Luc, 9, 24)
« Je suis le chemin, la vérité et la vie. » (Jean, 14, 6)
« C'est un exemple que je vous ai donné afin que vous fassiez, vous aussi, comme j'ai fait pour vous. » (Jean, 13, 15)

Prière

Seigneur, nous voulons suivre le chemin qui t'a conduit au calvaire.
En suivant cette route, nous comprendrons mieux ce qu'est le péché puisqu'il t'a tant coûté.
Nous comprendrons surtout jusqu'à quel point tu nous as aimés, jusqu'à quel point tu nous appelles à aimer.
Fais que nous nous mettions en marche avec toi.

PREMIÈRE STATION

Jésus est condamné à mort

« Pilate sortit de nouveau pour dire aux Juifs : “Voyez, je vous l’amène dehors pour que vous sachiez que je ne trouve en lui aucun motif de condamnation.” Alors Jésus sortit, portant la couronne d’épines et le manteau de pourpre. Et Pilate leur dit : “Voici l’homme.” Quand ils le virent, les chefs des prêtres et les gardes se mirent à crier : “Crucifie-le ! Crucifie-le !” » (Jean, 19, 4-6)
« Pilate, voulant contenter la foule, relâcha Barabbas, et après avoir fait flageller Jésus, il le livra pour qu’il soit crucifié. » (Marc, 15, 15)

Face à la puissance de Rome, à l’indifférence des soldats et à la haine des grands prêtres, Jésus se tient droit, debout et digne. Malgré les liens et les affronts, la paix, la majesté, la beauté rayonnent de son visage. Oui, voici l’Homme, celui qui est l’image et la ressemblance de Dieu. En regardant le visage du Christ, je regarde comme dans un miroir ma propre image, pas tel que je crois me connaître, mais tel que je suis dans le cœur et le désir de Dieu : un homme, une femme, en qui Dieu veut se reconnaître.

« Dieu dit : “Faisons l’homme à notre image, selon notre ressemblance.” Dieu créa l’homme à son image, à l’image de Dieu il le créa, il les créa homme et femme. » (Genèse 1, 26-27)

PRIÈRE
Que le Seigneur Jésus impose ses mains sur nos yeux et souffle son Esprit Saint sur nos cœurs pour que nous sachions

contempler l'invisible. Alors nous pourrons contempler le Père dans le visage de son Fils et nous pourrons contempler le Fils dans le visage de chaque frère qui est son image et sa ressemblance. Amen.
Origène

DEUXIÈME STATION

Jésus est chargé de sa croix

« Jésus, portant lui-même sa croix, sortit en direction du lieu-dit : Le Crâne, ou Calvaire, en hébreu : Golgotha. Pilate avait rédigé un écriteau qu'il fit placer sur la croix, avec cette inscription : "Jésus le Nazaréen, roi des Juifs." » (Jean, 19, 17-19)

Au milieu de tout cela, Jésus reste digne et paisible. Nul ne peut lui prendre la vie, c'est lui qui, librement, la donne. Cette croix qui bientôt le fera tomber, l'écrasera, le défigurera, révèle jusqu'où va son amour fou pour les hommes. Devant cette croix, je regarde mon propre péché qui me fait passer à côté de l'essentiel. Le péché d'Adam l'a poussé à se cacher, alors qu'il était destiné à voir Dieu face à face. Mon péché, c'est ce qui altère en moi l'image et la ressemblance de Dieu. Comme cette croix, il fait de moi un esclave défiguré, alors que Dieu voudrait un homme debout.

« Adam et Ève entendirent le pas du Seigneur Dieu qui se promenait dans le jardin à la brise du jour. L'homme et la femme allèrent se cacher aux regards du Seigneur Dieu parmi les arbres du jardin. Le Seigneur Dieu appela l'homme et lui dit : "Où es-tu donc ?" L'homme répondit : "Je t'ai entendu dans le jardin, j'ai pris peur parce que je suis nu, et je me suis caché." » (Genèse, 3, 8-10)

PRIÈRE

Dieu et Père de Notre Seigneur Jésus-Christ,
tu ignores la rancune et tu ne connais que la miséricorde.
Ne me rejette pas à cause de mes péchés innombrables.
Tourne-toi vers moi.
Regarde-moi.
Dirige vers toi tous mes désirs.
Apprends-moi à mettre en toi toute ma confiance,
à t'aimer de tout mon être pour que ma vie s'accomplisse en toi,
mon Créateur et mon Dieu.
Amen.
Saint Éphrem

TROISIÈME STATION

Jésus tombe pour la première fois

« Puis ils l'emmenèrent pour le crucifier. » (Marc, 15, 20)
« On emmena encore avec lui deux autres, des malfaiteurs, pour les exécuter. » (Luc, 23, 32)

Jésus, flagellé, couronné d'épines, est épuisé. La croix est lourde et la route monte. Alors, il tombe. À nouveau le Christ me renvoie ma propre image. La chute du Christ comprend la succession de chacune de mes chutes, lorsque je passe à côté de l'essentiel, lorsque je tourne le dos à mon Père et que je suis esclave, écrasé, défiguré, lorsque, créé à l'image de Dieu, je n'ai plus figure humaine.

« Devant Dieu, le serviteur a poussé comme une plante chétive, enracinée dans une terre aride. Il n'était ni beau ni brillant pour attirer nos regards, son extérieur n'avait rien pour plaire. Il était méprisé, abandonné de tous, homme de douleur, familier de la souffrance, semblable au lépreux dont on se détourne ; et nous l'avons méprisé, compté pour rien. » (Isaïe, 53, 2-3)

PRIÈRE

Je veux maintenant te rendre grâce.
Comme un Père, tu as envoyé ton Fils, ton Unique.
Tu l'as envoyé, Dieu au milieu des hommes,
tu l'as envoyé, Dieu saint au milieu des pécheurs,
tu l'as envoyé, Dieu fort au milieu des faibles,
tu l'as envoyé, Dieu immortel à la rencontre de la mort,
tu l'as envoyé pour appeler et non pas pour chasser,
tu l'as envoyé pour aimer et non pas pour juger,
tu l'as envoyé pour compatir et non pas pour condamner.
À toi l'action de grâce, Père,
pour ton enfant bien-aimé,
qui prend sur lui notre faiblesse
pour nous relever de notre péché.
Un moine du Vᵉ siècle

QUATRIÈME STATION

Jésus rencontre sa mère

« Syméon les bénit, puis il dit à Marie sa mère : “Vois, ton fils qui est là provoquera la chute et le relèvement de beaucoup en Israël. Il sera un signe de division. – Et toi-même, ton cœur sera transpercé par une épée.” » (Luc, 2, 34-35)
« Marie dit alors : “Voici la servante du Seigneur ; que tout se passe pour moi selon ta parole.” » (Luc, 1, 38)

Marie est celle qui a cru. Dans la paix de l'Annonciation, dans la joie de Noël, dans la peine du départ de Nazareth et maintenant dans la nuit de la croix, elle s'appuie sur Dieu, lui fait confiance, lui renouvelle son « oui ». « Bienheureuse celle qui a cru en ce qui lui a été dit de la part du Seigneur » dit Élisabeth à sa cousine Marie. Oui, comme je serais bienheureux si je savais moi aussi rencontrer Dieu, me laisser regarder par lui et lui ouvrir ma porte !

« Voici, je me tiens à la porte et je frappe, dit le Seigneur. Si quelqu'un entend ma voix et ouvre la porte, j'entrerai chez lui ; je prendrai mon repas avec lui, et lui avec moi. » (Apocalypse, 3, 20)

PRIÈRE
Seigneur notre Dieu,
Ton Fils, en mourant sur la croix,
a voulu nous donner
la Vierge Marie pour Mère et modèle.
Apprends-nous à nous ouvrir, comme elle,
à ta présence et à nous mettre, comme elle,
aujourd'hui et toujours à ton service.
Par Jésus le Christ notre Seigneur.

Cinquième station

Simon de Cyrène aide Jésus à porter sa croix

« Pendant qu'ils l'emmenaient, ils prirent un certain Simon de Cyrène, qui revenait des champs, et ils le chargèrent de la croix pour qu'il la porte derrière Jésus. » (Luc, 23, 26)

Simon est réquisitionné pour aider ce condamné qui n'en peut plus. Une fois arrivé au lieu d'exécution, va-t-il repartir comme il était venu ? Il semble bien que non, qu'il se soit alors passé quelque chose puisque ce Simon nous est aussi connu comme le père d'Alexandre et Rufus, deux chrétiens de la toute première Église. Il m'arrive, moi aussi, d'aider les autres, de leur rendre service. Mais ma rencontre avec les autres est-elle une simple bonne action me donnant bonne conscience, ou me bouleverse-t-elle au point désormais d'aimer l'autre comme moi-même ?

« Le Seigneur m'a envoyé porter la bonne nouvelle aux pauvres, guérir ceux qui ont le cœur brisé, annoncer aux prisonniers la délivrance et aux captifs la liberté [...]. » (Isaïe, 61, 1-2)

Prière

Seigneur Jésus, apprends-nous :
à être généreux
à te servir comme tu le mérites
à donner sans compter
à travailler sans chercher
le repos
à nous dépenser pour
les autres
sans attendre d'autre
récompense que
d'accomplir ta volonté.

Saint Ignace de Loyola

SIXIÈME STATION

Véronique essuie la face de Jésus

« Philippe lui dit : “Seigneur, montre-nous le Père ; cela nous suffit.” Jésus lui répond : “Il y a si longtemps que je suis avec vous, et tu ne me connais pas, Philippe ! Celui qui m'a vu a vu le Père.” » (Jean, 14, 8-9)

La tradition a porté jusqu'à nous ce pauvre geste de compassion d'une femme de Jérusalem. Avec un linge, elle essuie le visage du condamné, et la face du Christ reste imprimée sur le linge. Cette image parfaite, véritable icône, est le visage du Dieu-fait-Homme. Véronique est représentée portant ce linge, “porteuse du Christ”. Depuis mon baptême, je suis “chrétien”, “ porteur du Christ ”. Fils du Père, temple de l'Esprit, je suis élevé à cette inimaginable dignité de porteur de Dieu. Si je laissais tomber les masques dont je me couvre à longueur de vie, je pourrais me regarder tel que Dieu me regarde : reflet de sa lumière, miroir de sa gloire.

« Lorsque Moïse redescendit de la montagne du Sinaï, ayant en main les deux tables de la charte de l'Alliance, il ne savait pas que son visage rayonnait de lumière depuis son entretien avec le Seigneur. Aaron et tous les fils d'Israël virent arriver Moïse : son visage rayonnait. » (Exode, 34, 29-30)

PRIÈRE
Garde-moi dans l'état où tu m'as fait briller jadis,
libéré de mes souillures,
lorsque j'ai été baptisé dans les eaux du Jourdain.
Tout ce qui, depuis ce jour, a obscurci ma vie,
toi, Christ, soleil levant, éclaire-le de ton visage serein.

Toi, le Dieu saint, toi qui changes la nuit en jour,
efface tous mes péchés et lave-moi,
pour que je retrouve la lumière du jour de mon baptême.
Saint Prudence

Septième station

Jésus tombe pour la deuxième fois

« Venez à moi, vous tous qui peinez sous le poids du fardeau, et moi, je vous procurerai le repos. » (Matthieu, 11, 28)

Pourtant, malgré l'aide de Simon de Cyrène, la croix est de plus en plus lourde. Alors c'est une nouvelle chute. La tradition en a retenu trois. Mais combien y en eut-il en réalité ? Je passe, moi aussi, mon temps à me relever et à chuter à nouveau. Et pourtant, puisqu'il est venu prendre mes péchés et les porter sur son dos, c'est que Jésus m'aime, tel que je suis. Il n'attend pas que je sois parfait pour me prendre dans son amour. C'est lorsque je descends au plus bas et que je découvre le fond de l'abîme du péché, que je peux mesurer à quel point le Christ m'aime puisqu'il m'aide à me relever.

« Pourtant, c'étaient nos souffrances qu'il portait, nos douleurs dont il était chargé. Et nous, nous pensions qu'il était châtié, frappé par Dieu, humilié. Or, c'est à cause de nos fautes qu'il a été transpercé, c'est par nos péchés qu'il a été broyé. Le châtiment qui nous obtient la paix est tombé sur lui, et c'est par ses blessures que nous sommes guéris. » (Isaïe, 53, 4-5)

PRIÈRE
Ô Dieu tout-puissant, qui as fait le ciel, la terre, la mer et tout ce qu'ils referment, secours-moi, aie pitié de moi, sauve-moi et lave-moi de mes péchés. Relève-moi par ta droite. Souviens-toi de moi en ce monde et dans le monde à venir, par la Passion de Notre-Seigneur et Sauveur Jésus-Christ, par qui est la gloire et la puissance pour les siècles des siècles. Amen.
Papyrus du IVe siècle

HUITIÈME STATION

Jésus parle aux femmes qui le suivent

« Le peuple, en grande foule, suivait Jésus, ainsi que des femmes qui se frappaient la poitrine et se lamentaient sur lui. Il se retourna et leur dit : "Femmes de Jérusalem, ne pleurez pas sur moi ! Pleurez sur vous-mêmes et sur vos enfants !" » (Luc, 23, 27-28)

À quoi cela me sert-il de m'apitoyer, de me lamenter sur les situations injustes ou sur ma vie si je ne cherche pas à y changer quelque chose ? Je réponds bien trop facilement que je n'y peux rien. Le péché du monde, Jésus l'a pris sur lui une fois pour toutes. Il n'est plus temps de pleurer. « Fils de l'Église, ne te lamente pas, mais relève tes manches et compromets-toi dans ce monde que Dieu a aimé jusqu'à en mourir sur une croix. »

« Quel est donc le jeûne qui me plaît ? N'est-ce pas de faire tomber les chaînes injustes, délier les attaches du joug, rendre la liberté aux opprimés, briser tous les jougs ? N'est-ce pas partager ton pain avec celui qui a faim,

recueillir chez toi le malheureux sans abri, couvrir celui que tu verras sans vêtement, ne pas te dérober à ton semblable ? » (Isaïe, 58, 6-7)

Prière

Seigneur, fais de moi un instrument de ta paix,
là où il y a la haine que je mette l'amour,
là où il y a l'offense que je mette le pardon,
là où il y a la discorde que je mette l'union,
là où il y a l'erreur que je mette la vérité,
là où il y a le désespoir que je mette l'espérance,
là où sont les ténèbres que je mette la lumière,
là où est la tristesse que je mette la joie.
Fais que je ne cherche pas tant d'être consolé que de consoler,
d'être compris que de comprendre,
d'être aimé que d'aimer.

Saint François d'Assise

Neuvième station

Jésus tombe pour la troisième fois

« Jésus s'écarta un peu et tomba la face contre terre en faisant cette prière : "Mon Père, s'il est possible que cette coupe passe loin de moi ! Cependant, non pas comme je veux, mais comme tu veux." » (Matthieu, 26, 39)

Le condamné n'en peut plus, il s'effondre une nouvelle fois. Il n'a même plus la force de faire un effort pour se retenir, il tombe, écrasé sous le poids de la croix. Il y a des moments où je suis tombé si bas que je pense ne jamais pouvoir me relever. Moi aussi, alors, je suis à terre, déchiré, sali, sans force, tout comme Pierre après son triple reniement. Pourtant, Jésus ne me fait aucun reproche. Simplement il me regarde et ses yeux disent son pardon. Tout comme Pierre, il me suffit de me laisser regarder. Alors je peux me relever et continuer ma route.

« À cause de ses souffrances, il verra la lumière, il sera comblé. Parce qu'il a connu la souffrance, le juste, mon serviteur, justifiera les multitudes, il se chargera de leurs péchés. » (Isaïe, 53, 11)

PRIÈRE

Combien de temps, Seigneur, vas-tu m'oublier,
combien de temps, me cacher ton visage ?
Combien de temps aurai-je l'âme en peine et le cœur attristé chaque jour ?
Combien de temps mon ennemi sera-t-il le plus fort ?
Regarde, réponds-moi, Seigneur mon Dieu !
Donne la lumière à mes yeux, garde-moi du sommeil de la mort ;
que l'adversaire ne crie pas : "Victoire !"
que l'ennemi n'ait pas la joie de ma défaite !

Moi, je prends appui sur ton amour ;
que mon cœur ait la joie de ton salut !
Je chanterai le Seigneur pour le bien qu'il m'a fait.
Psaume 12 (13)

DIXIÈME STATION

Jésus est dépouillé de ses vêtements

« Les soldats prirent ses habits ; ils en firent quatre parts, une pour chacun. Restait la tunique ; c'était une tunique sans couture, tissée tout d'une pièce de haut en bas. Alors ils se dirent entre eux : "Ne la déchirons pas, tirons au sort celui qui l'aura." » (Jean, 19, 23-24)

Jésus n'a rien gardé pour lui, il a tout donné. Maintenant, il attend tout du Père en qui il s'abandonne et en qui il se confie. Alors que tout semble perdu, il me suffit, à moi aussi, de me tourner vers le Père, de lui ouvrir les mains pour tout recevoir de lui.

« Non ! Mon cœur se retourne contre moi, et le regret me consume. Je n'agirai pas selon l'ardeur de ma colère, je ne détruirai plus Israël, car je suis Dieu, et non pas homme : au milieu de vous je suis le Dieu saint, et je ne viens pas pour exterminer. » (Osée, 11, 8-9)

PRIÈRE

Dieu qui es attentif à nos demandes, entends le cri de tout homme : la plainte du prisonnier, du persécuté, du malade, de celui qui est désespéré, de celui qui n'a plus rien. Reconnais dans ce cri du pauvre l'appel de Jésus. Délivre-le comme tu as délivré ton Fils et change sa nuit en lumière. Amen.

ONZIÈME STATION

Jésus est cloué sur la croix

« Lorsqu'on fut arrivé au lieu-dit : Le Crâne, ou Calvaire, on mit Jésus en croix, avec les deux malfaiteurs, l'un à droite et l'autre à gauche. Jésus disait : "Père, pardonne-leur : ils ne savent pas ce qu'ils font." » (Luc, 23, 33-34)
« Or, près de la croix de Jésus se tenaient sa mère, avec la sœur de sa mère, Marie femme de Cléophas, et Marie Madeleine. » (Jean, 19, 25)

Me voici devant l'invraisemblable pardon de Dieu. Ce pardon n'est pas un oubli de mes fautes. C'est infiniment plus : c'est un acte de confiance. C'est Dieu qui me dit : « Je sais bien que tu es capable de quitter ma maison comme le fils prodigue ou de me renier comme Pierre. Et pourtant, je te fais confiance car je t'aime. Le cadet qui était parti, je lui donne l'anneau et j'en fais mon héritier. Pierre qui m'avait renié, je lui confie mon Église. Pour toi je fais la même chose : je te pardonne et je te confie mon Évangile. »

« Ce n'est pas vous qui m'avez choisi, c'est moi qui vous ai choisis et établis afin que vous partiez, que vous donniez du fruit et que votre fruit demeure. » (Jean, 15, 16)

Prière

Tu es pour moi un père et une mère. Tu es pour moi un frère et un ami, un maître et un serviteur. Tu es tout pour moi et je suis tout pour toi. Aussi, j'ose te demander ce que tu m'as promis, ô Christ, toi l'Agneau sans tache. Donne-moi le pardon que tu m'as assuré en mourant sur la croix. Alors, sanctifié par l'Esprit, je pourrai glorifier le Père aujourd'hui, demain et toujours. Amen.

Actes apocryphes de Pierre

Douzième station

Jésus meurt sur la croix

« Jésus dit : "Tout est accompli." Puis, inclinant la tête, il remit l'esprit. Un des soldats avec sa lance lui perça le côté ; et aussitôt, il en sortit du sang et de l'eau. » (Jean, 19, 30-34)

Cette croix de douleur est devenue la croix glorieuse. Par l'eau qui coule du côté transpercé du Christ, l'eau de mon baptême, je suis lavé, purifié et je renais à une vie nouvelle. Par le sang qui coule du cœur transpercé, je suis nourri du corps et du sang du Christ. Par le don de l'Esprit, je suis fait fils avec le Fils. Cela est accompli, une fois pour toutes. À mon tour, je peux dire : « Abba ! Papa ! »

« Je vous donnerai un cœur nouveau, je mettrai en vous un esprit nouveau. J'enlèverai votre cœur de pierre, et je vous donnerai un cœur de chair. Je mettrai en vous mon esprit. » (Ézékiel, 37, 26-27)

PRIÈRE

Avec toi Seigneur Jésus, prêtre éternel, nous sommes assurés de ne manquer jamais de rien. Par ta croix, tu nous fais renaître dans les eaux du baptême. Par ta mort, tu répands abondamment ton Esprit Saint. Par ton Église, tu nous prépares la table de ton corps et de ton sang. Conduis-nous, au-delà de la mort, jusque dans la maison du Père où tout est vie, lumière et amour. Amen.

TREIZIÈME STATION

Jésus est descendu de la croix

« Joseph d'Arimathie intervint. C'était un homme influent, membre du Conseil, et il attendait lui aussi le royaume de Dieu. Il eut le courage d'aller chez Pilate pour demander le corps de Jésus. Pilate, s'étonnant qu'il soit déjà mort, fit appeler le centurion pour savoir depuis combien de temps Jésus était mort. Sur le rapport du centurion, il permit à Joseph de prendre le corps. Joseph acheta donc un linceul, il descendit Jésus de la croix, et l'enveloppa dans le linceul. » (Marc, 15, 43-46)

Marie est là. Elle avait reçu de l'ange Gabriel la promesse d'un enfant, à nouveau elle ouvre les mains, mais c'est pour recevoir un cadavre. Il y a aussi Marie Madeleine, la pécheresse pardonnée et aimante, Nicodème, le pharisien chercheur de Dieu, Joseph d'Arimathie, le notable juif, loyal et courageux, et Jean, le disciple bien-aimé. Ce petit groupe sont les seuls fidèles du soir du vendredi saint, la première petite Église. Dans cette Église, j'ai moi aussi ma place à tenir. Cette Église est la mienne. J'en suis l'une des pierres et Dieu compte sur moi, malgré mes faiblesses et mes péchés.

« Ne dis pas : "Je ne suis qu'un enfant !" Tu iras vers tous ceux à qui je t'enverrai, tu diras tout ce que je t'ordonnerai. Ne les crains pas, car je suis avec toi pour te délivrer » déclare le Seigneur. (Jérémie, 1, 7-8)

Prière

Seigneur, pour que l'œuvre du Christ se poursuive jusqu'à la fin des temps,
tu as fait de ton Église le signe de ton salut que tu offres à tous les hommes.
Ouvre notre intelligence et fais comprendre à chacun de nous
que tu nous as choisis pour annoncer ta Bonne Nouvelle
et pour tenir notre place dans la mission de l'Église. Amen.

Prière pour l'évangélisation

Quatorzième station

Jésus est mis au tombeau

« Ils prirent le corps de Jésus et ils l'enveloppèrent d'un linceul, en employant les aromates selon la manière juive d'ensevelir les morts. Près du lieu où Jésus avait été crucifié, il y avait

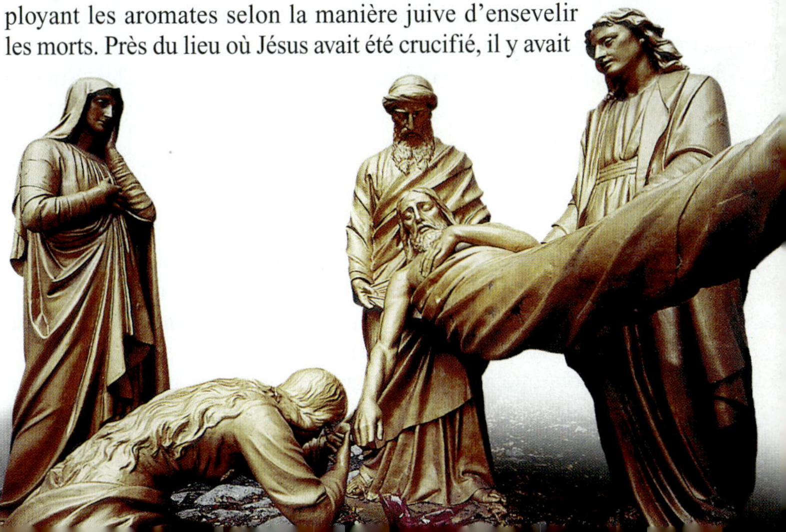

un jardin, et dans ce jardin, un tombeau neuf dans lequel on n'avait encore mis personne. Comme le sabbat des Juifs allait commencer, et que ce tombeau était proche, c'est là qu'ils déposèrent Jésus. » (Jean, 19, 40-42)

À cet instant, toutes mes morts, tous mes doutes, tous mes désespoirs trouvent leur maître. Le Christ descend aux "enfers" et, prenant la main d'Adam et la main d'Ève, il les arrache de leurs tombeaux et les fait se dresser, à jamais vivants. Je suis de cette humanité dont le Christ vient prendre la main. Je suis de cette humanité qu'il vient vivifier, diviniser. « J'entends quelqu'un qui vient », dit Adam émerveillé, et avec lui je peux ajouter : « C'est mon frère en humanité et mon père en divinité. »

« Je vais ouvrir vos tombeaux et je vous en ferai sortir, ô mon peuple [...]. Je mettrai en vous mon esprit et vous vivrez [...] : je l'ai dit, et je le ferai. » Parole du Seigneur. (Ézékiel, 37, 12-14)

PRIÈRE

Dieu notre Père,
que ton Esprit Saint descende en abondance sur ceux qui viennent de célébrer la Passion et la mort de ton Fils, dans l'espérance de leur propre résurrection. Accorde-leur le pardon de leur péché, le réconfort dans la détresse et l'espérance dans les épreuves. Augmente leur foi et ouvre-leur les portes de ton amour. Toi qui vis pour les siècles des siècles. Amen.

QUINZIÈME STATION

Le Christ est ressuscité des morts

« Le premier jour de la semaine, de grand matin, les femmes se rendirent au sépulcre, portant les aromates qu'elles avaient préparés. Elles trouvèrent la pierre roulée sur le côté du tombeau. Elles entrèrent, mais ne trouvèrent pas le corps du Seigneur Jésus.
Elles ne savaient que penser, lorsque deux hommes se présentèrent à elles, avec un vêtement éblouissant. Saisies de crainte, elles baissaient le visage vers le sol. Ils leur dirent : "Pourquoi cherchez-vous le Vivant

parmi les morts ? Il n'est pas ici, il est ressuscité." » (Luc, 24, 1-6)
La tombe est vide. La mort n'a pas pu conserver celui qui est la vie, elle n'a pas pu avoir raison de celui qui est l'amour. Christ est ressuscité des morts. À ceux qui sont prisonniers des tombeaux, il a donné la vie.

« Il y a encore beaucoup d'autres signes que Jésus a faits en présence des disciples et qui ne sont pas mis par écrit dans ce livre. Mais ceux-là y ont été mis afin que vous croyiez que Jésus est le Messie, le Fils de Dieu, et afin que, par votre foi, vous ayez la vie en son nom. » (Jean, 20, 30-31)

Prière

Lorsque tu descendis dans la mort, toi l'Immortel,
la mort fut détruite par la lumière de ta divinité.
Lorsque tu arrachas les morts aux enfers,
l'humanité tout entière a été libérée.
Gloire à toi le Vivant !
Dans ta mort, tu as vaincu ma propre mort !
Dans ta résurrection, tu me donnes la vie !
Gloire à toi le Vivant ! Amen ! Alléluia !
Saint Jean Chrysostome

La procession du saint sacrement

Dès 1868, aux jours de plus grande foule, certains pèlerinages organisèrent une procession eucharistique. Elle descendait de la crypte, par les lacets, vers la grotte où avait lieu une bénédiction des malades.
Ce n'est qu'en 1888 que la procession va devenir une "institution". Elle se déroulera alors sur l'esplanade aménagée après la construction de la basilique du Rosaire.

Marcher à la suite du Christ

Christ ressuscité, vivant au milieu de nous

La messe nous a rassemblés autour du Christ. Sous le signe du pain, devenu son corps, nous avons pris la nourriture de vie.
Maintenant, nous voici invités à reconnaître la présence du Ressuscité sur le chemin des hommes.
Il est le chemin, la vérité, la vie. (cf. Jean, 14, 5-6)
La procession du saint sacrement est une démarche de foi.

Nous sommes là avec le Christ et pour le Christ

Avec le Christ, nous formons l'Église. Peuple bigarré, nous nous sentons pourtant en communion de vie, de pensée et de foi.
Visage de l'Église, vision d'unité.
Pour le Christ, nous sommes là, avec notre pauvreté, nos misères, avec nos réussites et nos joies.
La procession du saint sacrement est une démarche d'espérance.

Nous t'acclamons : tu es Seigneur

Malades et bien portants, nous acclamons notre Dieu et Sauveur Jésus-Christ. Comme autrefois, le Christ, attentif aux besoins des hommes, passe au milieu des malades.

« Moi, je suis le pain vivant qui est descendu du ciel. »

Comme autrefois les foules sur les routes de Palestine, nous marchons à la suite du Christ, rendant gloire à Dieu.
La procession du saint sacrement est la marche de prière d'un peuple en liesse.

L'adoration eucharistique

Pendant notre pèlerinage, dans le silence, venons nous asseoir près du Christ, notre ami. Le Seigneur Jésus nous invite à communier par l'intime du cœur à son grand amour pour le Père et pour ses frères les hommes.
Il nous appelle à le suivre de plus près sur le chemin qu'il a lui-même suivi « par la Passion et par la croix, jusqu'à la gloire de la résurrection ».
Pourquoi n'irions-nous pas lui parler de notre vie et de celle de nos frères ?
Allons nous recueillir dans la crypte, où le saint sacrement est exposé.
Venons adorer Jésus, le Fils de Dieu, dans le saint sacrement.

Si nous ne sommes pas coutumiers de ce mode de prière, nous pourrons nous aider d'un texte de l'Écriture, que nous méditerons et ferons suivre d'une acclamation adressée à l'hostie faite Dieu.

Jésus notre pain de vie

Communier à Jésus mort et ressuscité, c'est croire en sa parole qui, du pain et du vin, fait son corps et son sang. C'est prendre la nourriture de vie qui donne la force de poursuivre la route et qui s'épanouira en parfaite communion dans le royaume.

Après avoir multiplié les pains
Jésus disait à la foule :
« Moi, je suis le pain vivant
qui est descendu du ciel :

si quelqu'un mange de ce pain,
il vivra éternellement.
Le pain que je donnerai, c'est ma chair,
pour la vie du monde.
Oui, vraiment, je vous le dis,
si vous ne mangez pas la chair du Fils de l'homme,
et si vous ne buvez pas son sang,
vous n'avez pas la vie en vous.
Celui qui mange ma chair et boit mon sang
a la vie éternelle ;
et moi, je le ressusciterai au dernier jour.
En effet, ma chair est la vraie nourriture,
et mon sang est la vraie boisson.
Celui qui mange ma chair et boit mon sang
demeure en moi,
et moi, je demeure en lui.
De même que le Père, qui est la vie, m'a envoyé,
et que moi je vis par le Père,
de même aussi celui qui me mangera
vivra par moi. »
(Jean, 6, 51, 53-57)

Acclamations

Seigneur, nous t'adorons.
Seigneur, nous croyons en toi.
Seigneur, nous espérons en toi.

Ô Jésus, tu es le Christ, le Fils du Dieu vivant.
Ô Jésus, tu es le pain descendu du ciel.
Ô Jésus, fais que nous nous aimions les uns les autres.

Seigneur, nous t'aimons.
Seigneur, tu es la résurrection et la vie.
Seigneur, auteur de la vie, nous t'adorons.

Jésus notre unité

Voici les dernières paroles de Jésus avant sa Passion, son testament, en quelque sorte.
Il fait le don de sa vie pour qu'entre les fils de Dieu règne l'unité qui s'enracine dans l'amour, dont la source et le modèle est l'amour même de Dieu.
Travailler à l'unité, c'est rendre crédible la bonne nouvelle de Jésus, venu pour rassembler et pour sauver.

Avant de passer de ce monde à son Père,
Jésus leva les yeux au ciel et pria ainsi :
« Je ne prie pas seulement pour ceux qui sont là ;
mais encore pour ceux qui accueilleront leur parole
et croiront en moi.
Que tous, ils soient un,
comme toi, Père, tu es en moi,
et moi en toi.
Qu'ils soient un en nous, eux aussi,
pour que le monde croie
que tu m'as envoyé.
Et moi, je leur ai donné la gloire que tu m'as donnée,
pour qu'ils soient un
comme nous sommes un :
moi en eux
et toi en moi.
Que leur unité soit parfaite ;
ainsi, le monde saura
que tu m'as envoyé,
et que tu les as aimés
comme tu m'as aimé.

Seigneur, je t'adore…
tu es le Fils du Dieu vivant.

Père juste,
le monde ne t'a pas connu,
mais moi je t'ai connu,
et ils ont reconnu, eux aussi,
que tu m'as envoyé.
Je leur ai fait connaître ton nom,
et je le ferai connaître encore ;
pour qu'ils aient en eux
l'amour dont tu m'as aimé,
et que, moi aussi, je sois en eux. »
(Jean, 17, 20-26)

Acclamations

Seigneur, je crois en toi… tu es le pain de la vie.
Seigneur, je t'adore… tu es le Fils du Dieu vivant.
Seigneur, je te prie… tu es la force de Dieu.

Ô Christ, fais que je voie… les merveilles de ton amour.
Ô Christ, fais que j'entende… ta parole de vérité.
Ô Christ, fais que je marche… avec toi qui es le chemin.

Seigneur, fortifie mon espérance… tu es le Dieu fidèle.
Seigneur, éclaire mon intelligence… tu es la lumière éclatante.
Seigneur, augmente ma foi… pour que je te prouve mieux mon amour.

Pour continuer l'adoration

Gloire à l'Agneau de Dieu

1.
Le salut, la puissance,
la gloire à notre Dieu, alléluia !
Ils sont justes, ils sont vrais,
ses jugements. Alléluia !

2.
Célébrez notre Dieu,
serviteurs du Seigneur, alléluia !
vous tous qui le craignez,
les petits et les grands. Alléluia !

3.
Il règne, le Seigneur,
notre Dieu tout-puissant, alléluia !
Exultons, crions de joie
et rendons-lui la gloire ! Alléluia !

4.
Car elles sont venues,
les noces de l'Agneau, alléluia !
Et pour lui son épouse
a revêtu sa parure. Alléluia !
(Apocalypse 19, 1-2, 5-7)

AUTRES TEXTES :

Matthieu, 5, 1-12 : les Béatitudes. (page 84).
1 Corinthiens 13, 4-13 : hymne à la charité. (page 88).
Philippiens 2, 6-10 : hymne au Christ. (page 89).

CANTIQUES :

Table des chants, page 330.

RÉFLEXION :

pour notre vie après le pèlerinage, pages 249, 250, 251.

La rencontre avec Bernadette nous a amenés vers Marie. La Vierge nous a montré son Fils, qui nous a donné son pardon et avec lequel nous avons vécu processions et célébrations. Viens le temps de cette rencontre intime, sommet de la vie chrétienne : l'Eucharistie et la communion au corps du Christ.

Eucharistie

Liturgie de rassemblement

Nous voici ensemble avec nos pasteurs

1 La grâce de Jésus notre Seigneur,
l'amour de Dieu le Père
et la communion de l'Esprit saint
soient toujours avec vous.
■ **Et avec votre esprit.**

2 Le Seigneur soit avec vous.
■ **Et avec votre esprit.**

3 Que Dieu notre Père
et Jésus-Christ notre Seigneur
vous donnent la grâce et la paix.
■ **Béni soit Dieu, maintenant et toujours !**

Nous nous reconnaissons pécheurs

1 **Je confesse à Dieu tout-puissant,
je reconnais devant mes frères,
que j'ai péché,
en pensée, en parole,
par action et par omission :
oui, j'ai vraiment péché.
C'est pourquoi je supplie la Vierge Marie,
les anges et tous les saints,
et vous aussi, mes frères,
de prier pour moi le Seigneur notre Dieu.**

2 Seigneur, accorde-nous ton pardon.
■ **Nous avons péché contre toi.**
Montre-nous ta miséricorde.
■ **Et nous serons sauvés.**

3 Seigneur Jésus, envoyé par le Père
pour guérir et sauver les hommes,
prends pitié de nous.
■ **Prends pitié de nous.**
Ô Christ, venu dans le monde
appeler tous les pécheurs,
prends pitié de nous.
■ **Prends pitié de nous.**
Seigneur, élevé dans la gloire du Père,
où tu intercèdes pour nous,
prends pitié de nous.
■ **Prends pitié de nous.**

Nous sommes sauvés par la mort et la résurrection de Jésus-Christ

Que Dieu tout-puissant
nous fasse miséricorde,
qu'il nous pardonne nos péchés
et nous conduise à la vie éternelle.
■ **Amen.**

Nous supplions le Seigneur de l'univers
(après la formule pénitentielle 1 et 2)

Seigneur, prends pitié	**Kyrie eleison**
Ô Christ, prends pitié	**Christe eleison**
Seigneur, prends pitié	**Kyrie eleison**

Nous acclamons le Père et celui qui a reçu du Père l'honneur et la gloire

Gloire à Dieu, au plus haut des cieux,
■ **Et paix sur la terre aux hommes qu'il aime.**
Nous te louons, nous te bénissons, nous t'adorons,

■ **Nous te glorifions, nous te rendons grâce, pour ton immense gloire.**
Seigneur Dieu, roi du ciel, Dieu le Père tout-puissant.
■ **Seigneur, Fils unique, Jésus-Christ.**
Seigneur Dieu, Agneau de Dieu, le Fils du Père ;
■ **Toi qui enlèves le péché du monde, prends pitié de nous ;**
Toi qui enlèves le péché du monde, reçois notre prière ;
■ **Toi qui es assis à la droite du Père, prends pitié de nous.**
Car toi seul es saint.
■ **Toi seul es Seigneur,**
Toi seul es le Très-Haut : Jésus-Christ, avec le Saint-Esprit
■ **Dans la gloire de Dieu le Père. Amen.**

Gloria in excelsis Deo
Et in terra pax hominibus bonae voluntatis.
Laudamus te, Benedicimus te, Adoramus te,
Glorificamus te, gratias agimus tibi propter magnam gloriam tuam,
Domine Deus, Rex caelestis, Deus Pater omnipotens.
Domine Fili unigenite, Jesu Christe,
Domine Deus, Agnus Dei, Filius Patris,
Qui tollis peccata mundi, miserere nobis :
Qui tollis peccata mundi, suscipe deprecationem nostram.
Qui sedes ad dexteram Patris, miserere nobis.
Quoniam tu solus Sanctus,
Tu solus Dominus,
Tu solus Altissimus, Jesu Christe,
Cum Sancto Spiritu, in gloria Dei Patris.
Amen.

Liturgie de la Parole

Un livre, la Bible, nous apporte la parole de Dieu, transmise jusqu'à nous, à travers l'histoire de son peuple, depuis les patriarches jusqu'à son fils Jésus-Christ.

Lecture de l'Ancien ou du Nouveau Testament

Écoutons la proclamation de la parole dans notre assemblée.

Le refrain nous associe davantage au psaume

Prions Dieu pour que sa parole pénètre notre cœur et notre intelligence.

Alléluia

Convertissez-vous et croyez à l'Évangile. Pénitence ! Pénitence ! Pénitence !

Annonce de l'Évangile

La semence est jetée en nous.

Homélie et réflexion personnelle

Le terrain qu'est notre vie a certes besoin d'être travaillé.

Profession de foi catholique

Je crois, Seigneur ; viens au secours de notre foi fragile.
Symbole de Nicée :

Je crois en un seul Dieu,
■ **le Père tout-puissant, créateur du ciel et de la terre,**
de l'univers visible et invisible.
Je crois en un seul Seigneur, Jésus-Christ,
le Fils unique de Dieu, né du Père avant tous les siècles :
■ **Il est Dieu, né de Dieu,**
lumière, née de la lumière,
vrai Dieu, né du vrai Dieu,

Engendré, non pas créé, de même nature que le Père ;
et par lui tout a été fait.
■ **Pour nous les hommes, et pour notre salut,**
il descendit du ciel ;
Par l'Esprit saint, il a pris chair de la Vierge Marie
et s'est fait homme.
■ **Crucifié pour nous sous Ponce Pilate,**
il souffrit sa passion et fut mis au tombeau.
Il ressuscita le troisième jour, conformément aux Écritures
et il monta au ciel ; il est assis à la droite du Père.
■ **Il reviendra dans la gloire, pour juger les vivants et les morts ;**
et son règne n'aura pas de fin.
Je crois en l'Esprit saint, qui est Seigneur et qui donne la vie ;
il procède du Père et du Fils ;
■ **Avec le Père et le Fils, il reçoit même adoration et même gloire ;**
il a parlé par les prophètes.
Je crois en l'Église, une, sainte, catholique et apostolique.
■ **Je reconnais un seul baptême pour le pardon des péchés.**
J'attends la résurrection des morts, et la vie du monde à venir.
■ **Amen.**

Symbole des Apôtres :

Je crois en Dieu, le Père tout-puissant,
créateur du ciel et de la terre.
Et en Jésus-Christ, son Fils unique, notre Seigneur,
qui a été conçu du Saint-Esprit,
est né de la Vierge Marie,
a souffert sous Ponce Pilate,
a été crucifié, est mort et a été enseveli,
est descendu aux enfers,
le troisième jour est ressuscité des morts,
est monté aux cieux,
est assis à la droite de Dieu le Père tout-puissant,
d'où il viendra juger les vivants et les morts.

Je crois en l'Esprit saint,
à la sainte Église catholique,
à la communion des saints,
à la rémission des péchés,
à la résurrection de la chair,
à la vie éternelle.
Amen.

Credo in unum Deum,
Patrem omnipotentem, factorem caeli et terrae,
visibilium omnium et invisibilium.
Et in unum Dominum Jesum Christum, Filium Dei unigenitum,
et ex Patre natum ante omnia saecula.
Deum de Deo, lumen de lumine, Deum verum de Deo vero,
Genitum, non factum, consubstantialem Patri : per quem omnia facta sunt.
Qui propter nos homines et propter nostram salutem descendit de caelis.
Et incarnatus est de Spiritu Sancto ex Maria Virgine,
et homo factus est.
Crucifixus etiam pro nobis sub Pontio Pilato, passus et sepultus est,
et resurrexit tertia die, secundum Scripturas,
Et ascendit in caelum, sedet ad dexteram Patris.
Et iterum venturus est cum gloria judicare vivos et mortuos,
cujus regni non erit finis.
Et in Spiritum Sanctum, Dominum et vivificantem : qui ex Patre Filioque procedit.
Qui cum Patre et Filio simul adoratur et conglorificatur : qui locutus est per prophetas.
Et unam, sanctam, catholicam et apostolicam Ecclesiam.
Confiteor unum baptisma in remissionem peccatorum.
Et exspecto resurrectionem mortuorum,
et vitam venturi saeculi. Amen.

Dans son amour Dieu veut que tous les hommes soient sauvés.

Liturgie de l'Eucharistie

Dons du Créateur, épanouis par le travail de l'Homme, expression du labeur quotidien et de la souffrance humaine, don de nous-mêmes à Dieu, le pain et le vin sont apportés sur l'autel.

Préparation du pain et du vin

Présentation du pain
Tu es béni, Dieu de l'univers,
toi qui nous donnes ce pain,
fruit de la terre et du travail des hommes ;
nous te le présentons : il deviendra le pain de la vie.
■ **Béni soit Dieu, maintenant et toujours !**

Présentation de la coupe
Tu es béni, Dieu de l'univers,
toi qui nous donnes ce vin,
fruit de la vigne et du travail des hommes ;
nous te le présentons :
il deviendra le vin du Royaume éternel.
■ **Béni soit Dieu, maintenant et toujours !**

Prière sur les offrandes
Prions ensemble,
au moment d'offrir le sacrifice de toute l'Église
■ **pour la gloire de Dieu et le salut du monde.**

La prière eucharistique

L'Eucharistie : mystère de la foi *où se réalise le dessein d'amour de Dieu sur le monde, où s'enracinent nos projets humains.*

Mystère de l'alliance et de la présence *dans l'offrande du sacrifice du Seigneur.*
Mémorial de la mort et de la résurrection.
Mystère de la transfiguration de notre activité d'homme dans l'univers.
Mystère de communion et d'unité qui constitue l'Église, corps du Christ.

Prière eucharistique 1 *Canon romain*

INVITATION À L'ACTION DE GRÂCE

Le Seigneur soit avec vous.
■ **Et avec votre esprit.**
Élevons notre cœur.
■ **Nous le tournons vers le Seigneur.**
Rendons grâce au Seigneur notre Dieu.
■ **Cela est juste et bon.**

PRÉFACE DE LA VIERGE MARIE I

Vraiment, il est juste et bon de te rendre gloire,
de t'offrir notre action de grâce toujours et en tout lieu,
à toi, Seigneur, Père très saint, Dieu éternel et tout-puissant.
En ce jour
où nous célébrons la fête (la nommer) de la bienheureuse Vierge Marie
(où nous honorons la bienheureuse Vierge Marie) :
nous voulons te chanter, te bénir et te glorifier.
Car elle a conçu ton Fils unique,
lorsque le Saint-Esprit la couvrit de son ombre,
et, gardant pour toujours la gloire de sa virginité,
elle a donné au monde la lumière éternelle,
Jésus-Christ, notre Seigneur.
C'est par lui que les anges célèbrent ta grandeur,
que les esprits bienheureux adorent ta gloire,
que s'inclinent devant toi les puissances d'en-haut,
et tressaillent d'une même allégresse
les innombrables créatures des cieux.
À leur hymne de louange, laisse-nous joindre nos voix
pour chanter et proclamer :

PREMIÈRE ACCLAMATION DE L'ASSEMBLÉE

Saint ! Saint ! Saint, le Seigneur, Dieu de l'univers !
Le ciel et la terre sont remplis de ta gloire.
Hosanna au plus haut des cieux.

Béni soit celui qui vient au nom du Seigneur.
Hosanna. au plus haut des cieux.

Sanctus ! Sanctus ! Sanctus Dominus Deus Sabaoth !
Pleni sunt caeli et terra gloria tua.
Hosanna in excelsis.
Benedictus qui venit in nomine Domini.
Hosanna in excelsis.

INVOCATION AU PÈRE

Père infiniment bon,
toi vers qui montent nos louanges,
nous te supplions
par Jésus-Christ, ton Fils, notre Seigneur,
d'accepter et de bénir
ces offrandes saintes.

PRIÈRE POUR L'ÉGLISE

Nous te les présentons
avant tout pour ta sainte Église catholique :
accorde-lui la paix et protège-la,
daigne la rassembler dans l'unité
et la gouverner par toute la terre ;
nous les présentons en même temps
pour ton serviteur le pape N.,
pour notre évêque N.,
et tous ceux qui veillent fidèlement
sur la foi catholique reçue des Apôtres.

Souviens-toi, Seigneur, de tes serviteurs (N. et N.),
et de tous ceux qui sont ici réunis,
dont tu connais la foi et l'attachement.
Nous t'offrons pour eux,
ou ils t'offrent pour eux-mêmes et tous les leurs
ce sacrifice de louange,
pour leur propre rédemption,
pour le salut qu'ils espèrent ;

et ils te rendent cet hommage
à toi, Dieu éternel, vivant et vrai.

EN UNION AVEC LES SAINTS

Dans la communion de toute l'Église,
nous voulons nommer en premier lieu
la bienheureuse Marie toujours Vierge,
Mère de notre Dieu et Seigneur, Jésus-Christ ;
saint Joseph, son époux,
les saints Apôtres et Martyrs
Pierre et Paul, André,
[Jacques et Jean,
Thomas, Jacques et Philippe,
Barthélemy et Matthieu, Simon et Jude,
Lin, Clet, Clément,
Sixte, Corneille et Cyprien,
Laurent, Chrysogone, Jean et Paul, Côme et Damien]
et tous les saints.
Accorde-nous, par leur prière et leurs mérites,
d'être, toujours et partout,
forts de ton secours et de ta protection.

OFFRANDE ET PRIÈRE

Voici l'offrande que nous présentons devant toi,
nous, tes serviteurs, et ta famille entière :
dans ta bienveillance, accepte-la.
Assure toi-même la paix de notre vie,
arrache-nous à la damnation
et reçois-nous parmi tes élus.

INVOCATION POUR LA CONSÉCRATION

Sanctifie pleinement cette offrande
par la puissance de ta bénédiction,
rends-la parfaite et digne de toi :
qu'elle devienne pour nous
le corps et le sang de ton Fils bien-aimé,
Jésus-Christ, notre Seigneur.

Récit de l'institution et consécration

La veille de sa passion,
il prit le pain dans ses mains très saintes
et, les yeux levés au ciel,
vers toi, Dieu, son Père tout-puissant,
en te rendant grâce il le bénit, le rompit,
et le donna à ses disciples, en disant :
« Prenez, et mangez-en tous :
ceci est mon corps livré pour vous. »
De même, à la fin du repas,
il prit dans ses mains cette coupe incomparable ;
et te rendant grâce à nouveau il la bénit,
et la donna à ses disciples, en disant :
« Prenez, et buvez-en tous,
car ceci est la coupe de mon sang,
le sang de l'Alliance nouvelle et éternelle,
qui sera versé
pour vous et pour la multitude
en rémission des péchés.
Vous ferez cela, en mémoire de moi. »

Deuxième acclamation de l'assemblée

1 Il est grand, le mystère de la foi :
■ **Nous proclamons ta mort, Seigneur Jésus,**
nous célébrons ta résurrection,
nous attendons ta venue dans la gloire.

2 Quand nous mangeons ce pain
et buvons à cette coupe,
nous célébrons le mystère de la foi :
■ **Nous rappelons ta mort, Seigneur ressuscité,**
et nous attendons que tu viennes.

3 Proclamons le mystère de la foi :
■ **Gloire à toi qui étais mort,**
gloire à toi qui es vivant,
notre Sauveur et notre Dieu :
Viens, Seigneur Jésus !

MÉMORIAL DU MYSTÈRE PASCAL

C'est pourquoi nous aussi, tes serviteurs,
et ton peuple saint avec nous, faisant mémoire
de la Passion bienheureuse de ton Fils,
Jésus-Christ, notre Seigneur,
de sa résurrection du séjour des morts
et de sa glorieuse ascension dans le ciel,
nous te présentons, Dieu de gloire et de majesté,
cette offrande
prélevée sur les biens que tu nous donnes,
le sacrifice pur et saint, le sacrifice parfait,
pain de la vie éternelle et coupe du salut.

INVOCATION POUR NOTRE UNITÉ

Et comme il t'a plu d'accueillir
les présents d'Abel le juste,
le sacrifice de notre père Abraham,
et celui que t'offrit Melchisédech, ton grand prêtre,
en signe du sacrifice parfait,
regarde cette offrande avec amour
et, dans ta bienveillance, accepte-la.

Nous t'en supplions, Dieu tout-puissant :
qu'elle soit portée par ton ange
en présence de ta gloire,
sur ton autel céleste,
afin qu'en recevant ici,
par notre communion à l'autel,
le corps et le sang de ton Fils,
nous soyons comblés de ta grâce et de tes bénédictions.

INTERCESSION POUR LES DÉFUNTS

Souviens-toi de tes serviteurs (N. et N.),
qui nous ont précédés,
marqués du signe de la foi,

et qui dorment dans la paix...
Pour eux et pour tous ceux qui reposent dans le Christ,
nous implorons ta bonté :
qu'ils entrent dans la joie, la paix et la lumière.

Intercession pour nous-mêmes

Et nous, pécheurs,
qui mettons notre espérance
en ta miséricorde inépuisable,
admets-nous dans la communauté
des bienheureux apôtres et martyrs,
de Jean Baptiste, Étienne, Matthias et Barnabé,
(Ignace, Alexandre, Marcellin et Pierre,
Félicité et Perpétue, Agathe, Lucie,
Agnès, Cécile, Anastasie)
et de tous les saints.
Accueille-nous dans leur compagnie,
sans nous juger sur le mérite
mais en accordant ton pardon,
par Jésus-Christ, notre Seigneur.

C'est par lui que tu ne cesses de créer tous ces biens,
que tu les bénis, leur donnes la vie, les sanctifies
et nous en fais le don.

Offrande à la gloire de la Sainte Trinité

Par lui, avec lui et en lui,
à toi, Dieu le Père tout-puissant,
dans l'unité du Saint-Esprit,
tout honneur et toute gloire,
pour les siècles des siècles.
■ **Amen.**

(*suite* Notre Père, *page 220)*

Prière eucharistique 2

INVITATION À L'ACTION DE GRÂCE

Le Seigneur soit avec vous.
■ **Et avec votre esprit.**
Élevons notre cœur.
■ **Nous le tournons vers le Seigneur.**
Rendons grâce au Seigneur notre Dieu.
■ **Cela est juste et bon.**

PRÉFACE (ON PEUT AUSSI EMPLOYER LA PRÉFACE DE LA VIERGE)

Vraiment, Père très saint,
il est juste et bon de te rendre grâce,
toujours et en tout lieu,
par ton Fils bien-aimé, Jésus Christ :
Car il est ta Parole vivante,
par qui tu as créé toutes choses ;
C'est lui que tu nous as envoyé
comme Rédempteur et Sauveur,
Dieu fait homme, conçu de l'Esprit saint,
né de la Vierge Marie ;
Pour accomplir jusqu'au bout ta volonté
et rassembler du milieu des hommes
un peuple saint qui t'appartienne,
il étendit les mains à l'heure de sa passion,
afin que soit brisée la mort,
et que la résurrection soit manifestée.
C'est pourquoi,
avec les anges et tous les saints,
nous proclamons ta gloire,
en chantant (disant) d'une seule voix :

PREMIÈRE ACCLAMATION DE L'ASSEMBLÉE

Saint…

Invocation au Père

Toi qui es vraiment saint,
toi qui es la source de toute sainteté,
Seigneur, nous te prions :

Invocation pour la consécration par l'Esprit saint

Sanctifie ces offrandes
en répandant sur elles ton Esprit ;
qu'elles deviennent pour nous
le corps et le sang
de Jésus, le Christ, notre Seigneur.

Récit de l'institution et consécration

Au moment d'être livré
et d'entrer librement dans sa passion,
il prit le pain, il rendit grâce, il le rompit
et le donna à ses disciples, en disant :
« Prenez, et mangez-en tous :
ceci est mon corps livré pour vous. »
De même, à la fin du repas,
il prit la coupe ;

de nouveau il rendit grâce
et la donna à ses disciples, en disant :
« Prenez, et buvez-en tous,
car ceci est la coupe de mon sang,
le sang de l'Alliance nouvelle et éternelle,
qui sera versé
pour vous et pour la multitude
en rémission des péchés.
Vous ferez cela,
en mémoire de moi. »

DEUXIÈME ACCLAMATION DE L'ASSEMBLÉE

1 Il est grand, le mystère de la foi :
■ **Nous proclamons ta mort, Seigneur Jésus,**
nous célébrons ta résurrection,
nous attendons ta venue dans la gloire.

2 Quand nous mangeons ce pain
et buvons à cette coupe,
nous célébrons le mystère de la foi :
■ **Nous rappelons ta mort, Seigneur ressuscité,**
et nous attendons que tu viennes.

3 Proclamons le mystère de la foi :
■ **Gloire à toi qui étais mort,**
gloire à toi qui es vivant,
notre Sauveur et notre Dieu :
Viens, Seigneur Jésus !

MÉMORIAL DU MYSTÈRE PASCAL

Faisant ici mémoire
de la mort et de la résurrection de ton Fils,
nous t'offrons, Seigneur,
le pain de la vie et la coupe du salut,
et nous te rendons grâce,
car tu nous as choisis pour servir en ta présence.

INVOCATION POUR NOTRE UNITÉ PAR L'ESPRIT SAINT

Humblement, nous te demandons
qu'en ayant part au corps et au sang du Christ,
nous soyons rassemblés
par l'Esprit saint
en un seul corps.

PRIÈRE POUR L'ÉGLISE

Souviens-toi, Seigneur,
de ton Église répandue à travers le monde :

Fais-la grandir dans ta charité
avec le pape N.,
notre évêque N.,
et tous ceux qui ont la charge de ton peuple.

Prière pour les défunts

Souviens-toi aussi de nos frères
qui se sont endormis dans l'espérance de la Résurrection,
et de tous les hommes qui ont quitté cette vie :
reçois-les dans ta lumière, auprès de toi.

Prière pour les vivants

Sur nous tous enfin,
nous implorons ta bonté :
Permets qu'avec la Vierge Marie,
la bienheureuse Mère de Dieu,
avec les Apôtres et les saints de tous les temps,
qui ont vécu dans ton amitié,
nous ayons part à la vie éternelle,
et que nous chantions ta louange,
par Jésus-Christ, ton Fils bien-aimé.

Offrande à la gloire de la Sainte Trinité

Par lui, avec lui et en lui,
à toi, Dieu le Père tout-puissant,
dans l'unité du Saint-Esprit,
tout honneur et toute gloire,
pour les siècles des siècles.
■ **Amen.**

(Suite Notre Père, *page 220)*

Prière eucharistique 3

INVITATION À L'ACTION DE GRÂCE

Le Seigneur soit avec vous.
■ **Et avec votre esprit.**
Élevons notre cœur.
■ **Nous le tournons vers le Seigneur.**
Rendons grâce au Seigneur notre Dieu.
■ **Cela est juste et bon.**

PRÉFACE DE LA VIERGE MARIE II

Vraiment, Père très saint,
il est bon de reconnaître ta gloire
dans le triomphe de tes élus,
et, pour fêter la Vierge Marie,
de reprendre son cantique d'action de grâce :
Oui, tu as étendu ta miséricorde à tous les âges
et révélé tes merveilles à la terre entière,
en choisissant ton humble servante
pour donner au monde un Sauveur,
ton Fils, le Seigneur Jésus-Christ.
C'est par lui que les anges assemblés devant toi
adorent ta gloire :
À leur hymne de louange
laisse-nous joindre nos voix
pour chanter et proclamer :

PREMIÈRE ACCLAMATION DE L'ASSEMBLÉE

Saint…

INVOCATION AU PÈRE

Tu es vraiment saint, Dieu de l'univers,
et toute la création proclame ta louange,
car c'est toi qui donnes la vie,

c’est toi qui sanctifies toutes choses,
par ton Fils, Jésus-Christ, notre Seigneur,
avec la puissance de l’Esprit saint ;
et tu ne cesses de rassembler ton peuple,
afin qu’il te présente
partout dans le monde
une offrande pure.

INVOCATION POUR LA CONSÉCRATION PAR L’ESPRIT SAINT

C’est pourquoi nous te supplions
de consacrer toi-même
les offrandes que nous apportons :
Sanctifie-les par ton Esprit
pour qu’elles deviennent
le corps et le sang de ton Fils,
Jésus-Christ, notre Seigneur,
qui nous a dit
de célébrer ce mystère.

RÉCIT DE L’INSTITUTION ET CONSÉCRATION

La nuit même où il fut livré, il prit le pain,
en te rendant grâce il le bénit, il le rompit
et le donna à ses disciples, en disant :
« Prenez, et mangez-en tous :
ceci est mon corps livré pour vous. »

De même, à la fin du repas,
il prit la coupe,
en te rendant grâce il la bénit
et la donna à ses disciples, en disant :
« Prenez, et buvez-en tous,
car ceci est la coupe de mon sang,
le sang de l’Alliance nouvelle et éternelle,
qui sera versé
pour vous et pour la multitude

en rémission des péchés.
Vous ferez cela, en mémoire de moi. »

DEUXIÈME ACCLAMATION DE L'ASSEMBLÉE

1 Il est grand, le mystère de la foi :
■ **Nous proclamons ta mort, Seigneur Jésus,**
nous célébrons ta résurrection,
nous attendons ta venue dans la gloire.

2 Quand nous mangeons ce pain
et buvons à cette coupe,
nous célébrons le mystère de la foi :
■ **Nous rappelons ta mort, Seigneur ressuscité,**
et nous attendons que tu viennes.

3 Proclamons le mystère de la foi :
■ **Gloire à toi qui étais mort,**
gloire à toi qui es vivant,
notre Sauveur et notre Dieu :
Viens, Seigneur Jésus !

MÉMORIAL DU MYSTÈRE PASCAL

En faisant mémoire de ton Fils,
de sa passion qui nous sauve,
de sa glorieuse résurrection
et de son ascension dans le ciel,
alors que nous attendons son dernier avènement,
nous présentons cette offrande vivante et sainte
pour te rendre grâce.

INVOCATION POUR NOTRE UNITÉ PAR L'ESPRIT SAINT

Regarde, Seigneur, le sacrifice de ton Église,
et daigne y reconnaître celui de ton Fils
qui nous a rétablis dans ton Alliance ;
quand nous serons nourris de son corps et de son sang

et remplis de l'Esprit saint,
accorde-nous d'être un seul corps et un seul esprit
dans le Christ.

Appel à l'intercession des saints

Que l'Esprit saint fasse de nous
une éternelle offrande à ta gloire,
pour que nous obtenions un jour
les biens du monde à venir,
auprès de la Vierge Marie,
la bienheureuse Mère de Dieu,
avec les Apôtres, les martyrs,
(saint N.) et tous les saints,
qui ne cessent d'intercéder pour nous.

Prière pour le monde et l'Église

Et maintenant, nous te supplions, Seigneur :
Par le sacrifice qui nous réconcilie avec toi,
étends au monde entier le salut et la paix.
Affermis la foi et la charité de ton Église
au long de son chemin sur la terre :
veille sur ton serviteur le pape N. et notre évêque N.,
l'ensemble des évêques, les prêtres, les diacres,
et tout le peuple des rachetés.
Écoute les prières de ta famille assemblée devant toi,
et ramène à toi, Père très aimant,
tous tes enfants dispersés.

Prière pour les défunts

Pour nos frères défunts,
pour les hommes qui ont quitté ce monde
et dont tu connais la droiture, nous te prions :
Reçois-les dans ton Royaume,
où nous espérons être comblés de ta gloire,

tous ensemble et pour l'éternité,
par le Christ, notre Seigneur,
par qui tu donnes au monde
toute grâce et tout bien.

OFFRANDE À LA GLOIRE DE LA TRINITÉ

Par lui, avec lui et en lui,
à toi, Dieu le Père tout-puissant,
dans l'unité du Saint-Esprit,
tout honneur et toute gloire,
pour les siècles des siècles.
■ **Amen.**

(Suite Notre Père, *page 220)*

Prière eucharistique pour la réconciliation 1

PRÉFACE

Vraiment, il est juste et bon
de te rendre grâce, Dieu très saint,
car tu ne cesses de nous appeler à une vie plus belle :
Toi, Dieu de tendresse et de pitié,
sans te lasser tu offres ton pardon
et tu invites l'homme pécheur
à s'en remettre à ta seule bonté.

Bien loin de te résigner à nos ruptures d'Alliance,
tu as noué entre l'humanité et toi,
par ton Fils, Jésus, notre Seigneur,
un lien nouveau,
si fort que rien ne pourra le défaire.

Et maintenant que ton peuple
connaît un temps de grâce et de réconciliation,
tu lui donnes dans le Christ
de reprendre souffle en se tournant vers toi,
et d'être au service de tout homme
en se livrant davantage à l'Esprit saint.

Pleins d'admiration et de reconnaissance,
nous voulons joindre nos voix
aux voix innombrables du ciel,
pour clamer la puissance de ton amour
et la joie de ton salut dans le Christ :

PREMIÈRE ACCLAMATION DE L'ASSEMBLÉE

Saint…

APPEL À L'ESPRIT SAINT

Toi qui fais depuis les origines
ce qui est bon pour l'homme
afin de le rendre saint,
comme toi-même es saint,
regarde ton peuple ici rassemblé,
et mets à l'œuvre la puissance de ton Esprit :
que ces offrandes deviennent pour nous
le corps et le sang de ton Fils bien-aimé,
Jésus, le Christ,
en qui nous sommes tes fils.

Nous qui étions perdus,
incapables de nous rapprocher de toi,
tu nous as aimés du plus grand amour :
ton Fils, le seul Juste,
s'est livré entre nos mains,
et fut cloué sur une croix.
Mais avant que ses bras étendus
dessinent entre ciel et terre
le signe indélébile de ton Alliance,
il voulut célébrer la Pâque au milieu de ses disciples.

RÉCIT DE L'INSTITUTION

Comme il était à table, il prit le pain,
il prononça la bénédiction pour te rendre grâce,
puis il le rompit
et le donna aux siens, en leur disant :
« Prenez, et mangez-en tous :
ceci est mon corps
livré pour vous. »

À la fin de ce dernier repas,
sachant qu'il allait tout réconcilier en lui
par le sang de sa croix,
il prit la coupe remplie de vin,
il te rendit grâce encore,
et la fit passer à ses amis, en leur disant :
« Prenez, et buvez-en tous,
car ceci est la coupe de mon sang,
le sang de l'Alliance nouvelle et éternelle,
qui sera versé
pour vous et pour la multitude
en rémission des péchés.
Vous ferez cela, en mémoire de moi. »

Deuxième acclamation de l'assemblée

1 Il est grand, le mystère de la foi :
■ **Nous proclamons ta mort, Seigneur Jésus,**
nous célébrons ta résurrection,
nous attendons ta venue dans la gloire.
2 Quand nous mangeons ce pain
et buvons à cette coupe,
nous célébrons le mystère de la foi :
■ **Nous rappelons ta mort, Seigneur ressuscité,**
et nous attendons que tu viennes.
3 Proclamons le mystère de la foi :
■ **Gloire à toi qui étais mort,**
gloire à toi qui es vivant,
notre Sauveur et notre Dieu :
Viens, Seigneur Jésus !

Mémorial du mystère pascal

En faisant mémoire du Christ,
notre Pâque et notre paix définitive,
en célébrant sa mort et sa résurrection,
en appelant le jour béni

de sa venue et de notre joie,
nous te présentons, Dieu fidèle et sûr,
l'offrande qui remet l'humanité dans ta grâce.

APPEL À L'ESPRIT SAINT

Regarde avec amour, Père très bon,
ceux que tu attires vers toi,
leur donnant de communier
à l'unique sacrifice du Christ :
qu'ils deviennent ensemble, par la force de l'Esprit,
le corps de ton Fils ressuscité
en qui sont abolies toutes les divisions.

PRIÈRE POUR L'ÉGLISE

Tiens-nous les uns et les autres
en communion d'esprit et de cœur
avec le pape N. et notre évêque N.
Aide-nous tous à préparer la venue de ton règne
jusqu'à l'heure où nous serons devant toi,
saints parmi les saints du ciel,
aux côtés de la Vierge Marie et des Apôtres,
avec nos frères qui sont morts,
et que nous confions à ta miséricorde.
Alors, au cœur de la création nouvelle
enfin libérée de la corruption,
nous pourrons chanter vraiment
l'action de grâce du Christ à jamais vivant.

OFFRANDE À LA GLOIRE DE LA SAINTE TRINITÉ

Par lui, avec lui et en lui,
à toi, Dieu le Père tout-puissant,
dans l'unité du Saint-Esprit,
tout honneur et toute gloire,
pour les siècles des siècles.
■ **Amen.**

(suite Notre Père, *page 220)*

Prière eucharistique pour des circonstances particulières

Pour la préface et la prière d'intercession, quatre thèmes au choix :

PRÉFACE 1

L'Église marche vers l'unité

Vraiment, il est juste et bon
de te chanter louange et gloire,
à toi, Seigneur, Père d'infinie bonté.

Oui, il nous est bon
de te rendre grâce et de te bénir,
car, à la parole de ton Fils
annonçant l'Évangile du salut,
tu as rassemblé ton Église
de tous pays, de toutes langues et de toutes cultures,
et tu ne cesses de la vivifier par ton Esprit
pour faire grandir jour après jour
l'unité du genre humain.

En témoignant de ton amour,
elle ouvre à chacun les portes de l'espérance,
elle devient pour le monde
un signe de la fidélité
que tu as promise à tous les âges dans le Christ.
C'est pourquoi nous te glorifions sur la terre
comme tu es glorifié dans les cieux
et nous proclamons d'une seule voix
avec toute l'Église : **Saint…**

PRÉFACE 2

Dieu guide son Église sur la voie du salut

Vraiment, il est juste et bon te rendre gloire,
de t'offrir notre action de grâce
toujours et en tout lieu,
à toi, Père très saint,
créateur de l'univers et source de toute vie.

Car tu n'abandonnes jamais
ce que tu crées dans ta sagesse,
mais tu te montres bienveillant,
toujours à l'œuvre parmi nous.
Dans les temps anciens, en déployant la force de ton bras,
tu as guidé ton peuple Israël
à travers le désert.
Aujourd'hui encore, tu accompagnes ton Église
dans sa marche au milieu du monde,
tu la soutiens de ton Esprit
et tu la conduis sur les routes de ce temps
vers la joie éternelle de ton royaume,
par notre Seigneur, Jésus, le Christ.

C'est pourquoi, avec les anges et tous les saints,
nous chantons l'hymne de ta gloire
et sans fin nous proclamons : **Saint...**

PRÉFACE 3

Jésus, chemin vers le Père

Vraiment, il est juste et bon de te rendre gloire,
de t'offrir notre action de grâce
toujours et en tout lieu,
à toi, Père très saint, maître du ciel et de la terre,
par notre Seigneur, Jésus, le Christ.

Nous te rendons grâce, Dieu saint et fort :
par ton Verbe, tu as créé le monde
et par lui tu gouvernes toute chose avec justice.
C'est lui, Verbe fait chair, que tu as donné pour médiateur,
lui qui nous a dit tes propres paroles
et nous appelle à le suivre.
Il est le chemin qui mène vers toi,
il est la vérité qui rend libre,
il est la vie qui comble de joie.
Et c'est par lui, ton Fils bien-aimé,
que tu rassembles en une seule famille des hommes si divers,
créés pour la gloire de ton Nom,
rachetés par le sang de la croix
et marqués du sceau de ton Esprit.

C'est pourquoi, dès maintenant et pour l'éternité,
nous célébrons ta gloire
avec tous les anges du ciel
et dans la joie nous (chantons et) proclamons : **Saint…**

PRÉFACE 4

Jésus, modèle de charité

Vraiment, il est juste et bon te rendre gloire,
de t'offrir notre action de grâce
toujours et en tout lieu,
à toi, Dieu fidèle, Père des miséricordes.
Car tu nous as donné ton Fils,
Jésus, le Christ,
notre Seigneur et notre frère.
Il a manifesté son amour
pour les petits et les pauvres,
les malades et les pécheurs ;
il s'est fait le prochain
des opprimés et des affligés.

Sa parole et ses actes ont annoncé au monde
que tu es vraiment un Père
et que tu prends soin de tous tes enfants.
C'est pourquoi, avec les anges et tous les saints,
nous te louons, nous te bénissons,
nous chantons l'hymne de ta gloire
et sans fin nous proclamons :

PREMIÈRE ACCLAMATION DE L'ASSEMBLÉE

Saint ! Saint ! Saint, le Seigneur, Dieu de l'univers !…

INVOCATION AU PÈRE

Vraiment, tu es saint et digne de louange,
Dieu qui aimes tes enfants,
toi qui es toujours avec eux
sur les chemins de cette vie.
Vraiment, ton Fils, Jésus, est béni,
lui qui se tient au milieu de nous,
quand nous sommes réunis en son nom :
comme autrefois pour ses disciples, il nous ouvre les Écritures
et nous partage le pain.

APPEL À L'ESPRIT SAINT

Maintenant donc, Père de toute grâce,
nous t'en prions,
envoie ton Esprit saint
afin qu'il sanctifie nos offrandes :
que ce pain et ce vin deviennent pour nous
le corps et le sang
du Christ, notre Seigneur.

RÉCIT DE L'INSTITUION

La veille de sa Passion, la nuit de la dernière Cène,
il prit le pain, il rendit grâce, il le rompit
et le donna à ses disciples, en disant :

« Prenez et mangez-en tous :
ceci est mon corps livré pour vous. »
De même, à la fin du repas,
il prit la coupe ;
de nouveau il rendit grâce,
et la donna à ses disciples, en disant :
« Prenez et buvez en tous,
car ceci est la coupe de mon sang,
le sang de l'Alliance nouvelle et éternelle,
qui sera versé pour vous et pour la multitude
en rémission des péchés.
Vous ferez cela, en mémoire de moi. »

Deuxième acclamation de l'assemblée

1 Il est grand, le mystère de la foi :
■ **Nous proclamons ta mort, Seigneur Jésus,**
nous célébrons ta résurrection,
nous attendons ta venue dans la gloire.

2 Quand nous mangeons ce pain
et buvons à cette coupe,
nous célébrons le mystère de la foi :
■ **Nous rappelons ta mort, Seigneur ressuscité,**
et nous attendons que tu viennes.

3 Proclamons le mystère de la foi :
■ **Gloire à toi qui étais mort,**
gloire à toi qui es vivant,
notre Sauveur et notre Dieu :
Viens, Seigneur Jésus !

Mémorial du mystère pascal

Voilà pourquoi, Père très saint,
faisant ici mémoire de ton Fils,
le Christ, notre Sauveur,

que tu as conduit,
par la Passion et la mort sur la croix,
à la gloire de la Résurrection
pour qu'il siège à ta droite,
nous annonçons ton œuvre de grâce
jusqu'au jour où il viendra,
et nous t'offrons
le pain de la vie
et la coupe de bénédiction.

Regarde avec bonté, Seigneur, l'offrande de ton Église
qui te présente par nos mains
ce qu'elle a reçu de toi,
le sacrifice de louange, la Pâque du Christ.
Que la force de ton Esprit
fasse de nous, dès maintenant et pour toujours,
les membres de ton Fils ressuscité,
par notre communion à son corps et à son sang.

Selon la préface choisie, on prend l'une des quatre prières suivantes :

INTERCESSION 1

Renouvelle, Seigneur,
par la lumière de l'Évangile,
ton Église (qui est à N.).
Resserre les liens de charité
qui unissent les fidèles et les pasteurs ;
garde-les en communion avec le pape N.,
avec notre évêque et l'ensemble des évêques,
pour que le peuple qui t'appartient
brille comme un signe prophétique
de l'unité et de la paix,
au milieu d'une humanité
qui se divise et se déchire.

Intercession 2

Toi qui nous invites à cette table, Seigneur,
nous te prions de nous fortifier dans l'unité :
alors, en suivant tes chemins,
avançant dans la foi et l'espérance,
avec le pape N. et notre évêque N.,
avec l'ensemble des évêques,
les prêtres, les diacres
et ton peuple répandu par tout l'univers,
nous pourrons apporter au monde
la confiance et la joie.

Intercession 3

Père tout-puissant,
fais-nous vivre de ton Esprit
dans notre participation à ce mystère :
renouvelle-nous à l'image de ton Fils,
et resserre les liens de notre unité
avec le pape N. et notre évêque N.,
avec l'ensemble des évêques,
les prêtres, les diacres
et ton peuple répandu par tout l'univers.
Donne à tous les membres de l'Église
de savoir lire les signes des temps
à la lumière de la foi,
et de se dépenser sans relâche
au service de l'Évangile.
Rends-nous attentifs aux besoins de tous,
afin que partageant leurs tristesses
et leurs angoisses,
leurs espérances et leurs joies,
nous leur annoncions fidèlement
la bonne nouvelle du salut
et progressions avec eux sur le chemin du royaume.

INTERCESSION 4

Seigneur, fais grandir ton Église
dans la foi et la charité,
en union avec le pape N. et notre évêque N.,
avec l'ensemble des évêques,
les prêtres, les diacres
et tout le peuple qui t'appartient.

Ouvre nos yeux à toute détresse,
inspire-nous la parole et le geste
qui conviennent
pour soutenir notre prochain
dans la peine ou dans l'épreuve ;
donne-nous de le servir avec un cœur sincère
selon l'exemple et la parole du Christ lui-même.
Fais de ton Église un lieu de vérité et de liberté,
de justice et de paix,
pour que l'humanité tout entière
renaisse à l'espérance.

PRIÈRE POUR LES DÉFUNTS

Souviens-toi de nos frères et de nos sœurs
(N. et N.)
qui se sont endormis dans la paix du Christ,
et de tous les morts dont toi seul connais la foi :
donne-leur de contempler la clarté de ton visage
et conduis-les, par la Résurrection,
à la plénitude de la vie.

Dans la communion des saints
Et lorsque prendra fin notre pèlerinage sur la terre,
accueille-nous dans la demeure
où nous vivrons près de toi pour toujours.
En union avec la Vierge Marie,
la bienheureuse Mère de Dieu,

avec les apôtres, les martyrs,
(saint N.) et tous les saints du ciel,
nous pourrons alors te louer sans fin
et magnifier ton nom
par Jésus, le Christ, ton Fils bien-aimé.

OFFRANDES À LA GLOIRE DE LA SAINTE TRINITÉ

Par lui, avec lui et en lui,
à toi, Dieu le Père tout-puissant,
dans l'unité du Saint-Esprit,
tout honneur et toute gloire,
pour les siècles des siècles.
■ **Amen.**

La communion

PRIÈRE DU SEIGNEUR JÉSUS

1 Comme nous l'avons appris du Sauveur
et selon son commandement, nous osons dire :

2 Unis dans le même Esprit, nous pouvons dire avec confiance
la prière que nous avons reçue du Sauveur :

**Notre Père qui es aux cieux,
que ton nom soit sanctifié,
que ton règne vienne,
que ta volonté soit faite
sur la terre comme au ciel.
Donne-nous aujourd'hui
notre pain de ce jour.
Pardonne-nous nos offenses,
comme nous pardonnons aussi
à ceux qui nous ont offensés.
Et ne nous soumets pas
à la tentation,
mais délivre-nous du Mal.**

**Pater noster, qui es in caelis :
sanctificetur nomen tuum ;
adveniat regnum tuum ;
fiat voluntas tua,
sicut in caelo, et in terra.
Panem nostrum quotidianum
da nobis hodie ;
et dimitte nobis debita nostra,
sicut et nos dimittimus
debitoribus nostris ;
et ne nos inducas
in tentationem,
sed libera nos a malo.**

Délivre-nous de tout mal, Seigneur,
et donne la paix à notre temps ;
par ta miséricorde, libère-nous du péché,
rassure-nous devant les épreuves
en cette vie où nous espérons
le bonheur que tu promets
et l'avènement de Jésus-Christ, notre Sauveur.

ACCLAMATION PROCLAMÉE

**Car c'est à toi qu'appartiennent le règne,
la puissance et la gloire
pour les siècles des siècles !**

Acclamation chantée

À toi le règne,
à toi la puissance et la gloire,
pour les siècles des siècles !

Demande de la paix

Seigneur Jésus-Christ,
tu as dit à tes apôtres :
« Je vous laisse la paix,
je vous donne ma paix » :
ne regarde pas nos péchés,
mais la foi de ton Église ;
pour que ta volonté s'accomplisse,
donne-lui toujours cette paix,
et conduis-la vers l'unité parfaite,
toi qui règnes pour les siècles des siècles.
■ **Amen.**
Que la paix du Seigneur
soit toujours avec vous.
■ **Et avec votre esprit.**

Geste fraternel

(Frères,) dans la charité du Christ,
donnez-vous la paix.

Partage du pain

Agneau de Dieu, qui enlèves le péché du monde,
■ **Prends pitié de nous.**
Agneau de Dieu, qui enlèves le péché du monde,
■ **Prends pitié de nous.**
Agneau de Dieu, qui enlèves le péché du monde,
■ **Donne-nous la paix.**

Agnus Dei, qui tollis peccata mundi,
■ **miserere nobis.**
Agnus Dei, qui tollis peccata mundi.

■ **miserere nobis.**
Agnus Dei, qui tollis peccata mundi,
■ **dona nobis pacem.**

COMMUNION

Heureux les invités au repas du Seigneur !
Voici l'Agneau de Dieu qui enlève le péché du monde.
Seigneur, je ne suis pas digne de te recevoir :
mais dis seulement une parole et je serai guéri.
Le corps du Christ.
■ **Amen.**
Le sang du Christ.
■ **Amen.**

Prière d'action de grâce
■ **Amen.**

Rite de conclusion

Le Seigneur soit avec vous.
■ **Et avec votre esprit.**
Que le nom du Seigneur soit béni
■ **maintenant et toujours.**
Notre secours est dans le nom du Seigneur
■ **qui a fait le ciel et la terre.**
Que Dieu tout-puissant vous bénisse,
le Père, le Fils et le Saint-Esprit
■ **Amen.**
Allez, dans la paix du Christ.
■ **Nous rendons grâce à Dieu.**

Messe de Notre-Dame de Lourdes

Antienne d'ouverture (Ap, 21)

Je vis la Cité sainte, la Jérusalem nouvelle, qui descendait du ciel d'auprès de Dieu, toute prête comme une fiancée parée pour son époux.

Prière d'ouverture

1 **P**ère très saint, qui veilles avec bonté sur ton peuple,
tu as voulu que la Vierge Marie rappelle (ici)
à Bernadette (au monde entier)
les enseignements de son Fils.
Ouvre nos cœurs à son message de prière et de pénitence,
pour que la lumière de l'Évangile éclaire toute notre vie.
Par Jésus-Christ…

2 **D**ieu notre Père,
nous voici rassemblés devant toi
avec nos peines, nos joies et nos espoirs,
pour célébrer Notre-Dame de Lourdes.
Conduis-nous par la conversion de toute notre vie,
sur la route qui mène jusqu'à toi.
Par Jésus-Christ…

Première lecture (Is, 60, 1-5)

Lecture du livre d'Isaïe.

Debout, Jérusalem !
Resplendis,
elle est venue, ta lumière,
et la gloire du Seigneur s'est levée sur toi.
Regarde : l'obscurité recouvre la terre,
les ténèbres couvrent les peuples ;
mais sur toi se lève le Seigneur,

et sa gloire brille sur toi.
Les nations marcheront vers ta lumière,
et les rois, vers la clarté de ton aurore.
Lève les yeux, regarde autour de toi :
tous, ils se rassemblent, ils arrivent ;
tes fils reviennent de loin,
et tes filles sont portées sur les bras.
Alors, tu verras, tu seras radieuse ;
ton cœur frémira et se dilatera.

PSAUME (JD, 13, 18-20)

Judith

■ **Tu es bénie entre toutes les femmes.**

Sois bénie par le Dieu Très Haut
entre toutes les femmes de la terre :
et béni soit le Seigneur Dieu,
Créateur du ciel et de la terre.

Jamais l'espérance dont tu nous fais preuve,
ne s'effacera du souvenir des hommes ;
ils se rappelleront éternellement
la présence de Dieu.

Que Dieu t'exalte pour toujours
et qu'il te récompense ;
tu es intervenue pour empêcher notre ruine
en agissant résolument sous le regard de notre Dieu.

DEUXIÈME LECTURE (AP, 21, 1-7)

Lecture de l'Apocalypse de saint Jean.

Moi, Jean,
j'ai vu un ciel nouveau et une terre nouvelle
car le premier ciel et la première terre avaient disparu
et il n'y avait plus de mer.
Et j'ai vu descendre du ciel, d'auprès de Dieu,
la cité sainte, la Jérusalem nouvelle ;
toute prête, comme une fiancée parée pour son époux.
Et j'ai entendu la voix puissante
qui venait du trône divin ;
elle disait :
« Voici la demeure de Dieu avec les hommes ;
il demeurera avec eux,
et ils seront son peuple,
Dieu lui-même sera avec eux.
Il essuiera toute larme de leurs yeux,
et il n'y aura plus de mort ;
et il n'y aura plus de pleurs, de cris, ni de tristesse ;
car la première création aura disparu. »

Alors celui qui siégeait sur le trône déclara :
« Voici que je fais toutes choses nouvelles,
je suis l'alpha et l'oméga,
le commencement et la fin.
Moi, je donnerai gratuitement à celui qui a soif
l'eau de la source de vie,
tel sera l'héritage réservé au vainqueur.
Je serai son Dieu
et il sera mon fils. »

ACCLAMATION ÉVANGÉLIQUE

■ Alléluia.
■ **Alléluia.**
Heureuse es-tu Vierge Marie,
tu as cru que s'accomplirait pour toi
la parole reçue du Seigneur.
■ **Alléluia.**

ÉVANGILE (LC 1, 26-38)

Évangile de Jésus-Christ selon saint Luc.

1 Au sixième mois, l'ange Gabriel fut envoyé… (page 115)

2 La Visitation (page 116)

3 Cana (page 117)

PRIÈRE SUR LES OFFRANDES

Donne-nous, Seigneur, ton Esprit saint.
Il couvrit de son ombre la Vierge Marie
pour qu'elle devienne la Mère du Sauveur ;
qu'Il consacre aujourd'hui ces offrandes
et nous rende plus fidèles à ta parole,
Jésus-Christ, Notre-Seigneur.
(ou bien, aux messes votives)
Que ces dons, Seigneur, procurent ta gloire,

et que, fidèles comme la Vierge Marie
à l'Esprit d'amour qui nous rassemble,
nous fassions de notre vie une offrande digne de toi.
Par Jésus, le Christ, notre Seigneur…

Antienne de communion

Tu as visité la terre
et tu l'as abreuvée.
Tu l'as comblée de richesses.

Prière après la communion

1 Après avoir refait nos forces, Seigneur,
au repas de cette Eucharistie,
fais-nous reprendre la route,
en compagnie de Marie, notre mère,
Afin que nous puissions marcher sans défaillance
jusqu'à ta demeure du ciel.
Par Jésus…

2 Seigneur, notre Dieu,
nous avons répondu à l'appel de notre mère,
la Vierge Marie, pour célébrer cette Eucharistie,
dans la joie.
Fortifiés par le corps et le sang de ton Fils,
donne-nous d'être, au cœur du monde,
les témoins de ton amour.
Par Jésus…

Messe de la Vierge Marie, Mère de l'Eglise

ANTIENNE D'OUVERTURE (AC, 1, 14)

D'un seul cœur, les Apôtres participaient fidèlement à la prière avec Marie, la mère de Jésus.

PRIÈRE D'OUVERTURE

Dieu de miséricorde, notre Père,
ton Fils unique, en mourant sur la croix,
a voulu que la Vierge Marie, sa mère,
soit aussi notre mère.
Accorde à ton Église, soutenue par son amour,
la joie de donner naissance à des enfants
toujours plus nombreux,
de les voir grandir en sainteté
et d'attirer à elle toutes les familles des peuples.
Par Jésus-Christ…

PREMIÈRE LECTURE (AC, 1, 12-14 / EP, 1, 3-6, 11-12)

Lecture du livre des Actes des Apôtres.

Les apôtres, après avoir vu Jésus s'en aller vers le ciel, retournèrent du mont des Oliviers à Jérusalem qui n'est pas loin. (La distance ne dépasse pas ce qui est permis le jour du sabbat.) Arrivés dans la ville, ils montèrent à l'étage de la maison ; c'est là qu'ils se tenaient tous : Pierre, Jean, Jacques et André, Philippe et Thomas, Barthélemy et Matthieu, Jacques fils d'Alphée, Simon le Zélote, et Jude fils de Jacques. D'un seul cœur, ils participaient fidèlement à la prière, avec quelques femmes dont Marie, mère de Jésus, et avec ses frères.

ou bien

Lecture de la lettre de saint Paul, apôtre, aux Éphésiens

Béni soit Dieu, le Père de notre Seigneur Jésus-Christ. Dans les cieux, il nous a comblés de sa bénédiction spirituelle en Jésus-Christ. En lui, il nous a choisis avant la création du monde, pour que nous soyons, dans l'amour, saints et irréprochables sous son regard. Il nous a d'avance destinés à devenir pour lui des fils par Jésus-Christ : voilà ce qu'il a voulu dans sa bienveillance pour que soit chantée la merveille du don gratuit qu'il nous a fait en son Fils bien-aimé. En lui, nous les fils d'Israël, Dieu nous a d'avance destinés à devenir son peuple ; car lui qui réalise tout ce qu'il a décidé, il a voulu que nous soyons ceux qui d'avance espéraient dans le Christ pour que soit chantée sa gloire.

PSAUME (Lc 1, 47-55)

Magnificat

■ **Heureuse Vierge Marie**
qui portas en toi
le Fils du Père éternel.

Mon âme exalte le Seigneur,
exulte mon esprit en Dieu mon Sauveur !
Il s'est penché sur son humble servante,
désormais tous les âges me diront
bienheureuse.
Le Puissant fit pour moi des merveilles ;
saint est son nom !
Son amour s'étend d'âge en âge
sur ceux qui le craignent
Déployant la force de son bras
il disperse les superbes.
Il renverse les puissants de leur trône,
il élève les humbles.
Il comble de biens les affamés,
renvoie les riches les mains vides.
Il relève Israël son serviteur,

il se souvient de son amour,
de la promesse faite à nos pères
en faveur d'Abraham et de sa race, à jamais.

ACCLAMATION ÉVANGÉLIQUE

■ Alléluia.
■ **Alléluia.**
Béni sois-tu, Seigneur Jésus,
qui as manifesté ta gloire
à la prière de ta mère.
■ **Alléluia.**

ÉVANGILE (JN 2, 1-11)

Évangile de Jésus-Christ selon saint Jean
Il y avait un mariage à Cana en Galilée… (lire page 117)

PRIÈRE SUR LES OFFRANDES

Accueille, Seigneur, nos offrandes
pour en faire le mystère de notre salut :
que sa puissance brûle nos cœurs
du même amour que la Vierge Marie, Mère de l'Église,
afin que nous puissions plus intimement participer avec elle
à l'œuvre de la Rédemption.
Par Jésus, le Christ, notre Seigneur…

PRÉFACE

Vraiment, il est juste et bon de rendre gloire,
de t'offrir notre action de grâce, toujours et en tout lieu,
à toi, Père très saint, Dieu éternel et tout-puissant.
Pour célébrer la Vierge Marie,
c'est à toi que s'adressent nos louanges.
En accueillant ta Parole dans un cœur immaculé,
elle a mérité de la concevoir dans son sein virginal.
En donnant naissance à son Créateur,
elle a préparé les commencements de l'Église.

En recevant au pied de la croix
le testament d'amour de son Fils,
elle a reçu pour fils tous les hommes
que la mort du Christ a fait naître à la vie divine.
Quand les apôtres attendaient l'Esprit qui leur était promis
elle a joint sa supplication à celle des disciples,
devenant ainsi le modèle de l'Église en prière.
Élevée dans la gloire du ciel,
elle accompagne et protège l'Église de son amour maternel
dans sa marche vers la patrie jusqu'au jour
de la venue glorieuse du Seigneur.
C'est pourquoi avec tous les anges et tous les saints,
nous chantons l'hymne de ta gloire
et sans fin nous proclamons : **Saint !...**

Antienne de la communion (Jn 2, 1-11)

Il y eut des noces à Cana en Galilée, et la mère de Jésus était là. C'est alors que Jésus fit le premier de ses signes : il manifesta sa gloire et ses disciples crurent en lui.

Prière après la communion

Nous avons reçu le gage de la Rédemption et de la vie,
et nous te supplions encore, Seigneur :
qu'avec l'aide maternelle de la Vierge Marie,
ton Église proclame à tous les peuples
le message de l'Évangile
et qu'elle remplisse le monde entier de l'effusion de ton Esprit.
Par Jésus, le Christ, notre Seigneur…

Messe de sainte Bernadette

ANTIENNE D'OUVERTURE (MT 5, 8)

Heureux les cœurs purs,
car ils verront Dieu.

PRIÈRE D'OUVERTURE

Parmi les humbles, Seigneur,
que tu aimes et que tu glorifies,
tu as choisi sainte Bernadette ;
tu lui as donné la joie de voir la Vierge Marie
et de converser avec elle.
Permets qu'à sa prière et à son exemple,
nous marchions, dans la foi,
par les humbles sentiers que tu nous traces
et qui mènent au bonheur du ciel.
Par Jésus-Christ, ton Fils, notre Seigneur et notre Dieu,
qui règne avec toi et le Saint-Esprit,
maintenant et pour les siècles des siècles.

PREMIÈRE LECTURE (1 CO, 1, 26-31)

Lecture de la première lettre de saint Paul, apôtre, aux Corinthiens.

Frères, vous qui avez été appelés par Dieu, regardez bien :
parmi vous,
il n'y a pas beaucoup de sages aux yeux des hommes,
ni de gens puissants ou de haute naissance.
Au contraire, ce qu'il y a de fou dans le monde,
voilà ce que Dieu a choisi
pour couvrir de confusion ce qui est fort ;
ce qui est d'origine modeste, méprisé dans le monde,
ce qui n'est rien,
voilà ce que Dieu a choisi
pour détruire ce qui est quelque chose,

afin que personne ne puisse s'enorgueillir devant Dieu.
C'est grâce à Dieu, en effet,
que vous êtes dans le Christ Jésus,
qui a été envoyé par lui pour être notre sagesse,
pour être notre justice,
notre sanctification, notre Rédemption.
Ainsi comme il est écrit :
celui qui veut s'enorgueillir
qu'il mette son orgueil dans le Seigneur.

PSAUME

Psaume 130

■ Garde mon âme dans la paix
près de toi, mon Dieu.

Seigneur, je n'ai pas le cœur fier
ni le regard ambitieux ;
je ne poursuis ni grands desseins
ni merveilles qui me dépassent.

Non, mais je tiens mon âme
égale et silencieuse ;
mon âme est en moi comme un enfant
comme un petit enfant contre sa mère.

Attends le Seigneur, Israël,
maintenant et à jamais !

ACCLAMATION À L'ÉVANGILE (JN 8, 12)

■ Alléluia.
■ Alléluia.
Lumière du monde, Jésus-Christ,
celui qui marche à ta suite
aura la lumière de la vie.
■ Alléluia.

ÉVANGILE (JN 12, 24-36 / MT 5, 1-12)

Évangile de Jésus-Christ selon saint Jean

Quelques jours avant la Pâque,
Jésus disait à ses disciples :
« Oui, vraiment je vous le dis :
si le grain de blé tombé en terre ne meurt pas
il reste seul ;
mais s'il meurt, il donne beaucoup de fruits.
S'aimer soi-même, c'est se perdre ;
Se haïr en ce monde,
c'est se garder pour la vie éternelle.
Si quelqu'un veut me servir, qu'il me suive ;
et là où je suis, là aussi sera mon serviteur.
Si quelqu'un me sert,
mon Père le récompensera. »

ou bien :
les Béatitudes (page 84).

PRIÈRE SUR LES OFFRANDES

Seigneur, reçois cette offrande,
que nous te présentons avec humilité ;
qu'elle nous obtienne d'imiter sainte Bernadette
dans sa prière et dans son sacrifice.
Par Jésus, le Christ, notre Seigneur.

PRÉFACE

Vraiment, il est juste et bon de te rendre gloire,
de t'offrir notre action de grâce, toujours et en tout lieu,
à toi, Père très saint, Dieu éternel et tout-puissant.
En fêtant (aujourd'hui) sainte Bernadette,
nous célébrons les prévenances de ton amour
pour tant d'hommes et de femmes

parvenus comme elle à la sainteté,
en se donnant au Christ à cause du royaume des cieux.
Par ce mystère d'alliance,
tu veux que notre condition humaine
retrouve sa splendeur première
et que, dès ici-bas, nous ayons un avant-goût
des biens que tu nous donneras dans le monde à venir.
C'est pourquoi, avec les anges et tous les saints,
nous chantons et proclamons :
Saint !...

Antienne de la communion (Mt 5, 3)

Heureux les pauvres de cœur,
le royaume des cieux est à eux.

Prière après la communion

Par cette communion, Seigneur,
qui nous a rassemblés dans ton amour,
donne-nous la force qui animait sainte Bernadette,
dans sa lutte pour la sainteté.
Par Jésus, le Christ, notre Seigneur.

La découverte du Lourdes historique et des Pyrénées qui l'enchâssent nous offrira un moment de sérénité pour conclure notre pèlerinage et l'ouvrir à d'autres horizons.
Une dernière visite à la grotte et ce seront les retrouvailles avec nos familles, nos amis, nos paroisses.

Après Lourdes

Autour de Lourdes

En longeant le gave
Quitter les basiliques, pour prendre un temps de repos. Une journée hors des sanctuaires, avant un dernier adieu à la grotte.

Alors que déjà l'heure du départ se précise, quel souvenir restera-t-il de Lourdes – sinon ses sanctuaires ? Le temps d'une demi-journée, d'une balade, la ville qu'il a sillonnée peut offrir au pèlerin devenu promeneur d'autres visages inattendus : visage austère du donjon médiéval qui surplombe fièrement les ruelles ; visage riant de son pic et de son lac, qui révèlent les beautés sereines du massif montagnard.

Ces quelques heures distraites des sanctuaires peuvent participer du pèlerinage : revenir dans le siècle de Bernadette, ressusciter les us et coutumes du Lourdes des Soubirous, c'est poser des jalons plus concrets, mieux comprendre la jeune sainte. Découvrir sur ses pas Bartrès ou Bétharram, c'est conférer au récit de sa vie réalité et authenticité. Et si quelque excursion aux alentours ne nous entraîne pas vers un autre sanctuaire, cette promenade au cœur des Pyrénées pourra être aussi une occasion de repos… et de louange.

Promenades dans Lourdes

Pour parcourir les ruelles, les sanctuaires et le centre historique de Lourdes, les wagonnets du petit train touristique s'ébranlent depuis la place Mgr-Laurence, pendant toute la saison des pèlerinages. En trois quarts d'heure, on aura fait le tour de la cité. On pourra néanmoins préférer parcourir Lourdes à pied. Le gave de Pau, paisible devant la grotte, retrouve dans quelques-uns de ses méandres intra-muros la beauté du torrent montagnard. Les ruelles, les escaliers sinueux conduisent jusqu'au rocher de Lourdes. Un vestige de l'enceinte médiévale arrête les regards : la tour de Gavarnie. Puis on reprend sa route vers la forteresse.

Remonter l'histoire – le château fort

Érigé sur un éperon calcaire, le fort domine la ville et l'entrée des sept vallées du Lavedan, depuis toujours, ou presque. Les Romains, en 56 avant J.-C., ont édifié ici un oppidum. Les Barbares – Vandales, Alains, Wisigoths, Francs... –, qui déferlent ensuite sur l'Aquitaine en vagues d'invasions successives, vont utiliser cette place. Les Sarrazins, défaits par Charles Martel, et qui refluent vers l'Espagne, s'y fortifient provisoirement. Et, selon la légende, Charlemagne les y assiège : l'épisode donnera son nom à la ville (lire *Brève histoire de Lourdes avant 1858*, page 37).

De ces huit siècles mouvementés, il ne reste dans le fort que quelques vestiges. En revanche, le millénaire suivant dessinera sur les murs, en strates architecturales entremêlées, le témoignage de chacun de ses occupants. Tour à tour résidence seigneuriale, place militaire ou prison, la forteresse, sans cesse transformée, n'a cessé d'abriter des occupants qu'à l'orée du XXe siècle. Lorsque la visite s'achève au sommet du donjon, on comprend mieux pourquoi le site a été choisi par les soldats, seigneurs et généraux pendant quelque deux mille ans : il offrait une protection naturelle contre les éventuels dangers qui les menaçaient et une vue extraordinaire sur la vallée. Aujourd'hui, pour les visiteurs moins belliqueux, c'est l'occasion

LE DONJON
Les 39 Compagnons de Lourdes, des mercenaires commandés par Pierre puis Jean de Béarn, sont réfugiés au XIVe dans l'enceinte. Ils vont écumer toute la Bigorre, et la piller.

L'ÉGLISE PAROISSIALE, VUE DU FORT
Du sommet du donjon, la vue plonge sur toute la plaine de Bigorre. On voit l'ennemi arriver de loin : le site demeure imprenable pendant tout le Moyen Âge.

d'un panorama rare sur la ville, ses sanctuaires et les massifs pyrénéens. Revenons à l'histoire. Aux XIe et XIIe siècles, les comtes de Bigorre élisent domicile au château : les éléments de base des murs et les flancs de l'enceinte supérieure sud-est et sud-ouest datent de cette époque romane. Les lignes de défense s'organisent, puis se complexifient, au fil des guerres qui jalonnent les trois siècles suivants. On érige une enceinte basse, qui court le long du roc. Elle abritera les troupes de Simon de Montfort, venu chasser l'occupant cathare. On développe l'enceinte supérieure et on bâtit le donjon au XIVe siècle. Le fameux Prince Noir anglais, au cours de la guerre de Cent Ans, y installe les "mercenaires" gascons commandés par Pierre Arnaud de Béarn, puis Jean son frère. Les murailles résistent aux sièges successifs du duc d'Anjou et du célèbre connétable Du Guesclin. Les deux frères, cousins du prince béarnais Fébus, organisent depuis le donjon le pillage systématique de la Bigorre, en échange d'une hypothétique protection. La forteresse où ils se réfugient après leurs prébendes demeure un refuge imprenable.

Mais l'art militaire progresse, et la citadelle tombe – plusieurs fois – au cours des guerres de religion. Affaiblies, endommagées aussi par le tremblement de terre de 1660, les murailles doivent être restaurées. Vauban, architecte du roi Louis XIV, qui essaime partout en France des forts redoutables, s'y attelle en 1685. Le génie militaire peaufinera son ouvrage, de 1828 à 1856, avant que s'y installe une garnison d'infanterie. Ces modifications des lignes de défense seront les dernières.

Découvrir la Bigorre – le Musée pyrénéen

L'enceinte du château fort abrite le Musée pyrénéen, créé en 1921. Dans ce qui constitue le plus riche musée d'arts et de traditions populaires et d'histoire des Pyrénées, on se découvre, d'une salle à l'autre, ethnographe, architecte, historien… Les costumes de fête, la reconstitution de maisons typiques, d'une cuisine béarnaise et d'une chambre bigourdane font circuler le visiteur au cœur d'une civilisation disparue avec la modernité. Les arts décoratifs (faïences, mobilier), les arts religieux (retables) évoquent une culture foisonnante.

Le gemmail, art sacré

Dans le centre-ville, le musée du Gemmail présente une collection de tableaux exécutés selon la technique du gemmail, dont Lourdes est devenue la capitale. Cet art consiste à associer, comme dans le vitrail, la couleur et la lumière. Mais le gemmiste n'utilise pas le plomb pour assembler le verre. Il compose son œuvre en assemblant des fragments de verre, disposés en épaisseurs pour varier les tons. L'ensemble est ensuite passé à l'étuve pour fixer les fragments.

Outre les œuvres du musée, on peut admirer des tableaux exécutés selon cette technique au sous-sol du musée Ste Bernadette. La basilique souterraine Saint-Pie X est également ornée de cinquante-deux gemmaux, qui illustrent les quinze stations du chemin de croix, les quinze mystères du rosaire et les apparitions de la Vierge à Bernadette.

LE MUSÉE GRÉVIN VU DU GAVE
La rivière tranquille devant la grotte devient ailleurs torrent. En sillonnant la ville et ses musées, ce sont toutes les Pyrénées qui sont ressuscitées.

L'archéologie (remarquable salle André Clot) et la paléontologie ressuscitent le passé lointain de la région. D'autres souvenirs, plus récents, font ressurgir un temps lui aussi disparu : le début du pyrénéisme. À travers leur matériel, leurs photos, c'est l'univers des premiers guides et « escaladeurs » de cimes qui renait ici.
Enfin, les salles consacrées aux sciences naturelles resituent cette histoire dans son environnement, présentant ainsi les spécimens de la flore et de la faune locales – ours y compris bien sûr. Le naturaliste passionné pourra compléter cette visite par un détour au Planète aquarium Pyrénées-Lourdes : en vingt-sept bassins, il présente cinquante-cinq espèces de poissons du massif, ceux qui peuplent les rivières et torrents environnants.

Traditions et musées de Lourdes

Les scénographies grandeur nature du musée de Lourdes évoquent la vie quotidienne de la cité et des campagnes alentours, à l'époque des apparitions. Un boulanger s'affaire dans son fournil ; un sabotier, un meunier ou un vannier vaquent à leurs occupations. Le tout est fidèlement et minutieusement reconstitué, à travers 4 000 costumes, meubles, et le son et lumière permanent qui accompagne le visiteur.
Il pourra également circuler dans la ville de 1858, pour peu qu'il prenne la peine de pousser la porte du Musée du Petit Lourdes. Un cheminot a consacré plus de quinze ans à édifier cette ville, version lilliputienne :

Poursuivre le pèlerinage – la vie de Bernadette

Pour ceux qui veulent en savoir plus sur Bernadette, une visite s'impose : celle du rez-de-chaussée du musée. Ce musée Ste Bernadette accumule les témoignages, anciens ou contemporains, autour de l'aînée des Soubirous.
Une maquette de la ville et de vieilles photos plantent le décor et l'époque.
Des "reliques" de la sainte campent le personnage : vêtements, livre de catéchisme ou cahier de prières… Des œuvres très diverses déroulent le récit.
Le fameux *Portrait bleu* de Du Roure montre la jeune bergère. Les reproductions des vitraux de la basilique supérieure "racontent" toute l'histoire, depuis la première apparition jusqu'au couronnement de la statue en 1877…
Le musée Grévin met également en scène, avec ses personnages de cire, la vie de Bernadette. Aucun épisode ne manque, au rez-de-chaussée du bâtiment. Et une reproduction fidèle de la châsse de Nevers a été récemment ajoutée.
On pourra aussi s'installer, pour une séance cinématographique, dans l'obscurité de la salle Bernadette : le film que Jean Delannoy a consacré à la jeune Lourdaise y tient en permanence l'affiche. Une reconstitution audiovisuelle de la vie de sainte Bernadette est également présentée au Panorama.

toute la topographie, les maisons de maçonnerie, le gave et ses ruisseaux, les vieux moulins sont répliqués au 1/20. Les arbres sont devenus bonzaïs… Cette visite en plein air suit aussi le cours des saisons.
Des automates animent d'autres maquettes, d'autres scènes de la vie pyrénéenne du XIXe, au rez-de-chaussée du musée de la Nativité. Dans les étages, dioramas, tableaux ou miniatures revisitent l'enfance de Jésus. Des scènes évangéliques (de l'Annonciation à la Présentation) et des tableaux de la vie quotidienne en Palestine s'exposent aux curieux.
Dans le même esprit, le musée Grévin de Lourdes présente, au gré de ses quatre étages supérieurs, les principales étapes de la vie du Christ. Seul musée de cire au monde à consacrer l'ensemble de ses scènes à un sujet religieux, il bénéficie du savoir-faire des artisans du musée Grévin de Paris pour fabriquer ses mannequins de taille humaine. Avec un point d'orgue : une reconstitution de la Cène inspirée de la fresque milanaise de Léonard de Vinci.

PANORAMA AU PIC DU JER
À moins de mille mètres d'altitude, le spectacle qui s'offre donne déjà à l'ascension des airs de moyenne montagne. Du sommet du Grand Jer, on embrasse du regard quatre vallées, les plaines de Pau et de Tarbes, et les crêts enneigés des massifs pyrénéens.

Promenades autour de Lourdes

La route de la forêt mène, de pénombres sylvestres en clairières, le long de ses promenades balisées, jusqu'aux aires de pique-nique ou de jeux. À dix minutes des sanctuaires, les grottes de Lourdes invitent à une visite insolite, au gré de ses salles sculptées de formes étranges depuis des millénaires.
Tout contre la cité, quelques "sommets" dessinent les premiers contreforts des Pyrénées : le Béout, le Petit Jer et ses trois croix, le Grand Jer. Plus loin, derrière les collines, les lacs de montagne reposent, les cavités mystérieuses béent, les grandes cirques glaciaires s'arrondissent. Au loin, la ligne des pics découpe ses arêtes enneigées, même en plein été.
Lourdes, aux portes du Parc national des Pyrénées, propose à portée de la main un concentré de ces merveilles naturelles. Les découvrir n'exige ni beaucoup de temps ni une forme physique hors du commun.

Prendre de l'altitude – le pic du Jer.

Le Grand Jer domine, de ses 948 mètres, la plaine de la Bigorre. À sa cime, une croix immense s'illumine la nuit, qui surplombe les vallées de Batsurguere, de Castelloubon, d'Arcizac, de Tarbes et de Pau. Le pic est comme le centre où se rejoignent les rayons de ces dernières plaines avant les Pyrénées. Les plus sportifs pourront envisager son ascension à pied. Les autres emprunteront le funiculaire en plein air, pittoresque, centenaire et… rapide. En six minutes, ses cabines emportent les voyageurs vers le sommet, à travers un bois de sapins. Le panorama saisit alors l'excursionniste, pourvu que la météo soit de la partie. Au sud, dans le lointain, le Pibeste, le pic d'Alian, le Vignemale offrent leurs sommets immaculés. Les plaines de Tarbes et de Pau s'étendent jusqu'à l'horizon. La vue sur Lourdes et les sanctuaires redessine des parcours maintes fois empruntés pendant le pèlerinage. Une table d'orientation permet de préciser les points de vue et de repérer les principaux pics de la chaîne.

Avant de redescendre, une curiosité : on peut observer au pic du Jer les dolines (creux calcaires) et les cavernes les plus hautes d'Europe.

Le funiculaire
On découvre, au fil de la montée, la ville et les sanctuaires au milieu des sapins.

Poursuivre le pèlerinage – Bartrès

À quatre kilomètres de Lourdes, par une jolie route de campagne, bordée d'ajoncs et de bruyères, on rejoint le village de Bartrès. Bernadette y fut mise en nourrice de la fin 1844 au printemps 1846, puis y revint comme employée de ferme, chez Basile et Marie Laguës, quelques mois avant les apparitions. On y découvre notamment la bergerie, simple abri de bois et de pierres ; et la maison Burg, où fut logée Bernadette au cours de ces deux séjours. Sa chambre, dans cette ferme au style ancien, est conservée intacte. On pourra également visiter l'église du village, dont le chœur du XVIIe siècle demeure inchangé : c'est là que Bernadette vint prier, à l'époque où elle espérait préparer sa première communion à Bartrès.

Le lac de Lourdes
Ce plan d'eau garde le caractère sauvage des lacs de montagne. Ses rives, elles, sont apprivoisées pour le repos et la détente.

Prendre les eaux – le lac de Lourdes

L'un des plus vastes plan d'eau de la chaîne pyrénéenne s'étend à quelques pas du centre-ville de Lourdes, trois kilomètres à peine. Facile d'accès, le lac de Lourdes propose à tous la quiétude et la beauté réservées ailleurs aux randonneurs confirmés. D'origine glaciaire, son eau cristalline a cet éclat unique des lacs de montagne. Les massifs qui l'enchâssent et le ciel se reflètent sur ses 55 hectares, dessinant un spectacle à couper le souffle. Une forêt de résineux ombrage les berges en pente douce, propices à la rêverie, aux déjeuners sur l'herbe. On loue un canot, un pédalo, et en quelques minutes on se retrouve au milieu du plan d'eau, cerné par les montagnes, sous un ciel d'une pureté exceptionnelle. Sur la rive sud du lac, un golf de dix-huit trous se love au milieu des pinèdes.

Une après-midi loin de Lourdes

Un cirque mondialement connu, des grottes exceptionnelles, un sanctuaire pluricentenaire : voici quelques sites des environs (plus ou moins) proches, qui valent qu'on s'y rende. Cependant, les visiter demandera du temps, un trajet en autocar qui fatiguera certains, et parfois une approche pédestre dans un sentier de petite montagne. Ceux dont le programme le permet, et qui s'en sentent l'énergie, trouveront facilement au centre-ville de Lourdes des propositions d'excursions comprenant le trajet en bus.

Descente au ventre de la terre – les grottes de Bétharram

Parmi les nombreuses et étonnantes cavités que recèlent les Pyrénées, il est un site particulièrement remarquable : les grottes de Bétharram.

Les grottes de Bétharram

Des galeries aménagées, un petit train pour remonter : la spéléologie, aux grottes de Bétharram, est accessible à tous.

Découvertes en 1819 par des bergers, on les explore en 1899. Rapidement aménagées, les premiers curieux purent y accéder dès le début du XXe siècle – chose inédite en France à l'époque.

Les visiter, c'est descendre dans le ventre de la terre : cinq étages de galeries, creusées à différentes époques, s'enfoncent sous le rocher, où foisonnent de stupéfiantes sculptures. Stalactites et stalagmites massifs ou ciselés évoquent tantôt des formes presque humaines, tantôt des silhouettes inquiétantes ou drolatiques. La rivière, que l'on suit sur une barque, a sculpté le rocher avec une finesse et une sûreté qui évoquent une main mystérieuse. Ailleurs, les roches massives rappellent quelque forteresse naturelle.

Ce voyage presque onirique de trois kilomètres dans les entrailles de la montagne a aussi valeur pédagogique. La diversité des étages raconte la formation progressive d'une grotte. On entrevoit la "vie" de ces cavités, mortes ou en activité. Une exposition sur la préhistoire complète l'intérêt de cette visite hors norme. On ressort des profondeurs dans un petit train qui évite une remontée trop pénible.

Les grottes de Bétharram sont à quinze kilomètres de Lourdes.

Découvrir la splendeur des cirques – Gavarnie

Ce site, classé patrimoine mondial de l'Unesco, contribue à la célébrité des Pyrénées. À juste titre, tant l'ampleur et la perfection de ce cirque glaciaire impressionne, planté dans un sanctuaire de flore et de faune sauvages.

Du village de Gavarnie, un chemin peu escarpé d'une heure environ serpente jusqu'au cœur du cirque. Les murs calcaires s'élèvent alors autour du visiteur, en une large paroi verticale en demi-cercle, qui culmine à 3 000 mètres d'altitude. Au fond, la Grande cascade, constituée d'un réseau de chutes, dégringole depuis les 3 248 m du Marboré. Vers l'ouest, ces rochers

sont traversés par une entaille surprenante qui autorise le passage vers Ordesa et l'Espagne : la brèche de Roland. La chanson de geste raconte comment, surpris par les Sarrazins à Roncevaux, le neveu de Charlemagne aurait tenté de briser son épée sur la montagne, pour qu'elle ne tombe pas aux mains des infidèles. Mais la fidèle Durandal aurait fendu le roc plutôt que de se rompre.
Un autre itinéraire, le sentier du Pailha, ramène vers le village. Il offre une vue exceptionnelle sur les pics alentours. Avec un peu de chance, et de silence, isards, rapaces, marmottes qui foisonnent dans le parc national se laisseront surprendre. Des excursions en autocar sont organisées depuis Lourdes. Prévoir la journée. On peut également louer ânes ou chevaux pour parcourir le sentier depuis le parking jusqu'à l'hôtel du Cirque, au cœur du site.

POURSUIVRE LE PÈLERINAGE – LE SANCTUAIRE DE BÉTHARRAM

Au XIVE siècle, des bergers auraient découvert une statue de la Vierge dans un buisson ardent, sur la rive du gave. Plus tard, la Vierge y sauva, dit-on, une jeune fille de la noyade. Dès lors, les fidèles de la région se rendirent en prière sur le lieu, baptisé Bétharram. Ils y érigèrent un sanctuaire. C'est dans ce centre de pèlerinages que vivait Michel Garicoïts au moment des apparitions de 1858. Le fondateur des prêtres du Sacré-Cœur de Bétharram avait une réputation de grande sainteté. L'évêque de Tarbes lui envoya Bernadette, le 30 juillet 1858. Leur conversation eut une grande importance dans la vocation de la jeune fille.
On pourra donc se rendre à Bétharram sur les pas de Bernadette. Le sanctuaire marial du XVIIe révèle un beau style baroque, rarissime dans la région. Le calvaire et les quinze stations évangéliques érigés au sanctuaire livrent d'intéressants bas-reliefs du XIXe. Les ruelles du village de Lestelle-Bétharram accompagnent joliment les méandres du gave. On visitera pour finir la chapelle reliquaire de saint Michel Caricoïts, canonisé en 1947.
Le sanctuaire de Bétharram se situe à quinze kilomètres de Lourdes.

Quitter Lourdes

Une prière avant de quitter la grotte

Vierge Marie, en ces jours de pèlerinage,
tu m'as aidé à recevoir au cœur l'Évangile,
la bonne nouvelle de Jésus, ton Seigneur et ton Fils,
C'est lui mon Sauveur, qu'il soit béni !
Mais quand il m'appelle à le suivre,
quand il me dit d'aimer vraiment, comme il aime,
de pardonner sans cesse, d'accueillir l'étranger,
alors je me sens faible et craintif.
Et je regarde vers toi, Marie,
"dans le creux du rocher",
implorant ton aide et cherchant
ton secret.

« Que soy era immaculada
Councepciou ».
Je lis en lettres d'or, au pied
de la statue,
le nom que tu confias, ici,
à Bernadette,
un vingt-cinq mars, jour
d'Annonciation…
Immaculée dès le premier instant,
créature nouvelle, "pétrie par
l'Esprit saint",
sanctuaire de l'Esprit, comblée
de grâce,
je te salue Marie !
Au jour d'Annonciation, l'Esprit
"qui donne la vie"
inspire ta réponse d'amour

et fait germer en toi Jésus-Sauveur.
Je te salue Marie !
Un souffle de vent alerta Bernadette
comme un souvenir du vent de Pentecôte
qui annonça le don de l'Esprit.
Je te salue Marie !
Ô Marie, Mère de l'Église,
comme les premiers disciples de Jérusalem
nous persévérons avec toi dans la prière,
nous souvenant de Jésus pour invoquer l'Esprit.
C'est l'Esprit de Jésus, l'amour du Père et du Fils,
qui nous envoie aujourd'hui dans le monde,
pour y être témoins de Jésus et artisans de paix.
Viens, Esprit saint, remplis le cœur de tes fidèles
et allume en eux le feu de ton amour.
Lave ce qui est souillé, baigne ce qui est aride,
guéris ce qui est blessé, réchauffe ce qui est froid.
Ô Marie, en quittant cette grotte,

pour retourner à nos travaux et soucis de tous les jours
nous te demandons finalement une chose :
que ta prière maternelle nous obtienne l'Esprit saint.

Rêverie dans le train du retour

« Magnificat… Mon âme exalte le Seigneur,
Exalte mon esprit en Dieu mon Sauveur. »
Je me souviens…
Ces quelques jours à Lourdes ont passé si vite !
Ces moments de paix et de prière…
Ce malade avec qui j'ai parlé…
Cette foule si variée…
peuple de Dieu…
l'Église de Jésus-Christ.

« Le Puissant fit pour moi des merveilles
Saint est son Nom !
Son amour s'étend d'âge en âge. »
J'ai beaucoup reçu au cours du pèlerinage
en écoutant d'autres pèlerins dans les carrefours,
en participant à la méditation du rosaire,
en regardant silencieusement la Vierge Marie.
J'ai beaucoup reçu de Dieu,
sa miséricorde et son pardon,
une lumière sur le sens de ma vie,
une grande joie de savoir que Dieu est amour.

« Il comble de biens des affamés,
renvoie les riches les mains vides. »
Je voudrais partager…
Comme Bernadette a témoigné de ce qu'elle avait vu et entendu,
je voudrais communiquer ma joie autour de moi.
Pour transmettre et partager, il me faut d'abord en vivre.

Comme un pauvre, je ferai confiance au Seigneur,
sans me laisser décourager par mes faiblesses.
Que ton Esprit, Seigneur, fasse de moi un serviteur et un témoin,
Ô Marie, priez pour moi, priez pour nous.
Gloire au Père, au Fils et au Saint-Esprit. Amen.

Suggestions pour un échange au retour de Lourdes

Nous rentrons de Lourdes.

Pendant ces jours de pèlerinage,
nous avons été un peuple fraternel…
un peuple qui écoute la Parole de Dieu…
un peuple en prière…
un peuple en fête…
un peuple témoin de l'Évangile…

Avec un certain recul déjà,
nous nous demandons :
en quoi ce pèlerinage nous a-t-il marqués ?
quelle lumière y avons-nous trouvée ?

Nous rentrons chez nous.

Allons-nous simplement reprendre nos vieilles habitudes ?
Lourdes va-t-il changer quelque chose ?
… dans notre vie personnelle… notre prière ?
… dans nos rapports avec notre entourage ?
… dans notre vie en communauté chrétienne ?
… dans notre responsabilité de chrétien
au service du monde où nous vivons ?
… dans notre milieu de travail ?

À l'occasion de notre pèlerinage, notre foi s'est-elle fortifiée ?

Si Jésus nous demandait : « Qui dites-vous que je suis ? » que répondrions-nous maintenant ? Au retour de Lourdes, pourrions-nous dire quelle est notre espérance ? Comment expliquerons-nous notre confiance en la Vierge Marie ? En quoi toute notre vie peut-elle être "un pèlerinage" ?

Notre Père céleste,
fais-toi reconnaître comme Dieu,
fais venir ton règne,
fais se réaliser ta volonté
sur la terre à l'image du ciel…
(Traduction œcuménique de la Bible).

LOURDES
VUE DES HAUTEURS
Nous sommes venus
en pèlerinage pour vivre
un moment fort.
Cette rencontre avec Dieu
est possible partout.
Qu'en ferons-nous,
à notre retour chez nous ?

« Chanter, c'est prier deux fois », dit l'Écriture.
Tout au long de notre pèlerinage,
au fil de nos célébrations, au cœur de nos oraisons,
laissons monter vers Dieu et vers Marie
des cantiques de supplications et de louanges.

Les chants

Dieu nous accueille en sa Maison

(A 174) Lécot-Palestrina-Zech

R. Dieu nous accueille en sa Maison,
Dieu nous invite à son festin :
Jour d'allégresse et jour de joie !
Alléluia !

1. Ô quelle joie quand on m'a dit :
« Approchons-nous de sa Maison,
Dans la cité du Dieu Vivant ! »

2. Jérusalem, réjouis-toi,
Car le Seigneur est avec toi :
Pour ton bonheur, il t'a choisie !

5. Approchons-nous de ce repas
Où Dieu convie tous ses enfants,
Mangeons le Pain qui donne vie.

7. Que Jésus-Christ nous garde tous
Dans l'unité d'un même Corps,
Nous qui mangeons le même Pain.

8. Soyons témoins de son Esprit !
Que disparaisse toute peur !
Montrons au monde notre foi !

Tu es notre Dieu

(A 187) Scouarnec-Akepsimas-SM

R. Tu es notre Dieu et nous sommes ton peuple
Ouvre-nous le chemin de la vie

1. Toi qui tiens dans ta main la profondeur de l'homme,
Mets en nous aujourd'hui le levain du Royaume.

2. Tu dévoiles à nos yeux l'océan de ta grâce.
Sois pour nous l'horizon, viens briser nos impasses.

3. Toi, le Dieu créateur, tu nous confies la terre.
Saurons-nous, par l'Esprit, l'habiller de lumière ?

4. En Jésus le Seigneur tu nous dis ta Parole ;
Que l'esprit dans nos cœurs démasque nos idoles.

Gloire à Dieu, Seigneur des univers

(A 217) Singer-Kempf-SM

R. Gloire à Dieu, Seigneur des univers,
Gloire, honneur, louange !
Vie aux hommes, habitants du monde,
Vie, bonheur, tendresse !

1. Nous te louons, ô Père ! Tu sèmes la vie avec amour.
Et voici l'homme, l'homme vivant, reflet de ton visage.

2. Nous te suivons, ô Christ ! Tu livres ton esprit et ton corps.
Et voici l'homme, l'homme levé, arraché aux ténèbres.

3. Nous te chantons, Esprit ! Tu mets dans les cœurs d'autres désirs.
Et voici l'homme, l'homme nouveau, brisant toutes frontières.

4. Nous te louons, toi Père, nous te suivons, Jésus-Christ.
Nous te chantons, toi l'Esprit, nous portons votre nom !

Que tes œuvres sont belles

(A 219-1) Rimaud-Berthier-SM © CNPL

R. Que tes œuvres sont belles, que tes œuvres sont grandes !
Seigneur, Seigneur, tu nous combles de joie ! ***(bis)***

C'est toi le Dieu qui nous as faits,
Qui nous as pétris de la terre !
Tout homme est une histoire sacrée :
L'homme est à l'image de Dieu !
Ton amour nous a façonnés,
Tirés du ventre de la terre !
Tout homme…

Tu as mis en nous ton esprit :
Nous tenons debout sur la terre !
Tout homme…
La terre nous donne le pain,
Le vin qui réjouit notre cœur.
Tout homme…

Au cœur de ce monde

(A 238) Rimaud-Berthier-SM © CNPL

R. Au cœur de ce monde, le souffle de l'Esprit
Fait retentir le cri de la Bonne Nouvelle
Au cœur de ce monde, le souffle de l'Esprit
Met à l'œuvre aujourd'hui des énergies nouvelles

1. Voyez ! les pauvres sont heureux :
Ils sont premiers dans le Royaume.
Voyez ! les artisans de paix :
Ils démolissent leurs frontières.
Voyez ! les hommes au cœur pur ;
Ils trouvent Dieu en toutes choses.

2. Voyez ! les affamés de Dieu :
Ils font régner toute justice.
Voyez ! les amoureux de Dieu :
Ils sont amis de tous les hommes.
Voyez ! ceux qui ont foi en Dieu :
Ils font que dansent les montagnes.

3. Voyez ! le peuple est dans la joie :
L'amour l'emporte sur la haine.
Voyez ! les faibles sont choisis :
Les orgueilleux n'ont plus de trône.
Voyez ! les doux qui sont vainqueurs :
Ils ont la force des colombes.

Peuple de prêtres

(C 49) Deiss-SM

**R. Peuple de prêtres, Peuple de rois,
Assemblée des saints, Peuple de Dieu,
Chante ton Seigneur !**

1. Nous te chantons, ô Fils bien-aimé de ton Père,
Nous te louons, Sagesse éternelle et Verbe de Dieu.
Nous te chantons, ô fils de la Vierge Marie,
Nous te louons, ô Christ, notre frère, venu nous sauver.

2. Nous te chantons, Splendeur de la lumière éternelle,
Nous te louons, Étoile du matin annonçant le jour.
Nous te chantons, Lumière éclairant nos ténèbres,
Nous te louons, Flambeau de la nouvelle Jérusalem.

6. Nous te chantons, Berger qui nous conduis au Royaume
Nous te louons, rassemble tes brebis en un seul bercail.
Nous te chantons, ô Source jaillissante de grâce,
Nous te louons, Fontaine d'eau vive pour notre soif.

Nous formons un même corps

(C 105) Lécot-Zech

R. Nous formons un même corps,
Nous qui avons part au même Pain,
Et Jésus-Christ est la Tête de ce corps,
L'Église du Seigneur.

1. Je suis le Pain vivant descendu du ciel.
Qui mange de ce Pain vivra pour toujours.
Et le Pain que je vous donne,
C'est ma chair, livrée pour la vie du monde.

2. La nuit où il fut livré, le Seigneur prit du pain.
Il rendit grâce et le rompit en disant :
« Ceci est mon Corps livré pour vous.
Faites ceci en mémoire de Moi. »

3. À la fin du repas, Jésus prit la coupe en disant :
« Voici la coupe de la nouvelle Alliance.
Faites ceci en mémoire de Moi. »
Ainsi vous annoncez la mort du Seigneur jusqu'à son retour.

Saint le Seigneur de l'univers

(C 230) Bernard-Bayle-SM

Saint le Seigneur de l'univers,
Saint le Très Haut,
Le Dieu de gloire,
Saint Jésus-Christ, Berger de paix,
L'Emmanuel dans notre histoire !

1. Le ciel et la terre sont remplis de ta gloire,
Hosanna au plus haut des cieux.

2. Béni soit celui qui vient au nom du Seigneur,
Hosanna au plus haut des cieux.

Épiclèse

Envoie ton Souffle, Dieu très bon,
Que tout ton peuple soit prophète !
Vienne dans nos cœurs et sur ces dons
Pour que ton œuvre en nous soit faite.

Anamnèse

Ta mort, Seigneur, nous l'annonçons,
Soleil de Dieu qui nous libère.
Tu es pour nous résurrection,
La joie promise à notre terre.

Doxologie

Louange à toi, le Dieu vivant,
Par le témoin de ton Royaume !
Que son Esprit dans cet avent
Murmure en nous le chant des pauvres !

Le pain que tu nous donnes

(D 83) Servel-Jef-Chalet

R. L'esprit que tu nous donnes brûle nos cœurs d'amour ;
Membres inséparables, en toi nous formons un seul Corps.

1. Le Pain que tu nous donnes rend toute gloire à Dieu,
Corps livré pour les hommes et Sang répandu sur la croix.
Le Pain que tu nous donnes rend toute gloire à Dieu.

2. La table que tu dresses est le festin royal,
C'est l'Alliance nouvelle scellée dans ton sang sur la croix.

3. Ton corps est la semence de l'immortalité,
Germe obscur de la gloire dont nous brillerons près de toi.

4. Ton sang est le remède qui nous guérit du mal :
Quand toi-même nous gardes, que peuvent l'enfer et la mort ?

5. L'esprit que tu nous donnes brûle nos cœurs d'amour ;
Membres inséparables, en toi nous formons un seul corps.

Seigneur, rassemble-nous

(D 87) Ombrie-Chalet

R. Seigneur, rassemble-nous dans la paix de ton amour.

1. Nos fautes nous séparent,
Ta grâce nous unit,
La joie de ta victoire
Éclaire notre nuit.

2. Tu es notre espérance
Parmi nos divisions ;
Plus haut que nos offenses
S'élève ton pardon.

5. Fais croître en notre attente
L'amour de ta maison ;
L'Esprit dans le silence
Fait notre communion.

6. Ta croix est la lumière
Qui nous a rassemblés :
Ô joie de notre terre,
Tu nous as rachetés !

Le Verbe s'est fait chair

(D 155) Lécot-Décha-Zech

R. Le Verbe s'est fait chair
et il a demeuré parmi nous.

1. Il est venu pour annoncer aux pauvres la Bonne Nouvelle,
Et pour guérir le cœur de ceux qui souffrent.

2. Il est venu pour amener à Dieu les pécheurs et les justes,
Et nous combler de joie par sa présence.

3. Il est venu pour enseigner aux hommes l'amour de leurs frères,
Pour apporter la paix dans notre monde.

4. Il est venu pour nous conduire aux sources d'une eau jaillissante,
Et nous donner son Corps en nourriture.

5. Il est venu pour apaiser les âmes et donner l'espérance,
Pour nous remplir de force et de confiance.

6. Honneur et gloire à notre Père, au Christ Rédempteur, notre frère,
Au Saint-Esprit, qui règnent pour les siècles.

Tu es le Dieu fidèle

(D 163) Vercruysse-SM

1. Seigneur, tu nous partages ton Corps et ton Sang,
Seigneur, tu nous partages ton Corps et ton Sang,
Et nous allons, tout joyeux vers toi, en chantant :

R. Tu es le Dieu fidèle, éternellement.

2. Par cette Eucharistie, ô Dieu de bonté,
Par cette Eucharistie, ô Dieu de bonté,
Tu fais de nous des frères qui s'aiment dans la paix

3. L'amour que tu nous donnes nous a libérés,
L'amour que tu nous donnes nous a libérés,
Et nous marchons vers la sainteté de ton nom

4. Tu as tracé la route qui nous mène à toi,
Tu as tracé la route qui nous mène à toi,
Et nous allons invitant le monde à ta joie.

Pain des merveilles

(D 203) Scouarnec-Akepsimas-SM

**R. Voici le pain, voici le vin pour le repas et pour la route.
Voici ton corps, voici ton sang.
Entre nos mains voici ta vie qui renaît de nos cendres.**

1. Pain des merveilles de notre Dieu,
Pain du Royaume, table de Dieu.

2. Vin pour les noces de l'Homme-Dieu,
Vin de la fête, Pâque de Dieu.

3. Force plus forte que notre mort,
Vie éternelle en notre corps.

4. Source d'eau vive pour notre soif,
Pain qui ravive tous nos espoirs.

5. Porte qui s'ouvre sur nos prisons,
Mains qui se tendent pour le pardon.

À l'image de ton amour

(D 218) Lécot-Temple-Zech

1. Seigneur Jésus, tu nous as dit :
« Je vous laisse un commandement nouveau :
Mes amis, aimez-vous les uns les autres.
Écoutez mes paroles et vous vivrez. »

2. Devant la haine, le mépris, la guerre,
Devant les injustices, les détresses,
Au milieu de notre indifférence,
Ô Jésus, rappelle-nous ta Parole !

**R. Fais-nous semer ton Évangile, fais de nous des artisans d'unité,
Fais de nous des témoins de ton pardon, à l'image de ton amour.**

3. Tu as versé ton sang sur une croix,
Pour tous les hommes de toutes les races,
Apprends-nous à nous réconcilier,
Car nous sommes tous enfants d'un même Père.

Pain rompu pour un monde nouveau

(D 284) Scouarnec-Akepsimas-SM

**R. Pain rompu pour un monde nouveau,
Gloire à toi, Jésus-Christ ;
Pain de Dieu, viens ouvrir nos tombeaux,
Fais-nous vivre de l'Esprit !**

1. Tu as donné ton corps pour la vie du monde.
Tu as offert ta mort pour la paix du monde.

3. Ton corps est un levain de vie éternelle.
Tu sèmes dans nos mains ta Bonne Nouvelle.

4. Quand retentit pour toi l'heure du passage,
Tu donnes sur la croix ta vie en partage.

7. Ton corps brisé unit le ciel à la terre.
Dieu nous promet la vie en ce grand mystère.

Qui mange ma chair

(D 290) Rimaud-Berthier-Fleurus

**R. Qui mange ma chair et boit mon sang
Demeure en moi et moi en lui.** ***(bis)***

1. Si vous ne mangez pas la chair du Fils de l'homme,
Vous n'aurez pas la vie en vous ;
Si vous ne buvez pas le sang du Fils de l'homme,
Vous n'aurez pas la vie en vous.

2. Je suis le pain vivant :
Celui qui vient à moi n'aura plus jamais faim ;
Celui qui croit en moi, plus jamais n'aura soif.

C'est toi, Seigneur, le Pain rompu

(D 293) Lécot-Kirbye-Zech

**R. C'est toi, Seigneur, le Pain rompu, livré pour notre vie.
C'est toi, Seigneur, notre unité, Jésus ressuscité.**

4. « Je suis le Pain qui donne vie : qui croit en moi vivra ;
Et je le ressusciterai, au jour de mon retour. » (Jn 6)

6. Nous partageons un même pain, dans une même foi,
Et nous formons un même corps : l'Église de Jésus. (1 Cor 12)

7. C'est maintenant le temps de Dieu : il faut nous préparer.
C'est maintenant le temps de Dieu : il faut changer nos cœurs. (Mc 1)

8. « Avant d'aller vers mon autel, regarde ton prochain :
Pardonne et réconcilie-toi, puis viens dans ma maison. » (Mt 5)

10. « L'Esprit de Dieu m'a envoyé pour annoncer la joie,
Pour libérer les prisonniers, pour apporter la paix. » (Is 61)

En mémoire du Seigneur *(D 304) Rimaud-Gelineau-SM © CNPL*

**R. Pour un monde nouveau, pour un monde d'amour,
Et que viennent des jours de justice et de paix.**

1. En mémoire du Seigneur qui nous a rompu le pain,
En mémoire du Seigneur, nous serons le pain rompu.

2. En mémoire du Seigneur qui nous a donné son sang,
En mémoire du Seigneur, nous serons le sang versé.

3. En mémoire du Seigneur qui a fait de nous son corps,
en mémoire du Seigneur, nous serons son corps livré.

4. En mémoire du Seigneur, tout le pain soit partagé !
En mémoire du Seigneur, tous les pauvres soient comblés !

Le pain dans nos mains

(D 520) Colombier-Fleurus

R. Entre nos mains, tu es le pain,
Entre nos mains, tu es la vie,
Ouvre nos mains pour donner le pain.
Ouvre nos mains pour donner la vie.

1. Ces mains agrippées au travail qui bâtissent le monde.
Ces mains unies par l'affection, les tendresses humaines.
Ces mains quand elles partagent le pain,
Chantent ta gloire.

2. Ces mains qui scandent notre joie,
Sur des rythmes de danse.
Ces mains crispées portant la croix
D'une ardente souffrance.

3. Ces mains croisées par l'amitié
Formant comme une chaîne.
Ces mains qui serrent une autre main
Et redonnent confiance.

6. Ces mains qui remettent debout,
Qui soignent ou qui guérissent.
Ces mains qui sauvent et donnent vie
Quand elles refont tes gestes.

Ô Seigneur, je viens vers Toi

(E 116) Prophette-SM

R. Ô Seigneur, je viens vers Toi, je viens vers Toi,
Je te cherche, mon Dieu.
Ô Seigneur, écoute-moi, écoute-moi, je t'espère, mon Dieu.

1. Toi Seigneur, tu es la vie,
Moi, je n'étais rien.
Toi, tu m'as donné la vie,
Moi, je suis ton enfant.

2. Toi Seigneur, tu es l'amour,
Moi, j'étais perdu,
Toi, tu es toute tendresse,
Moi, je cherche ta main.

3. Toi, Seigneur, tu es pardon,
Moi, je suis pécheur,
Tu écoutes et tu pardonnes,
Ô mon Dieu, je t'implore.

4. Toi, Seigneur, tu es lumière,
Moi, je ne vois pas.
Ta parole nous éclaire.
Fais, Seigneur, que je voie.

Nous avons vu les pas de notre Dieu

(E 120) Scouarnec-Akepsimas-SM

1. Nous avons vu les pas de notre Dieu
Croiser les pas des hommes ;
Nous avons vu brûler comme un grand feu
Pour la joie de tous les pauvres.

**R. Reviendra-t-il marcher sur nos chemins,
Changer nos cœurs de pierre ?
Reviendra-t-il semer au creux des mains
L'amour et la lumière ?**

2. Nous avons vu fleurir dans nos déserts
Les fleurs de la tendresse.
Nous avons vu briller sur l'univers
L'aube d'une paix nouvelle.

3. Nous avons vu danser les malheureux
Comme au jour de la fête.
Nous avons vu renaître au fond des yeux
L'espérance déjà morte.

4. Nous avons vu le riche s'en aller
Le cœur et les mains vides.
Nous avons vu le pauvre se lever
Le regard plein de lumière.

Gloire à Dieu, paix aux hommes

(F 156) CNPL-L. Deiss-SM

R. Gloire à Dieu, paix aux hommes, joie du ciel sur la terre.

1. Pour tes merveilles, Seigneur Dieu,
Ton peuple te rend grâce.
Ami des hommes, sois béni pour ton règne qui vient !
À toi les chants de fête par ton Fils bien-aimé, dans l'Esprit.

2. Sauveur du monde, Jésus-Christ, écoute nos prières ;
Agneau de Dieu vainqueur du mal, sauve-nous du péché !
Dieu saint, splendeur du Père, Dieu vivant,
Le Très-Haut, le Seigneur.

Changez vos cœurs

(G 162) Lécot-Zech

R. Changez vos cœurs, croyez à la Bonne Nouvelle.
Changez de vie, croyez que Dieu vous aime.

1. Je ne viens pas pour condamner le monde :
Je viens pour que le monde soit sauvé.

2. Je ne viens pas pour les bien-portants ni pour les justes :
Je viens pour les malades, les pécheurs.

3. Je ne viens pas pour juger les personnes :
Je viens pour leur donner la Vie de Dieu.

4. Je suis le Bon Pasteur, dit Jésus :
Je cherche la brebis égarée.

5. Je suis la Porte, dit Jésus :
Qui entrera par moi sera sauvé.

6. Qui croit en moi à la Vie éternelle :
Croyez en mes paroles et vous vivrez.

Si l'espérance t'a fait marcher

(G 213) Scouarnec-Akepsimas-SM

1. Si l'espérance t'a fait marcher plus loin que ta peur, ***(bis)***
Tu auras les yeux levés.
Alors tu pourras tenir,
Jusqu'au soleil de Dieu.

2. Si la colère t'a fait crier justice pour tous, ***(bis)***
Tu auras le cœur blessé.
Alors tu pourras lutter
Avec les opprimés.

3. Si la misère t'a fait chercher aux nuits de la faim, ***(bis)***
Tu auras le cœur ouvert.
Alors tu pourras donner
Le pain de pauvreté.

4. Si la souffrance t'a fait pleurer des larmes de sang, ***(bis)***
Tu auras les yeux lavés.
Alors tu pourras prier
Avec ton frère en croix.

Peuple de l'Alliance

(G 244) Scouarnec-Akepsimas-SM

1. Peuple de l'Alliance,
Ton Dieu te fait signe. ***(bis)***
Marche à la suite de Jésus !
Va crier son nom
Sur les chemins du monde. ***(bis)***

2. Peuple de l'Alliance,
Ton Dieu te réveille. ***(bis)***
Passe la mer avec Jésus !
Va creuser ta soif
Dans les déserts du monde. ***(bis)***

3. Peuple de l'Alliance,
Ton Dieu te pardonne. ***(bis)***
Prends la lumière de Jésus !
Va semer l'amour
Dans les hivers du monde. ***(bis)***

4. Peuple de l'Alliance,
Ton Dieu te libère. ***(bis)***
Porte ta croix avec Jésus !
Va planter la paix
Aux carrefours du monde. ***(bis)***

Ô Croix dressée sur le monde *(H 30) Servel-Geoffray-Chalet*

1. Ô Croix dressée sur le monde,
Ô Croix de Jésus-Christ ! ***(bis)***
Fleuve dont l'eau féconde
Du cœur ouvert a jailli,
Par toi la vie surabonde,
Ô Croix de Jésus-Christ !

2. Ô Croix, sublime folie,
Ô Croix de Jésus-Christ ! ***(bis)***
Dieu rend par toi la vie
Et nous rachète à grand prix :
L'amour de Dieu est folie,
Ô Croix de Jésus-Christ !

3. Ô Croix, sagesse suprême,
Ô Croix de Jésus-Christ ! ***(bis)***
Le Fils de Dieu lui-même
Jusqu'à la mort obéit ;
Ton dénuement est extrême,
Ô Croix de Jésus-Christ !

4. Ô Croix, victoire éclatante,
Ô Croix de Jésus-Christ ! ***(bis)***
Tu jugeras le monde
Au jour que Dieu s'est choisi,
Croix à jamais triomphante,
Ô Croix de Jésus-Christ !

Victoire, tu règneras !

(H 32) Julien-Delor-Fleurus

R. Victoire ! Tu règneras !
Ô croix, tu nous sauveras !

1. Rayonne sur le monde qui cherche la vérité,
Ô croix, source féconde d'amour et de liberté.

2. Redonne la vaillance au pauvre et au malheureux ;
C'est toi, notre espérance, qui nous mèneras vers Dieu.

3. Rassemble tous nos frères à l'ombre de tes grands bras.
Par toi, Dieu notre Père au ciel nous accueillera.

Un seul Seigneur

(I 46) Deiss-SM

Appelés à garder l'unité de l'Esprit par le lien de la paix
Nous chantons et nous proclamons :

R. Un seul Seigneur, une seule foi,
Un seul baptême, un seul Dieu et Père !

Appelés à former un seul Corps dans un seul Esprit,
Nous chantons et nous proclamons : **R.**

Appelés à partager une seule espérance dans le Christ,
Nous chantons et nous proclamons : **R.**

Allez boire à la fontaine

(I 215) Lécot

R. Allez boire à la fontaine et vous y laver !
Avec joie puisez de l'eau vive, à la source du salut ! (Isaïe 12)

1. « Je répands sur vous une eau pure,
Et de toutes vos souillures, vos idoles,
Vous serez purifiés », dit le Seigneur. (Ez 36, 25)

2. « Je vous mènerai sur ma route,
Vous guidant vers la fontaine intarissable :
Vous boirez à la source de la Vie. » (Is 58, 11)

3. « Si quelqu'un a soif, qu'il s'approche,
Et qu'il boive de cette eau que je lui donne,
À la source de Vie », dit le Seigneur (Jn 7, 37)

4. Ce n'est pas selon nos mérites
Mais selon son grand amour que Dieu nous sauve,
Par le bain qui nous fait renaître en Lui. (Jn 3, 15)

5. « Nul ne peut entrer au Royaume
Sans renaître de l'Esprit et de l'eau vive,
Et tout homme qui croit sera sauvé. » (Jn 3, 5)

Seigneur Jésus, tu es vivant

(J 16) Ombrie-SM

R. Seigneur Jésus, Tu es vivant !
En Toi la joie éternelle !

1. Tu es vivant, Seigneur, alléluia !
Aujourd'hui comme hier, demain et toujours.
Alléluia !

2. Tu es vivant, ô Christ, alléluia !
Toujours auprès de Dieu, toujours parmi nous,
Alléluia !

3. Béni sois-tu, Seigneur, alléluia !
Par nos travaux, nos joies, le poids de nos vies,
Alléluia !

4. Parole du Seigneur, alléluia !
En toi, l'Amour de Dieu nous est révélé,
Alléluia !

Nous chanterons pour toi, Seigneur

(K 38) Hameline-Bonfils-Fleurus

1. Nous chanterons pour toi, Seigneur,
Tu nous as fait revivre ;
Que ta parole dans nos cœurs
À jamais nous délivre.

2. Nous contemplons dans l'univers
Les traces de ta gloire,
Et nous avons vu tes hauts faits,
Éclairant notre histoire.

4. Nos pères nous ont raconté
Ton œuvre au long des âges :
Tu viens encore nous visiter
Et sauver ton ouvrage.

5. Car la merveille est sous nos yeux :
Aux chemins de la terre,
Nous avons vu les pas d'un Dieu
Partageant nos misères.

7. Tes bras, Seigneur, sont grands ouverts
Pour accueillir les pauvres,
Car ton amour nous est offert
Par ton Fils qui nous sauve.

8. Tu viens, Seigneur, pour rassembler
Les hommes que tu aimes ;
Sur les chemins de l'unité
Ton amour les ramène.

11. Ton bras, Seigneur, vient relever
Les pauvres sans défense,
Et près de toi les affamés
Trouveront l'abondance.

Peuple choisi

(K 64) Rimaud-Crüger-SM

R. Dieu fait de nous en Jésus-Christ des hommes libres,
Tout vient de Lui, tout est pour Lui :
Qu'Il nous délivre.

1. Peuple de Dieu, reçois de Lui ta renaissance,
Comme un Pasteur, il te conduit où tout est grâce.

2. Peuple habité par son Esprit, heureuse Église,
La voix du Père t'a choisi, maintiens son signe.

3. Peuple choisi pour annoncer une espérance,
Montre ton Christ : Il t'a chargé de sa présence.

4. Peuple choisi pour témoigner de l'Évangile,
Laisse sa vie te ranimer aux sources vives.

7. Peuple choisi pour exister dans la prière,
Prends en tes mains le monde entier et sa misère.

8. Peuple choisi pour l'unité de tous tes frères,
Ouvre tes bras et reconnais les dons du Père.

Église du Seigneur

(K 128) Lécot-Saint-Victor-d'Audimont-Zech

R. Peuple de Dieu, Cité de l'Emmanuel,
Peuple de Dieu, sauvé dans le sang du Christ,
Peuple de baptisés, Église du Seigneur,
Louange à toi.

1. Peuple choisi pour être ami de Dieu,
Rappelle-toi l'Alliance avec Moïse,
Et la Promesse faite à ceux qui croient dans le Seigneur.

2. Peuple choisi pour être ami de Dieu,
Rappelle-toi l'annonce du Baptiste :
« Dieu va venir ! Prépare le chemin, change ton cœur. »

3. Peuple choisi pour être ami de Dieu,
Rappelle-toi Marie, comblée de grâce,
Humble servante nous montrant sa foi dans l'Éternel.

4. Peuple choisi pour être ami de Dieu,
Rappelle-toi le temps de sa visite :
Chez les plus pauvres vient le Fils de Dieu, pour te sauver.

5. Peuple choisi pour être ami de Dieu,
Rappelle-toi la Croix du Fils unique :
Dans sa tendresse, Dieu nous a sauvés en Jésus-Christ.

Je vis la cité sainte

(K 133) Lecot-Lesbordes-Zech

R. Je vis la cité sainte, la Jérusalem nouvelle
Qui descendait du ciel, d'auprès de Dieu,
Toute prête comme une fiancée parée pour son époux.

1. La demeure du Seigneur est avec nous :
Notre Dieu vient habiter parmi les hommes.

2. Nous serons le peuple aimé de notre Dieu ;
Il sera l'Emmanuel, "Dieu-avec-nous".

3. Plus de larmes, ni de peines, ni de mort :
« L'ancien monde est aboli », dit le Seigneur.

4. Gloire au Père, à Jésus-Christ, au Saint-Esprit,
Pour toujours, dès maintenant et dans les siècles.

Esprit de Pentecôte, souffle de Dieu

(K 138) Debaisieux-Mannick-SM

R. Esprit de Pentecôte, souffle de Dieu,
Vois ton Église aujourd'hui rassemblée,
Esprit de Pentecôte, souffle d'Amour,
Emporte-nous dans ton élan. ***(bis)***

1. Peuple de Dieu
Nourri de sa Parole,
Peuple de Dieu
Vivant de l'Évangile,
Peuple de Dieu
Se partageant le pain,
Peuple de Dieu
Devenu Corps du Christ.

2. Peuple de Dieu
Aux écoutes du monde,
Peuple de Dieu
Partageant ses combats,
Peuple de Dieu
Solidaire des hommes,
Peuple de Dieu
Assoiffé de justice.

3. Peuple de Dieu
Engagé dans l'histoire,
Peuple de Dieu
Témoin de son Royaume,
Peuple de Dieu
Portant l'espoir des hommes,
Peuple de Dieu
Bâtissant l'avenir.

Peuple de Dieu, marche joyeux

(K 180) Rimaud-Villeneuve-Fleurus

R. Peuple de Dieu, marche joyeux, Alléluia ! Alléluia !
Peuple de Dieu, marche joyeux, car le Seigneur est avec toi.

1. Dieu t'a choisi parmi les peuples :
Pas un qu'il ait ainsi traité.
En redisant partout son œuvre,
Sois le témoin de sa bonté.

2. Dieu t'a formé dans sa Parole
Et t'a fait part de son dessein :
Annonce-le à tous les hommes
Pour qu'en son peuple ils ne soient qu'un.

3. Tu es le peuple de l'Alliance,
Marqué du sceau de Jésus-Christ :
Mets en lui seul ton espérance
Pour que ce monde vienne à lui.

9. Pour transformer le cœur du monde,
Le corps du Christ est pain rompu.
L'amour demande ta réponse :
Deviens ce que tu as reçu.

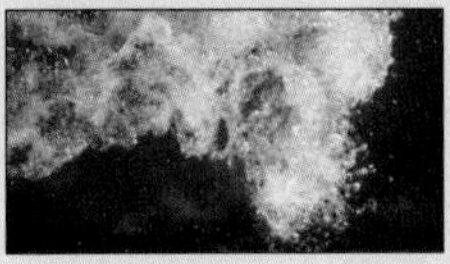

Signes par milliers

(K 226) Bernard-Akepsimas-SM

R. Signes par milliers,
Traces de ta gloire,
Signes par milliers,
Dieu dans notre histoire.

1. Ta main, Seigneur, nous a donné des signes,
Des signes par milliers : ***(bis)***
Le chant de l'univers,
Le souffle de la mer, la flamme des vivants :
Dieu à l'œuvre dans notre temps. ***(bis)***

2. Nos yeux, Seigneur, se ferment sur tes signes :
Les signes de ta joie : ***(bis)***
Tristesse est notre nuit,
La guerre avec ses cris, le froid dans nos maisons :
Dieu, tu brises nos prisons. ***(bis)***

3. Jésus, ton Fils, nous a donné des signes,
Des signes de clarté : ***(bis)***
Par lui l'aveugle voit,
Le sourd entend sa voix, Zachée partage grand :
Dieu, parole qui surprend. ***(bis)***

4. La croix levée, voici le nouveau signe,
Le signe du pardon : ***(bis)***
Scandale de la mort,
Faiblesse du Dieu fort, la Pâque libérée :
Dieu, printemps ressuscité. ***(bis)***

Qui donc est Dieu ?

(L 82) Servel-Rozier-Wackenheim-Chalet

R. Qui donc est Dieu pour nous aimer ainsi, fils de la terre ?

1. Qui donc est Dieu pour nous aimer ainsi ?

2. Qui donc est Dieu, si démuni, si grand, si vulnérable ?

3. Qui donc est Dieu pour se lier d'amour à part égale ?

4. Qui donc est Dieu, s'il faut pour le trouver un cœur de pauvre ?

5. Qui donc est Dieu, s'il vient à nos côtés, prendre nos routes ?

6. Qui donc est Dieu, qui vient sans perdre cœur à notre table ?

7. Qui donc est Dieu, que nul ne peut aimer s'il n'aime l'homme ?

8. Qui donc est Dieu, qu'on peut si fort blesser en blessant l'homme ?

9. Qui donc est Dieu, pour se livrer perdant aux mains de l'homme ?

10. Qui donc est Dieu, qui pleure notre mal comme une mère ?

11. Qui donc est Dieu, qui tire de sa mort notre naissance ?

12. Qui donc est Dieu, pour nous ouvrir sa joie et son Royaume ?

En marchant vers toi, Seigneur

(L 93) Lécot-Zech

R. En marchant vers toi, Seigneur, notre cœur est plein de joie :
Ta lumière nous conduit vers le Père, dans l'Esprit,
Au Royaume de la vie.

1. Tu dissipes, ô Jésus-Christ, les ténèbres du péché,
Car tu es lumière et vie, et tous ceux qui croient en toi,
Tu les nommes "fils de Dieu".

2. Dieu nous aime le premier, d'un amour fidèle et sûr,
Il nous donne Jésus-Christ, qui nous sauve de la mort,
En mourant sur une croix.

3. Dieu demeure dans nos cœurs et nous offre son amour,
Mais si nous l'aimons vraiment, nous devons aimer aussi,
Tous nos frères près de nous.

4. Rendons gloire, à notre Dieu, Créateur de l'univers
À Jésus ressuscité, à l'Esprit de charité,
Maintenant et à jamais.

Peuples, criez de joie

(M 27) Rimaud-Néander-CMS

1. Peuples, criez de joie et bondissez d'allégresse :
Le Père envoie le Fils manifester sa tendresse ;
Ouvrons les yeux : il est l'image de Dieu
Pour que chacun le connaisse.

2. Loué soit notre Dieu, source et parole fécondes :
Ses mains ont tout créé pour que nos cœurs lui répondent ;
Par Jésus-Christ, il donne l'être et la vie :
En nous sa vie surabonde.

3. Loué soit notre Dieu, qui ensemence la terre
D'un peuple où son Esprit est plus puissant que la guerre ;
En Jésus-Christ la vigne porte du fruit
Quand tous les hommes sont frères.

4. Loué soit notre Dieu dont la splendeur se révèle
Quand nous buvons le vin pour une terre nouvelle ;
Par Jésus-Christ le monde passe aujourd'hui
Vers une gloire éternelle.

Trouver dans ma vie ta présence

(P 205) Gianadda-SM

R. Trouver dans ma vie ta présence,
Tenir une lampe allumée,
Choisir avec toi la confiance,
Aimer et se savoir aimé.

1. Croiser ton regard dans le doute,
Brûler à l'écho de ta voix,
Rester pour le pain de la route,
Savoir reconnaître ton pas.

2. Brûler quand le feu devient cendre,
Partir vers celui qui attend,
Choisir de donner sans reprendre,
Fêter le retour d'un enfant.

3. Ouvrir quand tu frappes à ma porte,
Briser les verrous de la peur,
Savoir tout ce que tu m'apportes,
Rester et devenir veilleur.

Christ aujourd'hui nous appelle

(SM 176) Bernard-Wackenheim-SM

**R. Christ aujourd'hui nous appelle,
Christ aujourd'hui nous envoie !
Vive le Seigneur qui nous aime,
Dieu nous donne sa joie,
Dieu nous donne sa joie !**

1. Ses chemins vous conduisent vers la vie,
Partez loin, l'aventure est infinie !
Vous serez ses témoins,
Vous qu'il nomme ses amis !

2. Ses chemins sont amour et vérité.
Le bon grain, Dieu lui-même l'a semé.
Vous serez ses témoins,
La Parole va germer.

3. Ses chemins déconcertent vos regards.
Son matin réconforte vos espoirs.
Vous serez ses témoins :
“Soyez sûrs de votre foi !”

4. Ses chemins vous libèrent de la peur,
Dieu soutient les disciples du Sauveur.
Vous serez ses témoins
Sur les pas du Serviteur.

5. Ses chemins vous entraînent vers la croix,
Le Dieu saint est présent au Golgotha.
Vous serez ses témoins :
Jour de Pâques brillera.

La sagesse a dressé une table

(SYL F 502) Revel-Bourgeois-Gouze-SY

**R. La sagesse a dressé une table,
Elle invite les hommes au festin.
Venez au banquet du Fils de l'homme,
Mangez et buvez la Pâque de Dieu.**

1. Je bénirai le Seigneur en tout temps,
Sa louange est sans cesse sur mes lèvres,
En Dieu mon âme trouve sa gloire,
Que les pauvres m'entendent et soient en fête.

2. Proclamez avec moi que le Seigneur est grand,
Exaltons tous ensemble son nom !
J'ai cherché le Seigneur et il m'a répondu,
De toutes mes terreurs il m'a délivré.

3. Tournez-vous vers le Seigneur et vous serez illuminés,
Votre visage ne sera pas couvert de honte ;
Un pauvre a crié, et Dieu a entendu,
Le Seigneur l'a sauvé de toutes ses angoisses.

5. Saints du Seigneur, adorez le Seigneur,
Ceux qui le craignent ne manquent de rien.
Les riches s'appauvrissent et ils ont faim,
Mais ceux qui cherchent le Seigneur sont comblés de tout bien.

Recevez le corps du Christ

(SYL F 520) Revel-Bourgeois-Gouzes-SY

R. Recevez le corps du Christ,
Buvez à la source immortelle.

1. Adorons le corps très saint du Christ, l'Agneau de Dieu,
Le corps très saint de celui qui s'est livré pour notre salut.

2. Le corps très saint de celui qui a donné à ses disciples
Les mystères de la grâce, de l'Alliance nouvelle.

4. Le corps très saint qui a justifié la pécheresse en pleurs,
Le corps très saint qui nous purifie par son sang.

5. Le corps très saint qui a lavé les pieds de ses disciples avec l'eau,
Le corps très saint de celui qui a purifié leur cœur avec l'Esprit.

11. Nous avons rompu le pain et béni la coupe de salut,
Que ton sang, ô Christ, soit pour nous la source de vie.

13. Qui mange de ce pain, et boit à cette coupe,
Celui-là demeure en Dieu, et Dieu demeure en lui.

Envoie tes messagers

(T 1) Rozier-Chalet

**R. Envoie tes messagers, Seigneur, dans le monde entier,
Envoie tes messagers, pour qu'ils chantent ta gloire,
Alléluia !**

1. Tu nous choisis, Seigneur, tu nous prends pour témoins,
Pour être la clarté qui brille sur les monts.

2. Après avoir connu la grâce de ton choix,
Nous avons répondu, joyeux, à ton appel.

4. Pour suivre ton chemin et parvenir à toi,
Accorde-nous, Seigneur, la joie de te servir.

7. Le monde garde encore l'espoir d'un Rédempteur ;
Tu nous envoies vers lui pour le conduire à toi.

8. Tu as sauvé le monde en y plantant ta croix ;
C'est sur la même croix que nous le servirons.

9. C'est toi qui nous choisis, nous sommes tes amis ;
Tu donnes ton amour par ton vivant Esprit.

10. Qu'un jour le monde entier, refait par ton amour,
Découvre le chemin qui mène au paradis.

11. Les hommes connaîtront sur ton visage, ô Christ,
L'amour du Dieu vivant, la gloire du Seigneur !

Peuple de frères

(T 122) Scouarnec-Akepsimas-SM

1. Dans la nuit se lèvera une lumière,
L'espérance habite la terre :
La terre où germera le salut de Dieu !
Dans la nuit se lèvera une lumière,
Notre Dieu réveille son peuple !
Peuple de frères, peuple du partage,
Porte l'Évangile et la paix de Dieu !

2. L'amitié désarmera toutes nos guerres,
L'espérance habite la terre :
La terre où germera le salut de Dieu !
L'amitié désarmera toutes nos guerres,
Notre Dieu pardonne à son peuple !

3. La tendresse fleurira sur nos frontières,
L'espérance habite la terre :
La terre où germera le salut de Dieu !
La tendresse fleurira sur nos frontières,
Notre Dieu se donne à son peuple !

4. Un soleil se lèvera sur nos calvaires,
L'espérance habite la terre :
La terre où germera le salut de Dieu !
Un soleil se lèvera sur nos calvaires,
Notre Dieu fait vivre son peuple !

À ce monde que tu fais

(T 146-1) Rimaud-Berthier-SM © CNPL

1. À ce monde que tu fais chaque jour avec tendresse,
Donne un cœur de chair, donne un cœur nouveau !
À ce monde où tu voudrais plus de joie, moins de détresse,
Donne un cœur de chair, donne un cœur nouveau !
À ce monde qui renaît s'il a foi en ta promesse,
Donne un cœur de chair, donne un cœur nouveau !

R. Viennent les cieux nouveaux et la nouvelle terre
Que ta bonté nous donnera !
Viennent les cieux nouveaux et la nouvelle terre
Où la justice habitera.

2. Sur les hommes qu'il t'a plu de créer à ton image,
Envoie ton Esprit, un Esprit nouveau !
Sur les hommes que l'on tue pour leur peau ou leur visage,
Envoie ton Esprit, un Esprit nouveau !
Sur les hommes qui n'ont plus qu'à se taire sous l'outrage,
Envoie ton esprit, un Esprit nouveau !

3. À ce monde traversé par la haine et la violence,
Donne un cœur de chair, donne un cœur nouveau !
À ce monde ravagé par la guerre et la souffrance,
Donne un cœur de chair, donne un cœur nouveau !
À ce monde séparé de ses sources d'espérance,
Donne un cœur de chair, donne un cœur nouveau !

Si le Père vous appelle

(T 154-1) Rimaud-Berthier-SM © CNPL

1. Si le Père vous appelle à aimer comme il vous aime,
Dans le feu de son Esprit,
Bienheureux êtes-vous !
Si le monde vous appelle à lui rendre une espérance, à lui dire son salut,
Bienheureux êtes-vous !
Si l'Église vous appelle à peiner pour le Royaume,
Aux travaux de la moisson,
Bienheureux êtes-vous !

R. Tressaillez de joie ! Tressaillez de joie !
Car vos noms sont inscrits pour toujours dans les cieux !
Tressaillez de joie ! Tressaillez de joie !
Car vos noms sont inscrits dans le cœur de Dieu !

2. Si le Père vous appelle à la tâche des Apôtres,
En témoins du seul Pasteur,
Bienheureux êtes-vous !
Si le monde vous appelle à l'accueil
et au partage pour bâtir son unité,
Bienheureux êtes-vous !
Si l'Église vous appelle à répandre l'Évangile
En tout point de l'univers,
Bienheureux êtes-vous !

5. Si le Père vous appelle à montrer qu'il est tendresse,
À donner le pain vivant,
Bienheureux êtes-vous !
Si le monde vous appelle au combat pour la justice,
Au refus d'être violent,
Bienheureux êtes-vous !
Si l'Église vous appelle à l'amour de tous les hommes,
Au respect du plus petit,
Bienheureux êtes-vous !

Peuple de lumière

(T 601) Singer-Kempf-SM

R. Peuple de lumière, baptisé pour témoigner,
Peuple d'Évangile, appelé pour annoncer
Les merveilles de Dieu pour tous les vivants.

1. Vous êtes l'Évangile pour vos frères
Si vous gardez ma parole
Pour avancer dans la vérité,
Bonne nouvelle pour la terre !

2. Vous êtes l'Évangile pour vos frères
Si vous suivez mon exemple
Pour demeurer dans la charité,
Bonne nouvelle pour la terre !

3. Vous êtes l'Évangile pour vos frères
Si vous marchez à ma suite
Pour inventer le don et la joie,
Bonne Nouvelle pour la terre !

Comme un souffle fragile

(U 45) Jacob-Courrèges-Rauber-Auvidis

**R. Comme un souffle fragile
Ta parole se donne,
Comme un vase d'argile,
Ton amour nous façonne.**

1. Ta parole est murmure
Comme un secret d'amour ;
Ta parole est blessure
Qui nous ouvre le jour.

2. Ta parole est naissance
Comme on sort de prison ;
Ta parole est semence
Qui promet la moisson.

3. Ta parole est partage,
Comme on coupe du pain ;
Ta parole est passage
Qui nous dit un chemin.

Béni sois-tu, Seigneur

(V 24) Rozier-Seuil

R. Béni sois-tu, Seigneur, en l'honneur de la Vierge Marie,
Béni sois-tu, Seigneur.

1. Vous êtes belle, ô Notre Dame,
Auprès du Père en Paradis,
Comblée de biens par le Seigneur,
Dont l'amour chante en votre vie.

2. Ô Vierge, Mère du Sauveur,
Depuis toujours Dieu vous aimait,
Pensant à vous pour être là
Quand parmi nous son Fils viendrait.

3. Le Seigneur vint, un jour du temps,
Pour partager notre labeur ;
Vous étiez là pour le donner
À sa mission de Rédempteur.

4. Dans son Royaume de lumière
Où Dieu vous place auprès de lui,
Vous êtes Reine et vous brillez
Comme l'aurore après la nuit.

5. Et désormais, dans tous les temps,
Pauvres et grands de l'univers
Vous béniront d'être la femme
En qui le Verbe s'est fait chair.

Toi, notre Dame

(V 53) Rozier-Wackenheim-SM

R. Toi, notre Dame, nous te chantons !
Toi, notre Mère, nous te prions !

1. Toi qui portes la vie,
Toi qui portes la joie.
Toi que touche l'Esprit,
Toi que touche la Croix.

2. Toi le cœur sur la main,
Toi la joie pour les yeux.
Toi le miel et le vin,
Ô sourire de Dieu.

3. Toi qui donnes l'espoir,
Toi qui gardes la foi.
Toi qui passes la mort,
Toi debout dans la joie…

Magnifique est le Seigneur

(V 159) Beguerie-Fertin-Leclercq-Donnet-SM

Magnifique est le Seigneur, tout mon cœur pour chanter Dieu !
Magnifique est le Seigneur.

1. Magnifique est le Seigneur,
Tout mon cœur pour chanter le Dieu de mon salut !
Son regard s'est posé sur son humble servante ;
Toutes les générations découvriront ma joie !

2. Sa puissance fait pour moi des merveilles ;
Que son nom est grand !
Sa tendresse va de génération en génération
À ceux qui le reconnaissent.

3. Il déploie la force de son bras pour la déroute des orgueilleux :
Il détrône les puissants et relève les humbles.

4. Il rassasie les affamés et renvoie les riches les mains vides.
Il prend soin de son peuple comme d'un fils
Dans la fidélité de son amour.

5. Il tient la parole donnée autrefois,
En faveur d'Abraham et de sa lignée dans les siècles.

Donne-nous ton Fils

(V 116) Debaisieux-SM

**R. Vierge bénie entre toutes les femmes,
Mère choisie entre toutes les mères,
Mère du Christ et mère des hommes.
Donne-nous ton Fils.
Donne-nous ton Fils.**

1. Entre toutes les femmes du monde
Le Seigneur t'a choisie
Pour que brille à jamais sur la terre
La lumière de Dieu.

2. Comme coule la source limpide,
La tendresse de Dieu
Envahit chaque instant de ta vie
Et nous donne un Sauveur.

3. En ton cœur, ô Marie, nul obstacle
À l'Amour infini.

Le Seigneur fait en toi des merveilles,
Il nous donne son Fils.

4. L'Univers tout entier te contemple.
Il acclame ton Fils.
Grâce à toi, au milieu de son Peuple,
Le Seigneur est présent.

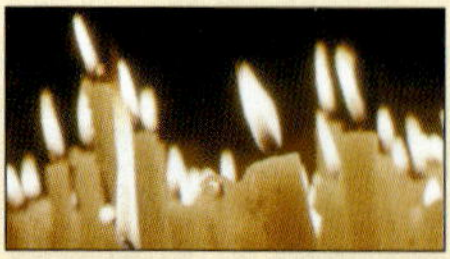

Ave Maria de Lourdes *(V 125) Chanoine Le Bas-Œuvre de la Grotte*

R. Ave, Ave, Ave Maria !
Ave, Ave, Ave Maria !

1. Ô Vierge Marie,
Le peuple chrétien
À Lourdes vous prie,
Chez vous il revient.

2. Le fond de la roche
S'éclaire à l'instant :
La Dame s'approche,
Fait signe à l'enfant.

3. « Venez, je vous prie,
Ici, quinze fois,
Avec vos amies,
Entendre ma voix. »

4. Avec insistance
La Dame, trois fois,

A dit : “Pénitence.”
Chrétien, c’est pour toi !

5. À cette fontaine
Venez et buvez ;
Dans l’eau pure et sainte
Allez vous laver.

6. « Je veux qu’ici même,
Au pied de ces monts,
Le peuple que j’aime
Vienne en procession. »

7. « Et qu’une chapelle
Bâtie en ce lieu
Aux hommes rappelle
Qu’il faut prier Dieu. »

8. « Marie est venue
Chez nous, dix-huit fois ;
L’enfant qui l’a vue
Est digne de foi. »

9. La grotte où l’on prie,
Dispense la paix ;
C’est là que Marie
Répand ses bienfaits.

10. On voit la fontaine
Couler sans tarir,
Et la foule humaine
Passer sans finir.

12. Aux grâces nouvelles
Sachons obéir.

Car Dieu nous appelle
À nous convertir.

13. Le Dieu qui pardonne
Absout le pécheur ;
La grâce rayonne
Au nom du Sauveur.

14. À l'heure dernière,
Pour nous, les pécheurs,
Veuillez, Sainte Mère,
Prier le Sauveur.

Vierge sainte, Dieu t'a choisie

(V 136) Lécot-Décha-Zech

1. Vierge Sainte, Dieu t'a choisie, depuis toute éternité
Pour nous donner son Fils bien-aimé ;
Pleine de grâce, nous t'acclamons.

R. Ave, Ave, Ave Maria.

2. Par ta foi et par ton amour, ô Servante du Seigneur,
Tu participes à l'œuvre de Dieu.
Pleine de grâce, nous te louons.

3. En donnant aux hommes ton Fils, Mère riche de bonté,
Tu fais la joie de ton Créateur.
Pleine de grâce, nous t'acclamons.
Marie, Mère des hommes.

4. Ô Marie, Refuge très sûr, pour les hommes, tes enfants,
Tu nous comprends et veilles sur nous,
Pleine de grâce, nous te louons.

5. Tu demeures près de nos vies, nos misères et nos espoirs,
Pour que la joie remplisse nos cœurs.
Pleine de grâce, nous t'acclamons.

Réjouis-toi, Marie

(V 144) Plaisantin-SM

R. Réjouis-toi, Marie, tout aimée de Dieu,
Réjouis-toi, Mère de Dieu.

1. Marie, le Seigneur est toujours avec toi.
2. Mère, femme comblée entre toutes les femmes.
3. Marie, ton Enfant est le Fils bien-aimé.
4. Mère, Dieu t'a choisie, porte-lui nos prières.
5. Marie, par Jésus obtiens-nous le pardon.
6. Mère, guide nos pas vers le Dieu de lumière.

Chercher avec toi, Marie

(V 282) Gianadda-SM

R. Chercher avec toi dans nos vies
Les pas de Dieu, Vierge Marie,
Par toi accueillir aujourd'hui
Le don de Dieu, Vierge Marie.

1. Puisque tu chantes avec nous
Magnificat, Vierge Marie,
Permet la Pâque sur nos pas,
Nous ferons tout ce qu'il dira.

2. Puisque tu souffres avec nous
Gethsémani, Vierge Marie,
Soutiens nos croix de l'aujourd'hui,
Entre nos mains voici ma vie.

3. Puisque tu demeures avec nous
Pour l'Angélus, Vierge Marie,
Guide nos pas dans l'inconnu,
Car tu es celle qui a cru.

Fais paraître ton jour

(Y 53) Rimaud-Berthier-Fleurus

1. Par la croix du Fils de Dieu, signe levé qui rassemble les nations,
Par le corps de Jésus-Christ dans nos prisons, innocent et torturé,
Sur les terres désolées, terres d'exil, sans printemps, sans amandier.

R. Fais paraître ton Jour et le temps de ta grâce,
Fais paraître ton Jour : que l'homme soit sauvé !

2. Par la croix du Bien-Aimé,
Fleuve de paix où s'abreuve toute vie,
Par le corps de Jésus-Christ,
Hurlant de peur dans la nuit des hôpitaux
Sur le monde que tu fis
Pour qu'il soit beau et nous parle de ton nom…

3. Par la croix du Serviteur,
Porche royal où s'avancent les pécheurs,
Par le corps de Jésus-Christ,
Nu, outragé sous le rire des bourreaux,
Sur les foules sans berger
Et sans espoir, qui ne vont qu'à perdre cœur…

Avec toi, Bernadette *(Saint Voirin-Lourdes)*

1. Conduis nos pas vers la montagne de clarté
Où Dieu révèle son visage et sa bonté.

2. Conduis nos pas vers Notre-Dame de blancheur
Dont le sourire est accueillant pour les pécheurs.

3. Conduis nos pas vers la fontaine de cette eau
Coulant sans fin des meurtrissures de l'Agneau.

4. Conduis nos pas vers la cité des Bienheureux
Où Dieu efface toute larme de nos yeux.

Ensemble, nous formons l'Eglise *(Lécot-Neumark-Lourdes)*

**R. Ensemble, nous formons l'Église,
Le Peuple saint des baptisés :
Un même Père nous rassemble,
Un même Esprit demeure en nous.
Marchons ensemble dans la foi,
Vers la Cité des bienheureux !**

1. « Je suis venu pour les malades,
Pour les pécheurs », nous dit Jésus.
« Je ne viens pas juger le monde :
Je viens pour lui donner la vie. »
« Vous qui peinez, venez à moi :
Vous trouverez le vrai repos. »

2. Le Christ, jusqu'à la fin du monde,
Souffre avec nous et souffre en nous.
Il vient remplir de sa présence
Nos maladies et nos douleurs.
Si nous souffrons avec Jésus,
Avec Jésus, nous régnerons.

3. Ce qui est faible dans le monde,
Dieu l'a choisi pour étonner.
Ce qui est vil aux yeux des hommes
– ce qui n'est rien –, Dieu l'a choisi.
« Le plus petit d'entre vous tous,
En vérité, est le plus grand. »

Je suis le pain

(Toolan-Lécot-G.I.A. Chicago)

Je suis le pain de vie.
Qui vient à moi n'aura plus faim,
Qui vient à moi n'aura plus soif.
Tous ceux que m'envoie le Père,
Je les accueillerai.

R. Béni sois-tu, Dieu vivant !
Béni sois-tu pour ton corps !
Béni sois-tu pour la coupe de l'alliance.

Vierge de lumière

(Antzenberger-Darros-Lécot)

R. Vierge de lumière,
Tu es le sourire
D'un Dieu qui nous aime,
Ô Notre Dame !

1. Vierge de lumière,
Toute remplie de grâce,
Dieu vers toi se penche :
Il t'a choisie avec amour.

2. Vierge de lumière,
Vierge conçue sans tache,
Vierge sans pareille,
Vierge Marie, réjouis-toi !

3. Vierge de lumière,
Tu as donné aux hommes
Le Sauveur du monde :
Il a pris chair en notre chair.

4. Vierge de lumière,
Mère de tous les peuples,
Mère de l'Église,
Temple de Dieu, réjouis-toi !

Chants latins

Benedictus qui venit

(et Psaume 116)

Benedictus qui venit in nomine Domini,
Benedictus qui venit in nomine Domini,
Hosanna, hosanna, hosanna in excelsis.

Lauda Jerusalem

(Psaume 147)

Lauda Jerusalem Dominum, lauda Deum tuum Sion.
Hosanna, hosanna, hosanna Filio David.

Lauda Sion

Lauda Sion, Salvatorem, Lauda ducem et pastorem,
In hymnis et canticis.
Salut, vrai Corps de Jésus Christ,
Né de Marie pour nous sauver.
Salut, ô Verbe de Dieu !

Magnificat

(Luc, 46-55)

1. Magnificat, anima mea Dominum.
2. Et exsultavit spiritus meus, in Deo salutari meo.
3. Quia respexit humilitatem ancillae suae
Ecce enim ex hoc beatam me dicent omnes generationes.
4. Quia fecit mihi magna qui potens est
Et sanctum nomen ejus.
5. Et misericordia ejus a progenie in progenies
Timentibus eum.
6. Fecit potentiam in brachio suo
Dispersit superbos mente cordis sui.

7. Deposuit potentes de sede, et exaltavit humiles.
8. Esurientes implevit bonis, et divites dimisit inanes.
9. Suscepit Israel puerum suum
Recordatus misericordiae suae.
10. Sicut locutus est ad patres nostros
Abraham et semini ejus in saecula.

Tantum ergo

1. Tantum ergo Sacramentum
Veneremur cernui :
Et antiquum documentum
Novo cedat ritui :
Praestet fides supplementum
Sensuum defectui.

2. Genitori, Genitoque
Laus et jubilatio :
Salus, honor, virtus quoque
Sit et benedictio :
Procedenti ab utroque
Compar sit laudatio. Amen.

Veni Creator

Veni Creator Spiritus,
Mentes tuorum visita,
Imple superna gratia
Quae tu creasti pectora.

Lourdes a grandi au fil du temps et de son histoire. Les sanctuaires sont presque devenus une ville en soi. Condition indispensable pour un pèlerinage tranquille : pouvoir se repérer partout, trouver sans encombres les "lieux de vie" comme les lieux de culte, savoir rencontrer les bons interlocuteurs…

Guide pratique

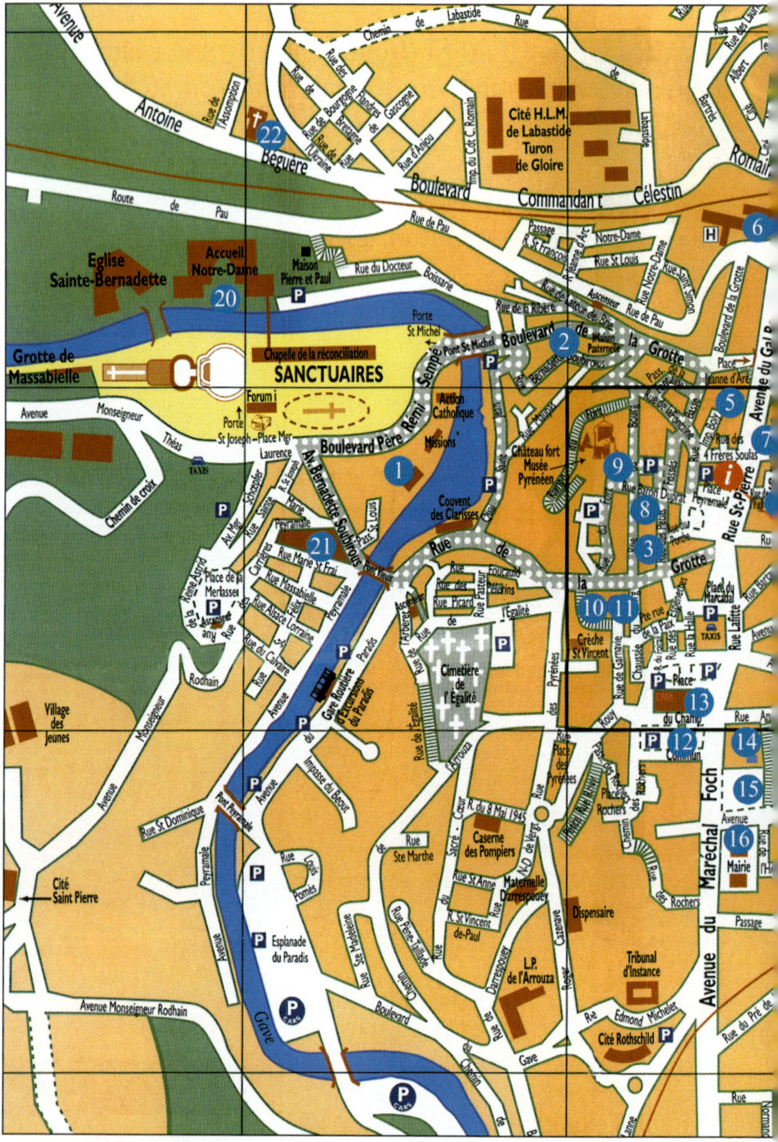

Avenue Antoine Béguère
Chemin de Labastide
Rue de l'Assomption
Rue de Bourgogne
Rue des Flandres
Rue de Gascogne
Rue de Bretagne
Rue de l'Ukraine
Rue d'Anjou
Imp. du Cdt C. Romain
Cité H.L.M. de Labastide Turon de Gloire
Boulevard Commandant Célestin
Route de Pau
Rue de Pau
Rue du Docteur Boissarie
Maison Pierre et Paul
Eglise Sainte-Bernadette
Accueil Notre-Dame
Grotte de Massabielle
Chapelle de la réconciliation
SANCTUAIRES
Forum i
Porte St Joseph - Place Mgr Laurence
Avenue Monseigneur Théas
TAXIS
Chemin de croix
Porte St Michel
Pont St Michel
Boulevard Père Rémi Sempé
Action Catholique
Missions
Couvent des Clarisses
Av. Bernadette Soubirous
Pass. St Louis
Rue Marie St Frai
Rue Massabielle
Rue Alsace Lorraine
Rue du Calvaire
Place de la Merlasse
Ascenseur
Rue Reine Astrid
Rue Rodhain
Pont Vieux
Rue de la Grotte
Boulevard de la Grotte
Maison Paternelle
Château fort Musée Pyrénéen
Rue Baron Duprat
Rue des Fossés
Passage R. St François
Rue Notre-Dame
Rue St Louis
Rue Saint Simon
Rue de la Ribère
Rue de Latour de Brie
Boulevard de la Grotte
Place Jeanne d'Arc
Rue des 4 Frères Soulas
Imp. Boly
Rue St-Pierre
Place Peyramale
Place du Marcadal
Rue Laffitte
Rue de la Halle
Rue des Espénettes
Chaussée du Bourg
Rue de Langelle
Crèche St Vincent
Place du Champ Commun
Rue de l'Égalité
Cimetière de l'Égalité
Rue Foucauld
Rue des Pèlerins
Rue Picard
Rue Pasteur
Gare Routière d'Excursions du Paradis
Avenue du Paradis
Impasse du Béout
Pont Peyramale
Rue St Dominique
Avenue Peyramale
Village des Jeunes
Avenue Monseigneur Rodhain
Cité Saint Pierre
Rue Louis Pomès
Esplanade du Paradis
Gave
Boulevard du Gave
Rue Ste Madeleine
Rue Ste Marthe
Rue Pène-Taillade
Chemin du Sacré-Cœur
R. du 8 Mai 1945
Caserne des Pompiers
Rue St Anne
R. St Vincent de-Paul
Maternelle Darrespouey
Rue Darrespouey
Rue N.-D. de Verger
Rue Cazenave
Rue Roger
L.P. de l'Arrouza
Place des Pyrénées
Rue des Pyrénées
Place des Rochers
Rue des Rochers
Chemin des Rochers
Dispensaire
Tribunal d'Instance
Rue Edmond Michelet
Cité Rothschild
Avenue du Maréchal Foch
Mairie
Rue du Pré de
Passage
Rue Romain
Rue de Barrès
Rue Albert
1
2
3
5
6
7
8
9
10
11
12
13
14
15
16
20
21
22

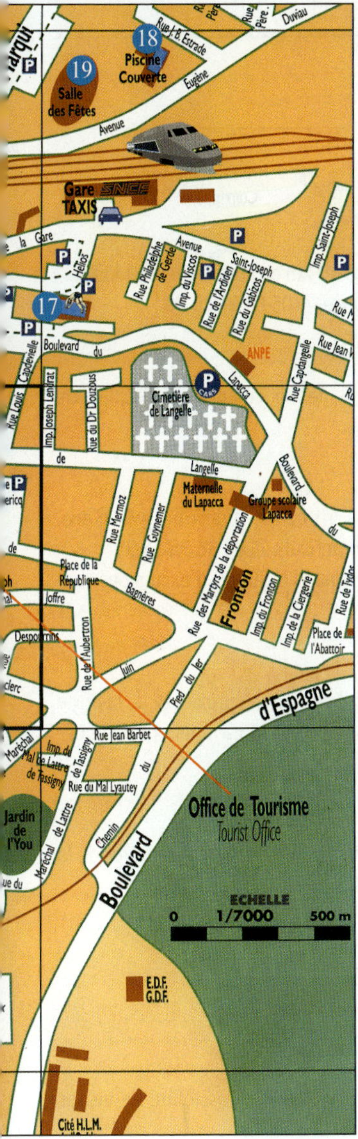

1 Musée Sainte-Bernadette
2 Maison natale
3 Cachot
4 Église paroissiale
5 Ancien presbytère (Bibliothèque municipale)
6 Hospice (Centre hospitalier)
8 Commissariat de police
9 Château-fort, Musée pyrénéen
10 Tour de Gavarnie
11 Centre d'étude de langues international
12 Forum Information jeunesse
13 Marché, les Halles
14 Palais des congrès, cinéma “Le Palais”
15 Square Charles-de-Gaulle, kiosque à musique
16 Hôtel de Ville, mairie
17 Piscine découverte
18 Piscine couverte
19 Salle des fêtes
20 Accueil Notre-Dame
21 Accueil Saint-Frai
22 Église ukrainienne

Dans Lourdes

Circuler dans Lourdes

AÉROPORT

L'aéroport Tarbes-Lourdes-Pyrénées est situé à 10 km de Lourdes, 65270 Juillan. Des navettes sont organisées pour les vols Air France. ✆ 05 62 94 20 96.

AUTOBUS

Trois lignes urbaines : de la gare aux sanctuaires, des sanctuaires vers l'esplanade du Paradis, de la ville vers le pic du Jer.

GARES

La gare SNCF se situe dans le haut de la ville, 33, avenue de la Gare. Renseignements ✆ 05 62 42 45 00, service commercial : ✆ 08 36 35 35 35.
La gare routière se situe place Capdevielle. Les gares routières d'excursions sont situées avenue du Paradis et place Jeanne-d'Arc.

PARKINGS

Le plus proche de la porte Saint-Joseph : rue Mgr-Schœpfer. À proximité de la porte Saint-Michel : quai Saint-Jean et quai Boissarie. Tous sont payants. Aires de dépose : bd Rémi-Sempé, place Égalité et rue Baron-Duprat.

TAXIS

Les stations de taxis sont à la gare, place du Marcadal en centre-ville, et près de la porte Saint-Joseph. **Taxis lourdais.** ✆ 05 62 94 31 30.

Vivre à Lourdes

CAMPINGS S'adresser à l'**office municipal du tourisme.**

CHÂTEAU FORT, MUSÉE PYRÉNÉEN

Ouvert tous les jours (sauf mardi en hiver), toute l'année. Possibilité de visites organisées. Visite payante. Rue du Fort. ✆ 05 62 42 37 37.

Cinéma

La salle Bernadette présente trois séances quotidiennes en saison du film de Jean Delannoy sur la vie de Bernadette. Entrée payante. Avenue Mgr-Schœpfer. ✆ 05 62 42 79 19.

Cité Saint-Pierre

Des navettes de bus partent vers la cité depuis la porte Saint-Joseph à la permanence du Secours catholique. Avenue Mgr-Rodhain, 65103 Lourdes. ✆ 05 62 42 71 11. E.mail : cite.saint.pierre.@wanadoo.fr

Église paroissiale

Place de l'Église. ✆ 05 62 94 04 06.

Hôtels

Pour tous renseignements, s'adresser à l'**office municipal du Tourisme.** Pendant l'été, un affichage permanent y indique les hôtels disposant de chambres libres. En cas de difficultés, s'adresser au syndicat des hôteliers de Lourdes, ✆ 05 62 94 99 92.

Lac de Lourdes

À trois kilomètres de la ville. Renseignements à l'office municipal de tourisme.

Musées

Musée de la Nativité, ouvert tous les jours en saison. Entrée payante.
21, quai Saint-Jean. ✆ 05 62 94 71 00.
Musée Grévin, ouvert tous les jours en saison. Entrée payante. 87, rue de la Grotte. ✆ 05 62 94 33 74. E.mail : musee-grevin.lourdes@sudfr.com
Musée de Lourdes, ouvert tous les jours en saison. Entrée payante. Parking de l'Égalité. ✆ 05 62 94 28 00.
Musée du Petit Lourdes, ouvert tous les jours en saison. Entrée payante.
68, av. Peyramale. ✆ 05 62 94 24 36.
Musée du Gemmail, ouvert tous les jours en saison. Entrée gratuite.
72, rue de la Grotte. ✆ 05 62 94 13 15.

Objets trouvés

Mairie de Lourdes. ✆ 05 62 94 65 65.

PIC DU JER

Ouvert tous les jours en saison. Aller-retour en funiculaire payant. Accès au funiculaire : 59, av. Francis-Lagardère. ✆ 05 62 94 00 41.

SERVICES PUBLICS

Mairie : 2, rue de l'Hôtel-de-Ville. ✆ 05 62 94 65 65. **Gendarmerie** : 18, rue des Châlets. ✆ 05 62 94 66 66. **Commissariat de police** : 7, rue Baron-Duprat. ✆ 05 62 42 72 72 (Urgences, ✆ 17). **Pompiers** : rue du Sacré-Cœur. ✆ 05 62 42 84 00, (urgences ✆ 18). **Poste** : 31, av. Maransin. ✆ 05 62 42 72 00.

TOURISME

Pour les informations touristiques, adressez-vous pendant la saison des pèlerinages au bureau à la porte Saint-Joseph. Et toute l'année, à l'**office du tourisme,** place Peyramale. ✆ 05 62 42 77 40. E.mail : lourdes@sudfr.com

Sur les pas de Bernadette

BARTRÈS

La route de Bartrès part à gauche, après le pont, entre l'hôpital et la gare.

CACHOT

Ouvert tous les jours, toute l'année. Visite gratuite. Rue des Petits-fossés.
✆ 05 62 94 51 30.

MAISON PATERNELLE

Ouverte tous les jours, pendant la saison des pèlerinages. Entrée payante.
2, rue Bernadette-Soubirous. ✆ 05 62 94 22 51.

MOULIN DE BOLY (MAISON NATALE DE BERNADETTE)

Ouvert tous les jours, toute l'année. Visite gratuite. Rue Bernadette-Soubirous.
✆ 05 62 42 16 36.

MUSÉE SAINTE-BERNADETTE

Ouvert tous les jours en saison. Se renseigner l'hiver au Forum Information. Entrée gratuite. Bd Rémi-Sempé. ✆ 05 62 42 78 78.

Dans les sanctuaires

Pour toute question sans réponse, adressez-vous au Forum Information près de la Vierge couronnée.

Services des sanctuaires

ACCUEIL DES MALADES

Accueil Notre-Dame, en face de l'esplanade sur l'autre rive du gave. ✆ 05 62 42 79 46.
Accueil Marie-Saint-Frai, av. Bernadette-Soubirous. ✆ 05 62 42 80 00.

BOÎTES AUX LETTRES

Aux entrées Saint-Michel et Saint-Joseph et en face de la basilique de l'Immaculée Conception.

BUREAU MÉDICAL

Ouvert tous les jours, renseignements au **Forum Information.** ✆ 05 62 42 79 08.

ENFANTS

Pour la garderie et les messes pour les enfants célébrées à certaines périodes de l'année, renseignements au service Jeunes.

HOSPITALITÉ

Hospitalité Notre-Dame de Lourdes. ✆ 05 62 42 80 80.

INTERNET

Le site permet de découvrir le message de Lourdes et propose les horaires des célébrations et les grandes dates de pèlerinage. Possibilité de déposer ses intentions de prière. **www.lourdes-france.com**

JEUNES

Lire le guide des jeunes, page 318.

JOURNAL

Lourdes magazine, revue mensuelle réalisée par les Sanctuaires.
✆ 05 62 42 79 40. E.mail : lmag@lourdes-france
Disponible à la permanence du journal, à droite de la porte Saint-Joseph ainsi que dans les kiosques des sanctuaires.

LIBRAIRIE

Ouverte toute l'année, elle se situe à droite en entrant porte Saint-Joseph. Livres, cartes, vidéos, CD, cassettes audios.

OBJETS TROUVÉS

Situé à l'Accueil Jean-Paul II, près de la Vierge couronnée.

OFFRANDES

L'accès aux sanctuaires est gratuit. Néanmoins, si vous souhaitez participer à la vie des sanctuaires, **le bureau des dons,** situé derrière le Forum Information, pourra vous renseigner.

PAVILLONS

L'essentiel des mouvements d'Église présents à Lourdes disposent d'un pavillon bd Rémi-Sempé. Les pavillons du **CCFD** et de l'**Aide à l'Église en détresse** sont en ville.

PIQUE-NIQUE

On peut pique-niquer dans l'**abri du pèlerin,** situé à droite face aux basiliques, à la porte Saint-Michel.
Une aire est également prévue près de l'entrée de la forêt, en longeant le gave vers la droite après les piscines.

PÈLERINS D'UN JOUR

Si vous ne disposez que d'une journée et que vous souhaitez faire une démarche de pèlerinage, vous pouvez utiliser la formule "pèlerins d'un jour". Le rendez-vous est donné tous les matins, devant la Vierge couronnée, et deux fois par jour pendant l'été (horaires au Forum Information).

Radio
La radio chrétienne du diocèse émet sur **90.6 FM.** Le chapelet à la Grotte est diffusé quotidiennement.

Renseignements
Le **Forum Information,** situé sur l'esplanade, près de la Vierge couronnée, avant les rampes de la basilique de l'Immaculée Conception, est ouvert tous les jours.
✆ 05 62 42 78 78, poste 6200. E.mail : saccueil@lourdes-france.com

Secours
Des **postes de secours** sont installés à l'Accueil Jean-Paul II, dans le 1er hall "Urgences". À la basilique Saint-Pie X, pendant les célébrations. À l'Accueil Notre-Dame, près de la prairie.

Téléphones
Des **cabines publiques** sont situées près des portes St-Joseph et St-Michel, à proximité de la basilique "supérieure", de l'Accueil Notre-Dame et du Forum Information. La librairie des sanctuaires vend des télécartes.

Toilettes
Les lieux d'aisance sont situés à l'abri du pèlerin, à l'église Sainte-Bernadette, à l'entrée et à la sortie du chemin de croix, près des piscines, près des rotondes sur la prairie, sous les rampes de la basilique du rosaire.

Pour la prière et les célébrations

Adoration
Le saint sacrement est exposé en permanence dans la chapelle de l'Adoration, située face à la grotte, et dans la tente de l'Adoration, sur la prairie.

Chants
Pour les horaires et les lieux des **répétitions** de chants, s'adresser au Forum Information.

CHAPELET

Le chapelet est récité tous les après-midi, à 15h30 (en général à la grotte).

CHEMIN DE CROIX

Ouvert tous les jours, le **chemin de croix** serpente sur 1 500 mètres de sentier escarpé, dans la montagne. Accès fléché vers la gauche, en sortant de la basilique de l'Immaculée Conception.

Un **chemin de croix pour les malades,** sur une courte distance et en terrain plat, existe au fond de la prairie, sur la rive droite, immédiatement après le pont. On peut enfin suivre le chemin de croix en gemmail à l'intérieur de la basilique souterraine Saint-Pie X.

CIERGES

Vous trouverez des cierges dans des caissons à gauche après les arcades en arrivant de l'esplanade vers la grotte. Le montant proposé pour l'offrande est indicatif.

Les cierges sont fichés dans les emplacements prévus, à droite de la grotte.

CONFESSIONS

Des prêtres sont disponibles en permanence à la **chapelle de la Réconciliation,** située dans le bâtiment de droite en regardant la basilique Notre-Dame du Rosaire.

EAU

Les fontaines sont situées à gauche de la grotte, le long du rocher sur lequel s'élève la basilique supérieure. Un **service d'expédition d'eau** est à disposition derrière le Forum Information. Les frais d'expédition sont à la charge du pèlerin.

EX-VOTO

Vous pouvez faire appliquer une plaque dans l'une des basiliques en remerciement des grâces reçues. Renseignements au bureau situé derrière le Forum Information.

INTENTIONS

Les intentions de messe sont à déposer au **bureau des offrandes,** situé sous les arcades. On dépose ses intentions de prière dans l'urne située derrière l'autel, dans la grotte. Vous pouvez également les laisser sur le site Internet ou via la messagerie vocale. ✆ 05 62 42 78 00.

Lieux de culte

Lire l'historique, pages 25 à 29. Consulter le plan, pages 2-3.

Médailles

Des médailles représentant la Vierge de l'apparition sont disponibles dans les distributeurs situés sous les arcades.

Messes

Pendant la saison de pèlerinages, plus de cinquante messes sont célébrées chaque jour à la grotte ou dans les différents lieux de culte. Le programme des célébrations du jour et du lendemain est affiché au Forum Information. Des messes internationales sont célébrées les mercredis et dimanches matin et les jours de fête.

Piscines

L'entrée des piscines est située à droite de la grotte. Le bâtiment compte 11 baignoires pour les femmes et 6 pour les hommes. Le pèlerin est accueilli par les pisciniers ou piscinières.

Processions

La **procession eucharistique** a lieu tous les après-midi ; la **procession mariale aux flambeaux** tous les soirs.

Pour les horaires et les lieux, se renseigner au Forum Information.

Vivre un pèlerinage, c'est découvrir tous les autres et leur façon de célébrer le même Père. Mais Lourdes offre également l'occasion de se retrouver entre jeunes croyants. Des propositions existent pour enrichir notre cheminement et favoriser la rencontre.

Guide des jeunes

Vous arrivez à Lourdes pour la première fois, ou vous y revenez chaque année dans le cadre d'un pèlerinage diocésain. D'abord, une info : vous n'êtes pas le (la) seul(e) ! Chaque année, des dizaines de milliers de jeunes convergent vers Lourdes, notamment pendant les mois d'été. Plus de 50 000 sont passés dans les sanctuaires à l'occasion des Journées mondiales de la jeunesse de 1997. Près de 85 000 ont été accueillis par le service Jeunes, en 1999. Lourdes est d'ailleurs une ville où les jeunes se rassemblent : tous les deux ans, par exemple, le Frat (Fraternel) y réunit plusieurs milliers d'entre vous, venus de toutes les paroisses et aumôneries d'Île-de-France, pendant les vacances de Pâques.
Bien sûr, cette foule va être l'occasion de rencontres avec d'autres nations – plus de 130 pays sont représentés parmi les pèlerins de Lourdes – d'autres cultures, d'autres façons de célébrer.
Mais peut-être avez-vous aussi l'impression d'atterrir sur une planète inconnue pour une autre raison : certains rites et certaines manifestations de la foi vécus ici sont hérités d'un passé parfois vieux de plus d'un siècle. On n'est plus guère habitués aux processions, aux cierges...
Cela ne signifie en aucun cas qu'il faut tout rejeter d'emblée, parce qu'on ne comprend pas ou que cela "fait vieux". Cela implique cependant d'organiser quelques temps spécifiques, entre jeunes (et pourquoi pas avec des moins jeunes, peut-être plus à l'aise que vous dans ces modes de manifestation de la foi), pour pouvoir vivre, vous aussi, un vrai pèlerinage.

Des propositions pour les jeunes à Lourdes

Les célébrations

Une messe internationale des jeunes est organisée tous les jeudis du mois de juillet et tous les samedis du mois d'août. **L'église Sainte-Bernadette** accueille ces célébrations nocturnes. Une occasion unique pour prier et célébrer avec des groupes

de pèlerins venus du monde entier, et de chanter en plusieurs langues – dans l'esprit de ce qui peut se vivre, par exemple, lors des célébrations à la Communauté de Taizé. Si vous souhaitez y participer activement, d'une façon ou d'une autre (procession des offrandes, intentions de prière), prenez contact avec le **service Jeunes,** ✆ **05 62 42 78 38.** Une répétition des nombreux chants, psaumes et cantiques qui émaillent la célébration est organisée, dans l'après-midi qui précède la célébration, souvent sur la prairie.
Aux mois de juillet et août, des messes sont également organisées par le service Jeunes, en fin d'après-midi, deux fois par semaine. Ces célébrations seront plus adaptées à vos attentes, par le choix des chants et le commentaire des textes. Enfin, chaque semaine pendant les mois d'été, les jeunes sont spécifiquement conviés à une veillée de prière, dans l'une des chapelles des sanctuaires.

Les pavillons

Autour des sanctuaires, et notamment boulevard Rémi-Sempé, les pavillons valent le détour. Ils présentent la palette des différents mouvements d'Église qui vous attendent, dans vos paroisses ou vos aumôneries, à votre retour. Ces visites peuvent déboucher sur un engagement pour un an… ou plus.

DEMANDEZ LE PROGRAMME
Quotidiennement, le programme des célébrations du jour et du lendemain est affiché devant le Forum Information. Vous pouvez également vous renseigner sur les différentes manifestations spécifiquement organisées à l'intention des jeunes pendant la semaine en cours auprès du service Jeunes.
Service Jeunes, sanctuaire Notre-Dame, 65108 Lourdes Cedex.
✆ 05 62 42 78 38.
E.mail : sjeunes@lourdes-france.com

Y figure notamment **le pavillon du Mouvement eucharistique des jeunes,** qui propose des activités spirituelles et des camps à toutes les catégories d'âge. D'autres mouvements sont davantage ouverts sur l'actualité du monde : **Pax christi** ou le **Comité catholique contre la faim et pour le développement,** par exemple. Ce peut être pour vous une occasion de les découvrir… et de vous impliquer. Enfin, deux lieux permettront à certains d'approfondir leur cheminement personnel : le pavillon du Catéchuménat, et celui des Vocations.

RENDEZ-VOUS SUR LA TOILE

Vous pouvez préparer votre séjour à Lourdes sur le Web : vous y trouverez les grandes dates de votre pèlerinage, l'actualité et le programme des sanctuaires pendant votre séjour… Une webcaméra a même été installée dans l'axe de la grotte. Ses images sont diffusées sur le site. Elles vous permettront de jeter un premier regard sur votre futur séjour : le passage des pèlerins à Massabielle, la procession eucharistique, le chapelet récité à la grotte n'auront plus de secrets pour vous dès avant votre arrivée. Dernière originalité du site Internet de Lourdes : on peut y déposer ses intentions de prière afin qu'elles soient présentées aux sanctuaires… Un pèlerinage virtuel, en quelque sorte.

Des propositions "à la carte"

Le service Jeunes offre de nombreuses possibilités à ceux qui viennent dans le cadre d'un pèlerinage, diocésain ou pas. Il peut bâtir leur programme pendant le temps du pèlerinage, entièrement ou partiellement. Il peut aussi prendre en charge l'animation d'une liturgie, d'un chemin de croix, d'une messe, d'un accompagnement que vous aurez prévu… Plus modestement, il pourra aussi résoudre une question d'intendance, par exemple pour réserver un lieu de célébration.

Dans tous les cas, deux éléments sont importants : si vous êtes **membre d'un groupe**, il s'agit de ne pas court-circuiter le responsable des jeunes de votre pèlerinage diocésain. La plupart de ces responsables se retrouvent chaque année à Nevers – la ville où Bernadette a vécu au couvent, et où elle est morte – pour initier des propositions communes. Adressez-vous au service Jeunes si votre programme prévoit des journées ou demi-journées de temps libre laissées à votre initiative. Par ailleurs, si vous êtes **responsable d'un groupe**, même si vous pouvez vous adresser au service Jeunes dans l'urgence, il lui sera toujours plus facile d'organiser vos propositions à l'avance. Soyez imaginatifs avec les jeunes qui vous accompagnent, puis passez des coups de fil… avant de partir.

Découvrir Lourdes

Vous pouvez, sur simple demande, prévoir une **découverte des sanctuaires** : un animateur du service Jeunes emmènera votre groupe visiter le domaine et les différents hauts lieux du pèlerinage. Vous pouvez également projeter une visite **sur les pas de Bernadette,** à travers la ville, dans les différents lieux où vécut la "gamine de 14 ans" qui a vu la Vierge.
Si vous disposez d'une demi-journée, il sera également possible d'organiser une courte excursion jusqu'au village voisin de **Bartrès** pour découvrir la vie quotidienne de Bernadette dans le petit village où elle fut employée de ferme. La route est magnifique. Là encore, un animateur peut vous accompagner pour vous aider à approfondir le sens de cette marche, à la fois détente et pèlerinage.

Réfléchir ensemble

Ce que vous voyez à Lourdes vous intrigue, vous ne comprenez pas le sens de certains gestes, de certaines célébrations, ou même la raison de venir en pèlerinage ? Vous pouvez vous adresser au service Jeunes à ce propos. Il pourra alors vous proposer **une conférence ou des catéchèses.** Animées par les prêtres et les responsables du service Jeunes, ou par des jeunes formés pour cela, elles vous permettront d'y voir plus clair sur tel ou tel aspect un peu obscur. Prévoyez environ une heure pour les catéchèses comme pour les conférences.
Vous pouvez également demander au bureau médical d'organiser une conférence sur le thème des miracles : si la chose vous irrite, vous intrigue ou vous indiffère, l'exposé du responsable du bureau médical vous éclairera probablement, répondra à vos questions et, – qui sait ? –, vous fera peut-être changer d'avis. Là encore, prévoyez d'y consacrer une bonne heure.

Célébrer

Certaines des grandes démarches spirituelles de Lourdes méritent d'être expliquées, et éventuellement d'être vécues entre jeunes, pour une célébration à la portée de chacun. C'est le cas notamment de la **liturgie de l'eau,** célébration qui

VIDÉOMANIA
Pour bien entamer vos quelques jours à Lourdes, il est possible de visionner deux cassettes vidéo mises à votre disposition par le service Jeunes.
La première, d'une demi-heure, présente le message de Lourdes de façon concise et claire. Un bon point de départ à votre semaine.
La seconde est plus spécifiquement consacrée aux jeunes à Lourdes : pourquoi ils y viennent, ce qu'ils y cherchent et ce qu'ils y trouvent... Elle dure quarante minutes. Enfin, vous pouvez demander au bureau médical de regarder la cassette consacrée aux "Guérisons et miracles" de Lourdes : l'occasion de faire le point sur cet aspect essentiel du pèlerinage à Lourdes, en 35 minutes environ.

peut être l'occasion de renouveler ses promesses de baptisé ou de jeune confirmé. Elle pourra se dérouler dans le Rotonde 1, sur la prairie, où l'on peut utiliser l'eau de la source.
De même, si vous souhaitez préparer un **chemin de croix** spécifiquement pour des jeunes, le service Jeunes vous conseillera et, éventuellement, vous proposera une animation. Il est ainsi possible de l'effectuer de nuit, en préalable à la célébration du sacrement de réconciliation. Ce peut être aussi l'occasion d'organiser une célébration pénitentielle. Là encore, adressez-vous au service Jeunes pour savoir comment procéder. Prévoyez, pour le chemin et pour la réconciliation, de consacrer 1 h 30 à chacune. Des livrets sont à votre disposition afin de mieux préparer ces célébrations et d'y mieux participer.

Vivre à Lourdes

Le Village des jeunes

Les jeunes d'un pèlerinage diocésain peuvent, bien sûr, loger à l'hôtel avec l'ensemble du groupe. Ils ont aussi la possibilité, s'ils le souhaitent, de loger au **Village des jeunes.** En 2000, ils étaient plus de 20 000 à avoir fait ce choix.
Situé sur une colline boisée, à une dizaine de minutes des sanctuaires, le Village des jeunes offre d'abord des structures d'accueil : 350 lits en dortoirs l'été, moitié moins l'hiver ; des tentes-marabout qui offrent chacune un abri à une dizaine de per-

sonnes ; et aussi la possibilité de planter sa propre tente sur la douzaine d'hectares du lieu. On peut, au choix, réserver des cuisines ou bénéficier d'un self-service qui peut servir 600 à 700 repas. On dispose aussi d'un espace pour des veillées festives, avec un "coin feu".
Mais le Village n'est pas seulement un lieu convivial. C'est aussi un lieu de rencontres entre jeunes pèlerins de différents diocèses et de différents pays. Un cadre qui permet de travailler et réfléchir, ensemble dans les différentes salles prévues à cet effet et qui peuvent accueillir plus de cent participants, ou dans le grand amphithéâtre en plein air du mont des Béatitudes.
Le Village est également un endroit animé par des prêtres, des salariés et de nombreux bénévoles. On peut parfaitement imaginer qu'il devienne aussi le lieu de quelques-unes des célébrations de votre pèlerinage. **La Tente de la rencontre,** ouverte sur les Pyrénées, pourra en accueillir, ainsi que des veillées plus méditatives. **La chapelle Notre-Dame-du Mont-Carmel** permet d'y célébrer les sacrements.

Boire un verre

Dans une petite impasse du boulevard Rémi-Sempé, à côté du pavillon Pax Christi, **le foyer des jeunes,** ouvert tous les soirs, propose aux amateurs quelques tables en plein air, une table de ping pong, et la possibilité de prendre un verre entre jeunes pèlerins. Les soirées polyglottes, animées par les chants des Italiens souvent venus en force, sont plutôt conviviales, voire franchement festives…

Un peu de sport

Outre les lieux de randonnées signalés dans la partie **Autour de Lourdes** (page 238 du chapitre "Après Lourdes"), vous pouvez profiter d'une demi-journée de votre pèlerinage pour vous détendre. La ville dispose de deux piscines municipales sympathiques, de courts de tennis et de terrains de football en synthétique.
Vous pouvez même envisager de découvrir les sports en eaux vives – canoë, rafting, canyoning –, de nombreux sites proposant cette pratique dans un rayon de dix kilomètres autour de Lourdes. Une recherche internet vous permettra d'identifier ces propositions, notamment à Lourdes et Agos Vidalos…

Le service

Un pèlerinage à Lourdes peut être aussi l'occasion de vivre un temps fort : l'accompagnement des malades. Plusieurs propositions sont possibles en ce sens.

Les hospitalités

La plus simple et la plus naturelle consiste à prendre contact avec **le président de l'hospitalité du pèlerinage diocésain** dont vous faites partie, si tel est le cas. C'est lui qui coordonne naturellement l'accompagnement des malades de votre diocèse pendant les quelques jours que vous passerez à Lourdes. Dans ce cadre, vous pourrez vivre plus facilement un temps court avec les malades, et vous vous mettrez ainsi au service de personnes que vous êtes susceptibles de recroiser – et éventuellement de continuer à visiter – pendant toute l'année.
D'autres propositions existent cependant. Vous pouvez prendre contact avec **l'Hospitalité Notre-Dame de Lourdes.** Il s'agit toutefois d'une démarche différente : elle implique un engagement sur plusieurs années, l'entrée dans une hospitalité, le service d'accueil des pèlerins et d'aide aux sanctuaires. Vous pourrez ainsi accueillir les pèlerins à la gare et à l'aéroport, servir aux accueils des malades Marie-Saint-Frai et Notre-Dame, pour les repas, la vaisselle... La première année, une semaine de formation vous est proposée. La condition *sine qua non* est d'être majeur.

Les autres moyens de servir les malades

Une autre solution consistera à profiter des temps libres dont vous disposez dans le cadre de votre programme de pèlerinage pour consacrer une journée ou une demi-journée au service des malades. Si vous optez pour cette solution, prenez contact avec le service Jeunes qui vous aiguillera vers les différents services susceptibles de vous embaucher ponctuellement. Là aussi, il faut être majeur, ou avoir plus de seize ans et être accompagné d'un adulte.

Vous pouvez également venir dans le cadre d'un pèlerinage ou d'un séjour long totalement consacré au service des malades. C'est le cas de nombreuses troupes scoutes qui viennent prêter main-forte aux hospitalités pendant les mois d'été. D'autres préfèrent venir travailler en bénévole pour **le Secours catholique** à la Cité Saint-Pierre, vaste lieu d'accueil de familles démunies, sur les hauteurs de Lourdes. Au menu : cuisine, ménage, accueil…

L'ÉCOLE DE L'ÉVANGILE

À Lourdes, des garçons et filles du monde entier viennent consacrer un an de leur vie à une formation spirituelle. Pour peu qu'ils soient francophones, soient âgés de 20 à 25 ans et soient disposés à vivre en communauté, ils sont les bienvenus dans cette école de l'Évangile.
Ils apprennent à lire l'Écriture, à prier, à mieux connaître la foi catholique… Ils participent aux services, accueillent des groupes de jeunes sous la responsabilité des évêques de la région Midi et, notamment, de l'évêque de Lourdes et de Tarbes.

Adresses utiles

SERVICE JEUNES (FORUM INFORMATION)
Sanctuaires Notre-Dame, 65108 Lourdes Cedex. ✆ 05 62 42 78 38.
Fax : 05 62 42 89 53. E.mail : sjeunes@lourdes-france.com

VILLAGE DES JEUNES
rue Monseigneur-Rhodain, 65100 Lourdes. ✆ 05 62 42 79 95.
Fax : 05 62 42 79 98. E.mail : village.jeunes@lourdes-france.com

HOSPITALITÉ NOTRE-DAME DE LOURDES
sanctuaire Notre-Dame, 65108 Lourdes Cedex.
✆ 05 62 42 80 80. Fax : 05 62 42 80 81.

POUR LES SCOUTS : au service Jeunes.
✆ 05 62 42 78 20. E.mail : sjeunes@lourdes-france.com

Table des textes bibliques

Ancien Testament

Nouveau Testament

Ne sont pas indiquées ici les citations courtes comme, par exemple, celles figurant dans le chemin de croix, pages 155 à 173.

Table des chants

Chants latins

Bibliographie

Pour approfondir le sens de Lourdes et mieux connaître Bernadette

Bernard Billet, *Une vocation comme tout le monde*, P. Lethielleux et Œuvre de la Grotte, Paris, Lourdes.

Bernard Billet, Pierre Lafourcade, *Lourdes pèlerinage*, Desclée de Brouwer, Paris.

Joseph Bordes, *Lourdes sur les pas de Bernadette*, Œuvre de la Grotte, Lourdes.

Jean Delannoy, *Bernadette*, Mame, Paris.

Christiane Gaud, *Bernadette*, Mame, coll "Vers Toi Seigneur", Paris.

René Laurentin, *Sens de Lourdes*, P. Lethielleux, Paris.

René Laurentin, *Bernadette vous parle*, P. Lethielleux et Œuvre de la Grotte, 2 vol., Paris, Lourdes.

René Laurentin, *Vie de Bernadette*, Desclée de Brouwer, Paris

Louis Lochet, *Apparitions, Foi vivante*, Desclée de Brouwer, Paris.

Renée Massip, *Le rire de Sara*, Gallimard, Paris.

André Ravier, s.j., *Lourdes, Terre d'Évangile*, Lescuyer et Œuvre de la Grotte, Lyon et Lourdes.

André Ravier, s.j., *Bernadette et son chapelet*, Lescuyer, Lyon.

André Ravier, s.j., *Les écrits de Bernadette et sa voie spirituelle*, P. Lethielleux et Œuvre de la Grotte et Couvent Saint-Gildard, Paris, Lourdes, Nevers.

Agnès Richomme, *Bernadette de Lourdes*, Fleurus, coll. "Belles Histoires, Belles Vies", Paris.

Pierre-Marie Théas, *Ce que croyait Bernadette*, Mame, Paris.

Marguerite-Marie Vandewalle, *Bernadette*, Fleurus, coll. "Un prénom, un saint", Paris.

GUIDE DU PÈLERIN

Vous pouvez (re)découvrir le Message de Lourdes à travers l'histoire des Apparitions, la visite des Sanctuaires et des lieux où Bernadette a vécu (sur les Pas de Bernadette).
Ce guide est également un outil d'informations pratiques avec un plan des Sanctuaires, les horaires des célébrations et les différents services proposés aux pèlerins.
Guide d'une soixantaine de pages avec des photos, disponible au FORUM INFORMATION des Sanctuaires, 2 euros.

LIVRET SPIRITUEL

Chaque année pour vivre à Lourdes le thème proposé par les Sanctuaires, un livret spirituel est publié. Il se compose d'articles de fond, de méditations et de prières (en 2001 livret marial).
Livret d'une centaine de pages avec de nombreuses illustrations, disponible à la librairie des Sanctuaires, 3 euros.

HIER

« Voulez-vous me faire la grâce de venir ici... »

Parole de la Vierge à Sainte-Bernadette

AUJOURD'HUI

Vous souhaitez répondre à cette invitation ...

Vous êtes seul ou en famille, malade ou bien-portant :

pour répondre à vos questions et vous aider à construire votre pèlerinage :

FORUM INFORMATION

Tél. 33.(0)5.62.42.78.78 poste 6200 / Fax. 33(0)5.62.42.89.54
E-mail: saccueil@lourdes-france.com

Vous êtes jeune(s):

- **Seul ou en groupe,**

vous souhaitez préparer votre pèlerinage :

SERVICE JEUNES

Tél. 33.(0)5.62.42.78.38 / Fax. 33(0)5.62.42.89.53
E-mail: sjeunes@lourdes-france.com

- vous souhaitez loger aux Sanctuaires :

VILLAGE DES JEUNES

Tél. 33.(0)5.62.42.79.95 / Fax. 33(0)5.62.42.79.98
E-mail: villagejeunes@lourdes-france.com

Vous souhaitez être bénévole :

- Vous avez entre 18 et 30 ans,

SERVICE JEUNES

Tél. 33.(0)5.62.42.78.38 / Fax. 33(0)5.62.42.89.53
E-mail: sjeunes@lourdes-france.com

- Vous souhaitez aider ou accompagner les malades :

HOSPITALITÉ NOTRE-DAME DE LOURDES

Tél. 33.(0)5.62.42.80.80/Fax. 33(0)5.62.42.80.81
E-mail: hospitalite@lourdes-france.com

Conception graphique et mise en pages :
Stéphane Prévot/Voix Publique
155, rue du Faubourg-Saint-Denis, 75010 Paris.

Crédits photographiques :
Voix Publique pour l'ensemble des photographies,
sauf p. 244 © Bielle-Lourdes, p. 245 © Grottes de Bétharram,
et p. 318 © Philippe Glorieux/CIRIC

ISBN : 2-7105-0429-4
Achevé d'imprimer en janvier 2003
Imprimé en Espagne
Dépôt légal : Janvier 2003
N° d'édition : 03004